教师教育书系

校园欺凌发生机制及防治

基于家校场域分析

陈　旭◎著

厦门大学出版社
XIAMEN UNIVERSITY PRESS
国家一级出版社
全国百佳图书出版单位

图书在版编目（CIP）数据

校园欺凌发生机制及防治 ：基于家校场域分析 / 陈
旭著. -- 厦门 ：厦门大学出版社，2025. 6. --（教师
教育书系）. -- ISBN 978-7-5615-9809-2

Ⅰ. G474

中国国家版本馆 CIP 数据核字第 2025CV9779 号

责任编辑　曾妍妍　郑若琰
美术编辑　李夏凌
技术编辑　朱　楷

出版发行　厦门大学出版社
社　　址　厦门市软件园二期望海路 39 号
邮政编码　361008
总　　机　0592-2181111　0592-2181406(传真)
营销中心　0592-2184458　0592-2181365
网　　址　http：//www.xmupress.com
邮　　箱　xmup@xmupress.com
印　　刷　厦门市竞成印刷有限公司

开本　720 mm×1 020 mm　1/16
印张　16
插页　1
字数　280 千字
版次　2025 年 6 月第 1 版
印次　2025 年 6 月第 1 次印刷
定价　75.00 元

本书如有印装质量问题请直接寄承印厂调换

厦门大学出版社
微信二维码

厦门大学出版社
微博二维码

前　言

　　校园欺凌严重危害学生身心健康全面发展,是阻碍我国教育高质量发展、实现教育现代化的绊脚石,亟待严肃整治。当前社会变迁背景下,我国校园欺凌问题日益严峻。最新人口普查数据显示,我国流动人口在近十年内增长了 69.73%,已进入人口大流动时代,但随之而来的家庭结构变化致使更多学生成为留守儿童、流动儿童等弱势群体,从而面临更多卷入校园欺凌的风险。此外,反社会文化在校园场域的渗透以及互联网社交平台的迅猛发展滋生了更多校园欺凌事件,并催生了新型欺凌形式——网络欺凌。因此,加紧开展针对性、精准性校园欺凌防治,保证校园欺凌中的受害学生以及校园欺凌高发地区的学生享有公平而有质量的受教育权利,是促进学生全面发展、实现教育公平和教育现代化的内在需求。

　　然而,我国校园欺凌研究起步较晚,缺乏相对完善的测量工具以及足够的实证研究支持。现有研究对家庭教育和学校教育在校园欺凌发生及防治中的作用探讨也相对较少,对校园欺凌的异质性群体研究也相对匮乏,不利于我国校园欺凌精准防治工作的开展以及长效防治机制的构建和完善,从而无法长效保障学生在校成长安全以及身心全面发展。通过文献梳理发现,校园欺凌多发于中学阶段,而中学生通常是校园欺凌的主要参与者。与此同时,现有国内外研究较多关注校园欺凌发生的消极促成因素,相对忽视了来自家庭和学校的保护性因子以及校园欺凌发生机制的研究。与消极因素相比,发现保护性因子在校园欺凌中的作用并揭示校园欺凌的发生路径,是减少和阻断学生欺凌行为的发生以及遭受欺凌实践路径的关键。基于此,本书拟通过完善校园欺凌测量工具,对家校场域中我国学生校园欺凌的发生机制及防治问题进行探究,以期为校园欺凌精准防治和长效防治实践提供一定的借鉴基础及相应的指导。

本书旨在通过量化研究和质性研究相结合的混合研究方法,探究学生校园欺凌的发生机制及防治问题,也即,通过明确揭示学生校园欺凌在家校两种场域中的发生过程及当前校园欺凌防治中现存问题,为我国校园欺凌精准防治提供针对性建议及对策。为解决已提出的研究问题并实现研究目的,本书以场域理论、生态系统理论和群体社会化理论为理论分析框架,对来自家校两个场域的变量在校园欺凌发生机制中的作用路径进行构建和检验并以此为基础分析校园欺凌防治存在的关键问题及引发的教育反思。

本书对象以中学生为主,同时涉及教师和家长等,具体包括初一至高三学生、校长等高中层管理者、班主任及任课教师、学生家长、教育部门工作人员以及法院工作人员。其中,量化研究对象为学生群体(共10 482名,男生4 851人,女生5 630人,未填写性别1人,被试年龄范围为12~21岁,平均年龄15岁),质性研究对象既包括学生群体,也包括校领导、教师和家长群体等。在量化研究中,采用的方法主要有问卷调查法和统计分析法,通过修订含有五种欺凌类型的中文版校园欺凌量表,对我国学生校园欺凌的发生率、高风险特征、群体差异和已构建的发生机制模型进行分析、检验和验证等。在质性研究中,主要使用开放式问卷调查、访谈、观察、个案等方法,揭示我国当前校园欺凌防治实践中存在的关键问题并进行教育反思。量化分析和质性分析主要结果如下:

(1)修订后的中文版校园欺凌量表适用于我国学生群体。该量表共包含欺凌量表和受害量表两个子量表,测量的类型共有五类:身体欺凌/受害、语言欺凌/受害、人际破坏/受害、财物损坏/受损、网络欺凌/受害。通过对中文版校园欺凌量表进行检验发现,该量表在我国中学生群体中具有较好的内部一致性信度、分半信度以及良好的结构效度和效标关联效度,能够进一步推广使用。

(2)学生校园欺凌存在统计学意义上显著的类型差异和群体异质性。其中,语言欺凌是校园欺凌的高发类型;同伴群体是受害者常见的求助对象;男生群体,七、八年级学生群体以及重组家庭学生群体是校园欺凌与受害的高风险群体;来自父母支持较多的家庭、校园氛围中同伴支持较多以及整体欺凌水平较低学校的学生,参与校园欺凌的可能性较低,成为校园欺凌中的欺凌者、受害者和欺凌—受害者角色的可能性也较低。

(3)家庭支持是阻断学生校园欺凌发生的重要家庭保护源。家庭支持不仅能直接减少和阻断校园欺凌的发生,也能通过加强父母对学生行为的控制来减少学生结交越轨同伴,从而间接阻断欺凌和受害的发生。但是,父母支持的间接作用显著大于直接作用,父母支持主要依靠减少越轨同伴交往间接影响校园欺凌。

(4)校园氛围是阻断中学生校园欺凌发生的重要学校因素,但需要辩证看待校园氛围的作用。校园氛围中的同伴支持是有效阻断欺凌和受害发生的主要部分,但教师支持和自主性则发挥了相反的作用。同伴支持能够直接阻断校园欺凌发生,也能够通过降低学校整体欺凌水平,减少学生接触越轨同伴,最终阻断欺凌和受害的发生。同伴支持的间接作用也显著大于直接作用,主要通过越轨同伴交往的中介作用影响校园欺凌;教师支持和自主性则提高了学生整体欺凌水平,导致学生结交更多越轨同伴并发生欺凌行为或遭受欺凌伤害,这一过程也主要通过越轨同伴交往的中介作用得以实现。

(5)基于家校场域的中学生校园欺凌发生机制具有相对稳定性。跨群组一致性验证结果表明,本书提出的学生校园欺凌发生机制模型在性别群组、独生群组、寄宿群组、城乡及民族群组中均无实质性差异表现且均在整体上支持了最终模型。因此,该发生机制模型在一定程度上确实揭示了家庭和学校变量影响学生校园欺凌发生过程的规律性,相对适用于指导来自不同群体和环境学生校园欺凌的防治实践。

（6）家庭教育的缺失、教师惩戒的"示弱"以及专业心理健康教育的急缺是当前我国中学生校园欺凌防治实践存在的突出问题。虽然实证研究结果表明，家庭在阻断校园欺凌发生中的作用不可或缺，但在实践中，父母在学生教育中的缺席现象已经严重阻碍了校园欺凌防治实践的顺利进行；同样，教师在校园欺凌防治中的角色也极为重要，但实证研究中发现的教师支持的反向作用以及质性研究中发现的教师惩戒权的弱化甚至丧失显然成为校园欺凌防治的难关；同时，虽然实证研究也同样揭示了校园欺凌与学生心理健康问题的内在关联，但在实际教育活动中，心理健康科学课程的缺失以及专业心理健康教师的缺乏并不能有效解决学生面临的心理问题。

综上所述，通过整合校园欺凌发生机制与防治实践的量化与质性研究结果，本书提出如下主要对策建议：第一，关注高风险特征学生群体，提高校园欺凌预防精准性；第二，构建以家庭支持系统为核心的家庭教育，加强家校协同防治；第三，营造以同伴支持为基础的良好校园氛围，实现校园欺凌治本目标；第四，合理运用教师惩戒与支持，充分发挥教师角色价值；第五，严防越轨同伴群体形成与壮大，阻断校园欺凌发生链；第六，加强学生心理健康教育，防止校园欺凌恶性演变。

目　录

导　论

　　社会变迁是社会进步的必然过程,是社会结构发生变化的动态过程及其结果范畴,与个人发展,尤其是个体生命历程密切相关。换言之,个人发展及生命历程是社会变迁中上层社会力量和社会结构的产物,个人发展离不开社会宏观因素变动的影响。当前状况下,"大流动时代"是我国当代社会变迁的典型特征,是国家走向社会主义现代化进程的动态发展趋势。"大流动"主要体现在基于社会经济转型期的人口大规模跨区域流动,这一过程及结果波及教育领域内学生群体及个人发展的方方面面,校园欺凌便是社会变迁背景下学生行为发展的消极表现之一。

　　据国家统计局最新发布的第七次人口普查数据显示,截至 2021 年 11 月 1 日零时,我国流动总人口为 375 816 759 人(约 37 581.6 万人),其中,跨省流动人口为 124 837 153 人(约 12 483.7 万人),省内流动人口为 250 979 606 人(约 25 097.9 万人),此处流动人口是指从人户分离人口中减去市辖区内人户分离的人口。与第六次人口普查(2010 年)数据结果相比,2011 年至 2021 年间我国流动人口增长了 69.73%,这一激增比例表明,我国人口流动趋势愈加显著,人口流动规模进一步扩大,"大流动时代"已然来临。与此同时,社会结构的深层次转型使得社会风险也随之增加,这主要体现在人口的跨区域流动(跨省域、市域)加剧了不同地域文化与不同群体间的碰撞与冲突,激发了更多社会矛盾,对我国社会治理以及教育改革与发展提出了新的挑战。人口大规模流动,社会成员的家庭结构也由此发生了剧烈变化——大量人口涌向城市,催生了"随迁子女""流动儿童"和"留守儿童"等学生弱势群体。如何保障该学生群体应享有的教育权利,促进其身心健康发展等系列问题日益受到国家有关部门的高度关注。现有关于校园欺凌的众多研究表明,"随迁""流动"和"留守"学生往往经历了更多校园欺凌,也更容易成为其中的受害者。一方面,对随迁子女和流动儿童而言,人口流动在加剧父辈与流入地人口冲突的同时也加剧了他们自身与当地学校学生间的矛盾,使其在学校人际适应等方面面临更多困难,增加了卷入校园欺凌以及被同辈群体欺凌的风险。另外,流动学生群体就读的学校在师资、管理等方面存在诸多不完善之处,无形中也增加了校园欺凌的发生率。另一方面,对留守儿童来说,亲子长期分离导致此类学生群体缺少应有的来自父母的关爱和管制,致使其心理成长和行为发展长时间被忽视,从而易产生心理问题(如,自卑、焦虑、抑郁、自杀等心理危机)或行为问题(如,社交退缩、越轨行为),这些因素同样增加了他们卷入校园欺凌的可能性。

此外,在社会变迁过程中,因社会结构转型导致的部分社会不良文化在学校场域的渗透以及经济转型中互联网的加速普及与发展,不仅滋生了更多校园欺凌事件、助长了校园霸凌者的嚣张气焰,同时也为霸凌者们"创造"了新型的欺凌手段——基于社交媒体平台的网络欺凌。校园文化是社会文化的构成部分之一,属于社会文化的亚组织形态。正如俗话所说,"学校是个小社会,社会是个大学校"。社会中的不良现象也通过一些特殊形式出现在学校场域,诸如基于反社会文化的职权滥用(学生利用学生会、班干等职务欺压弱势学生)和帮派势力(在校生与社会不良青少年勾结)在反校园文化中的显现等现象。自2018年中共中央、国务院发出《关于开展扫黑除恶专项斗争的通知》以来,我国开始了新一轮严厉打压黑恶势力的行动。2021年5月20日,国务院在前期扫黑的基础上发布了《关于常态化开展扫黑除恶斗争巩固专项斗争成果的意见》,强调推动扫黑除恶常态化,深挖并打击彻查(黑恶势力)"保护伞",同时坚决防止行业领域乱象演化成涉黑涉恶问题。同年10月,公安部发布了《公安部关于常态化开展扫黑除恶斗争的意见》,进一步落实扫黑除恶常态化行动。然而,黑恶势力不仅存在于成年人群体和生活场域,也同样影响了未成年群体聚集的学校场域。调查显示,处于青春期的学生已经习得甚至擅长使用学生干部职权对其他有过矛盾和冲突的学生进行打压、报复等,有些青少年甚至自发组织或加入了具有明显涉黑性质的帮派以便于在同龄群体中获取特殊"权力"并对其他学生施加欺凌行为,如,上海市某社区街道的"斧头帮"青少年涉黑犯罪组织。

叛逆期的青少年不仅是反校园文化的"主力",同时也是中国互联网用户的主要构成群体之一。据中国互联网络信息中心2021年8月发布的《第48次中国互联网络发展状况报告》统计,截至2021年6月,在我国现有的网民结构中,6～19 岁网民规模达 1.58 亿,占网民整体的 15.7%,其中,10～19 岁网民占该年龄段网民数量的 78.34%。互联网对未成年人,尤其是青少年的消极影响广受社会关注。在《2020 年全国未成年人互联网使用情况研究报告》(下称《报告》)中,我国未成年人的网络普及率高达 94.9%,超过九成未成年人正在使用网络,其中,未成年网民进行网络社交的普遍形式为上网聊天,占 58.0%,且初中生和高中生进行网上聊天的比例显著高于小学生。《报告》数据也显示,近五分之一(19.5%)的未成年网民遭受过讽刺或谩骂,约十分之一(7.2%)的未成年网民自身或亲人遭受过恶意骚扰,另有少数(4.9%)未成年网民的个人信息曾在未经允许的情况下在网上被公开,由此可见,未成年网民遭受网络暴力的情况不容乐观。[①] 相较于传统欺凌行为,以网络为媒介的欺凌形式能够打破时空界限,更便于欺凌者施加语言谩骂、恶意诽谤以及人际关系破坏等欺凌行为。同时,互联网络中的社交平台能够迅速扩散欺凌者对他人的恶意诽谤、诬陷等信息,对受害者的心理、精神等带来的伤害更严重甚至可能危及其生命安全,由此造成的社会影响也十分恶劣。

校园欺凌防治是实现教育公平的内在需求。"努力让每个孩子都能享有公平而有质量的教育"是党的十九大以来国家对教育公平的重新定义,是党中央对教育事业提出的新要求,也是我国教育砥砺前行的新坐标。在推进社会主义现代化的新时代背景下,仅仅让每个孩子都有学上是远远不够的,如何保障适龄儿童和已入学学生能够上好学、享有"公平而有质量"的受教育权利和机会,从而巩固发展更加公平而有质量的基础教育,应是当前我国教育改革和发展的阶段目标。在教育部发布的《教育部 2022 年工作要点》中,"深入推进'双减'""加快完善德智体美劳全面培养的育人体系,促进学生健康成长全面发展""加强和改进学生心理健康教育工作,实施学生心理健康促进计划,做好科学识别、实时预警、专业咨询和妥善应对"被列为新时期我国教育事业发展的重点任务。[②] 由此可见,保证学生享有平等"入学"接受教育权利的同时,使学生能够接受促进自身全面发展,尤其是心理健康发

---

① 中国互联网络信息中心.《2020 年全国未成年人互联网使用情况研究报告》在京发布 [EB/OL]. [2021-07-20]. http://www.cnnic.cn/hlwfzyj/hlwxzbg/qsnbg/202107/t20210720_71505.htm.

② 中华人民共和国教育部.教育部 2022 年工作要点 [EB/OL]. http://www.moe.gov.cn/jyb_sjzl/moe_164/202202/t20220208_597666.html.

展的高质量教育,从实现物质资源的分配平等到重视对人的荣誉和尊严的承认平等,已经成为当前我国教育发展追求的新目标。

　　然而,校园欺凌作为一种消极的教育现象,严重侵害了部分学生,尤其是校园欺凌中受害者们公平接受教育、实现身心健康发展的权利。一方面,从学生个体发展来讲,无论是社会媒体的报道中,还是研究者们的实地调研发现中,学生因受到同学欺凌而害怕上学、产生厌学情绪,最终辍学甚至自杀的校园事件屡见不鲜。校园欺凌中的受害者们往往承受着来自身体和精神的双重压力,不仅与学业有关的学习兴趣、学业自我效能感、学业成绩等会受到被欺凌的消极影响,其体质健康和心理健康状况也令人担忧。与此同时,校园中的欺凌者以及协助者、旁观者的心理发展状况也并不乐观,他们往往面临着诸如学校适应和社会适应困难、反社会人格等心理问题,成年后也更容易发生违法、犯罪等反社会行为,严重危害他人生命安全和社会稳定。另一方面,就教育优质均衡发展而言,校园欺凌多发生于学校安全设施不完善、师资力量薄弱以及学校管理制度不健全的学校,如经济欠发达地区学校、城市随迁子女学校、乡村大型寄宿制学校等。这些学校在学生安恰以及学生生活管理上存在诸多问题,如,对携带管制刀具等危险物的学生的重视不足,检查不到位,缺乏专职的宿舍生活管理教师等;缺乏对学生心理健康教育的足够重视以及缺少专业的心理健康教师,也导致此类学校教师无法有效指导学生正确处理日常人际冲突和矛盾,进而加剧了校园欺凌发生的风险。此外,在这些学校中,无论是领导管理层、教师、家长,还是学生本人,对校园欺凌危害的认识都不够充分,在校园欺凌的防范和处理方面也缺乏专业指导,因此常常对校园欺凌持有默认许可的态度,纵容了校园恶霸的恶劣行径,严重阻碍了反校园欺凌行动的有效落实,妨碍了现阶段我国教育优质、均衡发展的进一步实现。

　　精准防治校园欺凌是当务之急。校园欺凌治理是建设平安校园、阳光校园的重要环节,也是开展学校安全工作的重、难点所在,事关众多学生身心健康与全面发展,学校教育质量提升以及社会和谐、稳定发展。2016 年 5 月,国务院教育督导委员会办公室发布了《关于开展校园欺凌专项治理的通知》(下称《通知》)。次年 11 月,教育部联合中央社会治安综合治理委员会办公室、最高人民法院等部门共同发布了《加强中小学生欺凌综合治理方案》(下称《综合方案》),校园欺凌治理工作在全国各中小学中如火如荼地开展并取得了阶段性成果。为巩固前期成果、健全长效防治机制,教育部办公厅又于2021年1月发布了《防范中小学生欺凌专项治理行动工作方案》（下称《专项方案》），这是自2016年起国家发布的第三份关于校园欺凌治理的政策性文件，这表明校园欺凌防治仍迫在眉睫。与前期《通知》中强调的自查、普查、复查以及《综合方案》中关注的基于各部门职责的长效防治制度建设不同，《专项方案》更重视校园欺凌的预防与督查事宜，工作重点主要围绕"全面排查欺凌事件""及时消除隐患问题""规范欺凌报告制度""健全长效工作机制"等方面进行，竭力将校园欺凌扼杀在萌芽状态，防止欺凌事件性质恶化以及恶性违纪违法事件发生，保证学生能够安全入学、放心上学、平安完成学业。显然，《专项方案》的治理重心由2017年的综合防治转变为专项防治，由全面防治转向精准防治。由此可见，精准防治是健全校园欺凌长效防治机制的关键所在。

精准防治不仅体现在国家政府部门部署校园欺凌防治工作的精细化层面，更体现在教育管理部门、学校以及家长等参与校园欺凌防治实践的针对性方面。具体来说，校园欺凌防治不单单是针对全校师生进行的大洗礼——在国家政策号召下开展相关教育、加大宣传力度等，更应该是针对具有高风险特征的学生群体进行提前识别，及时排除风险因子，从源头阻断校园欺凌发生的过程。该过程应是有目的、有任务的长期防治活动。此外，诚如相关研究者所言，校园欺凌的发生具有明显的群体异质性，存在显著的人口学差异，如地区、性别、年级等。① 因此，在明确校园欺凌内在发生机制的前提下，基于学校校际差异和学生群体间差异有针对性地建设良好校园文化和风气，加强学生思想教育和心理教育，将校园欺凌防治工作常态化，才能够有效防止校园欺凌反复、持续发生，从根本上切断校园欺凌的发生路径，从而健全和稳固校园欺凌长效防治机制，为学生创造真正安全、健康的校园环境。

校园欺凌研究在我国起步较晚，基础较薄弱。究其原因，具体可归纳为三个方面：

其一，研究成果在数量上稍显单薄。如图0-1所示，自从2016年国务院下发《通知》后，学术领域内对校园欺凌这一由来已久的教育现象的研究才如雨后春笋般涌现。在此之前，虽然已有部分学者对发生在我国学生群体

① 谢家树，魏宇民，ZHU Z R.当代中国青少年校园欺凌受害模式探索：基于潜在剖面分析[J].心理发展与教育，2019，35(1):95-102.

中的欺凌现象进行了探索性研究,但对于有效防治、精准防治校园欺凌的实践活动来说,这些现有研究发现以及结论显然是不充分、不全面的。同时,这些研究发现也未能满足反校园欺凌实践人员,如教育行政、管理部门、学校领导、教师以及家长的指导需求。而其他国家已有开展大型反校园欺凌项目的经验,通过国家立法等行动防治校园欺凌,如,在多个国家推行近四十年的奥维斯校园欺凌预防与干预计划(Olweus Bullying Prevention Program)、芬兰实施的全国性"KiVa"(意为"反对欺凌")项目和美国反校园欺凌法案等。

总体趋势分析

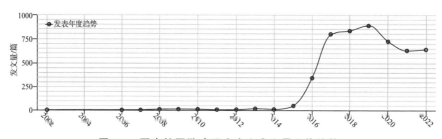

图 0-1 国内校园欺凌研究中文发文量总体趋势

(图源:中国知网)

其二,研究成果中质性研究较多,但缺乏足够的量化研究支持。通过在中国知网检索关键词"校园欺凌"一词发现,截至 2022 年 2 月,在检索到的共 4 353 篇以"校园欺凌"为题的文献中,有近 3/4 的研究成果为质性研究,包括比较分析、跨学科分析、成因分析、对策建议等,剩余近 1/4 则为量化研究,包括对校园欺凌现状及影响因素进行探究等。因此,基于我国学生群体的校园欺凌量化研究亟待拓展和丰富。然而,即使是现有的近千篇量化研究,也存在着研究取向方面的局限——多数量化研究集中在对校园欺凌现状、影响因素的简单统计分析上,少数研究对校园欺凌对学生学业发展、心理健康的消极预测效应进行了分析,只有个别研究关注校园欺凌的发生机制问题,也即,校园欺凌究竟在不同影响因素的作用下是怎样一步步产生的。然而,对校园欺凌发生机制这一问题的探究和解释才能够在一定程度上真正发现如何有效切断校园欺凌的"生产链",也即,校园欺凌的形成路径,才能够切实防止校园欺凌在不同学生群体间的重新上演或在同一学生群体间的反复发生,从而确保校园欺凌长效防治机制的建立、健全,切实保障学生的身心健康发展。

其三,缺乏完善的测量工具。国家政府层面最早于 2016 年的《通知》中首次使用了"校园欺凌"一词对发生在学生群体间的欺负行为、攻击行为(直接或间接攻击)进行概括。在 2017 年《综合方案》中,校园欺凌被明确定义为"通过肢体、语言及网络等手段实施欺负、侮辱,造成另一方(个体或群体)身体伤害、财产损失或精神损害等的事件",此时校园欺凌的表现形式被限定在身体、语言和网络类型。教育部于 2021 年发布的《未成年人学校保护规定》中,校园欺凌被明确界定为身体、语言、人际、财物和网络五种类型。① 然而,现有研究一方面在对校园欺凌的测量和评估中缺少适合中国学生群体的专项测评工具,另一方面在对校园欺凌的类型划分,即维度划分方面尚不够系统全面。常见的有三种类型、四种类型的划分,缺少上述《未成年人学校保护规定》中提到的五种类型的划分,忽视财物破坏以及网络欺凌这两种形式。

家、校责任之争成为校园欺凌防治的突出矛盾。家庭教育、学校教育和社会教育是教育系统的主要组成要素。三种教育系统的联合作用,共同影响了包括德智体美劳在内的学生全面发展过程及结果。但显然,由于时间阶段和作用方式的不同,三种教育系统对学生发展影响的先后顺序和侧重点也有所不同。作为学生最先和最直接接触的环境系统,家庭教育在学生个体成长过程中发挥的作用是最直观、最深远的,诚如习近平总书记在第一届全国文明家庭表彰大会中所言,"家庭是人生的第一个课堂,父母是孩子的第一任老师"。随着学生年龄增长,适龄儿童开始正式进入校园,接受多年的学校教育——涵盖从学前教育至青年初期的关键发展阶段,而这一时段正是个体积累知识素养、形成思想观念、身体发育以及心理发育等的关键期。在此背景下,学校教育的影响力在一定程度上可以说是先于家庭教育而存在的。虽然社会教育的影响也不可忽视,但对于学生期的个体来说,家庭和学校教育的作用显然居于首要位置。对此,社会生态系统理论也明确指出,对于个人发展而言,处于宏观系统的社会因素的影响次于微观系统中的家庭和学校环境因素的影响。对于欺凌现象而言,亦是如此。

家校共育是实现校园欺凌有效治理的趋势所在。在我国社会发展的新

① 中华人民共和国教育部.未成年人学校保护规定[EB/OL].[2021-06-01]. http://www.moe.gov.cn/srcsite/A02/s5911/moe_621/202106/t20210601_534640.html.

阶段,家校联动、协同育人始终是实现我国教育现代化的关键环节,同时也成为校园欺凌治理的必然趋势。然而,家庭教育与学校教育相关制度的不完善是校园欺凌频发的重要源头。父母(或监护人)和学校教育工作者负有不可推卸的责任,也是校园欺凌防治中最重要的实践主体。欺凌现象从学前阶段便有苗头,常见于小学生群体,高发于中学生群体,尤其是初中生群体。在这些成长阶段中,家庭成员和学校教育人员均扮演着重要角色。虽然,近年来我国不断完善了与校园欺凌有关的未成年法律、法规(如,2020 年10 月 17 日修订的《中华人民共和国未成年人保护法》正式将校园欺凌纳入学校保护范围内),试图在社会法制层面遏制校园欺凌不正之风的扩散,但事后"惩罚"远不及事先"预防"更能治本。家庭教育和学校教育更应在社会支持系统的协助下充分发挥各自的教育功能,将校园欺凌扼杀在萌芽状态。

就家庭教育和学校教育孰轻孰重而言,现实中出现了两种截然不同的声音。部分教育实践工作者指出,校园欺凌源于学生个人身上的品行不端或心理不健康等问题,这与家庭教育的缺失及父母教养方式直接相关;也有实践工作者认为,校园欺凌普遍存在于许多国家、地区的诸多学校中,更可能与学校教育体系和管理机制的缺陷存在本质关联。此外,还有实践工作者基于整合角度进行分析,认为家庭和学校与校园欺凌的发生和防治都脱不开干系,家庭教育和学校教育都有自身的独特性所在且不能被对方轻易代替,两者应合力作用于校园欺凌防治行动。

诚然,家校协同防治才是有效扼杀校园欺凌萌芽的最佳途径。至于家校究竟如何分工,如何通过具体行动发挥自身在校园欺凌防治中的作用,目前尚未在有关实证研究中得到充分证实。虽然,众多质性研究对家庭教育在校园欺凌防治中的重要作用进行了翔实的论述,但在具体实践中,家庭教育与学校教育的不同步依旧是一项"顽疾"。2021 年 12 月 7 日,教育部继发布《关于加强家庭教育工作的指导意见》(2015 年 10 月)后再次下发了关于学习宣传贯彻《中华人民共和国家庭教育促进法》的通知,严词强调家庭教育在学生发展中的不可推卸的责任和义务,从法律层面要求家庭积极与学校配合,共同担负起教育学生的重任,坚决抵制家庭暴力等不良教育方式对学生身心健康的损害,发挥家庭保护促进学生全面发展的积极作用。如何从实证研究视角证明除学校教育外,家庭教育确实对校园欺凌防治有着积极作用以及父母应如何参与其中也是当前欺凌研究领域亟待回应和解决的重点问题。

校园欺凌领域研究对象的异质性特征亟待重视。研究对象异质性问题涉及校园欺凌防治中的精准性层面,是相对于研究对象同质性提出的分析视角。对研究对象(既包含人类被试,也包含动物被试等)的异质性研究并非近些年才被注意到。早在十几年前甚至更早时期,经济学、管理学、社会学以及生物学等学科领域就已对相关问题展开了探讨。如,国内研究者曾对员工异质性、异质性消费群体、农民工群体异质性、细菌异质性等视角对解决相应领域中相关研究问题的必要性以及在推动该研究领域前进的理论和实践价值方面进行了研究论证。在教育学领域,对群体异质性的关注和研究兴起于最近几年。国内教育学者逐渐开始重视学生异质性在相关研究问题中的重要性。如,吴愈晓等人、李佳丽等人分别就同伴群体异质性对学生学业成绩和心理健康的影响、教养方式对来自不同社会背景的异质性学生发展的影响展开研究,也有研究者对本科生宿舍同伴关系的异质性问题以及初中生教育期望的异质性问题进行了基于统计分析的量化研究。

然而,通过搜索文献数据库发现,尽管也有研究者注意到异质性问题在校园欺凌防治中的重要性,但该问题仅在极少数研究中得到阐释和论证,多数欺凌研究更倾向于在将研究对象视为同质性群体的基础上解决欺凌问题。这种现象不仅不利于推进我国校园欺凌研究理论进展,更阻碍了有效践行校园欺凌防治行动的实践进度。

综上所述,本书的研究问题主要集中于以下几个方面:

第一,能否开发或修订一份适用于评估中国学生样本且所测内容相对全面的校园欺凌测量工具(量表或问卷)?

第二,综合考虑五种欺凌类型,当前我国学生样本,尤其是欺凌高发的中学生群体的校园欺凌现状如何,有哪些异质性表现?

第三,当同时考虑家庭和学校场域时,校园欺凌的发生机制是怎样的?该机制在异质性群体中又有哪些相同或不同的表现?

第四,在控制学校因素的影响后,家庭是否依然能够在遏制校园欺凌时发挥作用?学校和家庭因素谁的作用更大?

第五,当前校园欺凌防治中存在哪些关键问题,与校园欺凌发生机制存在哪些出入,又引发了怎样的教育反思?

基于家校两个场域的考虑,本书旨在完善测量工具的前提下,使用量化研究与质性研究相结合的混合研究方法对我国中学生校园欺凌的发生机制及防治问题进行研究,通过明确揭示校园欺凌在家校两种场域下的发生机制以及揭示当前我国校园欺凌防治中的现存问题,为健全我国校园欺凌长效防治机制提供针对性防治建议和对策。

首先,在回顾现有测评工具的基础上,修订和完善适用于评估我国中学生校园欺凌的量表或问卷等工具,为进一步开展实证研究打好基础。

其次,通过文献梳理和实地调研,构建并检验家庭场域、学校场域中校园欺凌的内在发生机制模型,确定重要的因变量、自变量和中介变量等。

再次,通过分析从实地调研中收集来的实际数据,对家校场域下校园欺凌的发生机制模型进行验证,从统计分析层面确定实际数据是否支持了理论假设模型。

复次,通过数据统计方法对校园欺凌发生机制在不同学生群体(学生异质性群体)中的稳定性和变异性进行验证,为校园欺凌精准防治提供指导依据。

最后,通过开放式问卷、访谈、个案研究等质性方法了解当前校园欺凌防治中存在的问题,通过与发生机制的对比分析反思家庭、学校在防治实践中存在的关键问题及其所引发的教育反思,为进一步有效健全校园欺凌长效防治机制研究和教育实践活动奠定相应的研究基础,提供一定的指导和启发。

从理论意义上看,本书通过完善校园欺凌测量工具,揭示家庭和学校两种不同场域系统下校园欺凌的发生机制,发现校园欺凌家校防治的关键问题及背后的教育问题,试图解决当前校园欺凌研究与防治中的一些困境。本书的理论意义主要有:

第一,在我国现有校园欺凌研究,尤其是实证研究基础较薄弱的状况下,丰富校园欺凌相关研究成果,拓展校园欺凌研究范畴,奠定校园欺凌后续研究基础,启发后续研究者对校园欺凌问题的进一步思考,以更加深入解决校园欺凌问题,推动我国校园欺凌研究进程。

第二,在相应国家最新文件对五种校园欺凌规定的背景下以及总结当前国际校园欺凌研究进展的前提下,完善适用于我国中学生样本的校园欺凌测量工具,推动我国中学生校园欺凌的评估及监测工作进展。

第三,从实证视角证实家庭教育在校园欺凌中的重要作用,为响应国家家庭教育相关法律、法规的号召提供实证依据,确保家长及监护人在校园欺凌防治中能够积极配合学校管理与教育工作,担负起自身的责任和义务。

第四,揭示家庭、学校环境系统中,校园欺凌的发生机制及群体异质性问题,为后续校园欺凌的干预研究或追踪监测提供新的启发以及一定的指导和借鉴。同时,质性研究部分对校园欺凌防治工作现存问题的探究及反思也为校园欺凌相关理论研究奠定了研究基础。

就现实意义而言,开展校园欺凌研究最终目的是为校园欺凌防治的实践活动而服务,本书也不例外。本书以社会背景和现实问题为依托,在文献研读和实际调研前提下,通过对所收集数据和资料的规范、科学的处理与分析,对已提出的研究问题进行回应并指导校园欺凌防治实践。具体来说,本书的现实意义主要体现在:

第一,通过揭示校园欺凌的发生机制,明晰校园欺凌的产生路径及其跨异质性群组的稳定性或变异性,为确保校园欺凌能够在来自不同性质群体的学校或学生中实现"精准防治"和"科学防治"提供有力的实证支撑以及有效的决策参考。

第二,对校园欺凌发生机制的探究能够进一步明确家庭系统因素、学校系统因素,尤其是家长及监护人、学校领导及教师在校园欺凌中的作用,也能够详细告知家庭和学校应在哪些具体层面做出努力、应注意哪些实践问题等,以有效减少和遏制校园欺凌事件的反复发生,而非处于茫然无措状态,避免为应付防治任务和要求而草草了事。

第三,校园欺凌发生机制的探究,也为当前我国教育部门健全校园欺凌长效防治机制、从根本上治理校园欺凌等难题提供了对策参考。

第四,校园欺凌事关学生学业、体质和心理健康发展,本书旨在通过系列研究抵制校园欺凌现象的发生和再现,避免学生走向违法、犯罪道路,防止学生出现严重心理危机(如抑郁、自杀等),有助于促进学生心理健康、全面发展,推动实现我国教育公平和教育高质量发展,维持社会稳定和谐发展。

虽然在国家政策号召下,校园欺凌研究近年来越来越成为我国社会学、法学、心理学、教育学等人文社科领域关注的重点并一度成为"热点"研究,但对于科学、有效防治校园欺凌及健全校园欺凌长效防治机制来说,现有的研究成果显然并不能满足实践所需。同时,现有研究在测评工具、样本量大小、研究方法及研究视角等方面仍有待进一步完善。在批判性研读和学习前人研究的基础上,本书力求通过改进现有研究存在的局限,丰富校园欺凌研究成果,拓宽校园欺凌研究领域并尝试推进校园欺凌研究进展。相比于前人研究,本书主要有以下相对独特之处:

第一,测量工具相对全面。如前文所述,校园欺凌在2021年才于国家官方文件中被明确定义为包含身体、语言、人际、财物和网络在内的五种类型。但在以往研究中,研究者对校园欺凌的测量大多并不全面,或缺少了财物维度,或缺少了网络维度,许多研究者直接使用国际测评工具而忽视其在中国学生样本中的可信性、可靠性,很可能出现"水土不服",最终使得研究结果在很大程度上并不适用于指导我国校园欺凌研究实践。正是基于对该问题的考虑,本书首先旨在开发或完善一份测量内容既包含五种欺凌类型又适合测量国内学生欺凌问题的测量工具,这在以往研究中往往是最容易被忽视的研究前提。"工欲善其事,必先利其器",拥有较新的、较为全面的测量工具是本书最先体现出的独特性所在。

第二,样本相对丰富。首先,在量化研究样本中,基于学生异质性群体的考虑,本书抽取的样本群体既有不同性别(男—女)、独生(独生—非独生)、寄宿(寄宿—非寄宿)群组,也有较大群别的城乡群组(城市—乡村)和民族群组(汉族—壮族)。对校园欺凌学生群体异质性问题的考察在现有的校园欺凌研究中较为少见,但这是除校园欺凌发生机制探究外,实现校园欺凌"精准防治"的必不可少的关键点所在。其次,在质性研究中,访谈对象在本书中得以最大化扩展,不仅涉及家庭和学校中的父母、教师和学生个人,也涉及学校领导管理层(校长、副校长、安全主任等)、教育部门管理人员、法院工作人员。此外,在开放式问卷中,调查对象既包括学校管理层,又涵盖一线教师群体,且样本量达500人以上。本书样本的丰富性是对校园欺凌发生机制在异质性群体中的稳定性和变异性考察的研究基础,也是对家校协同防治中存在的问题及教育反思进行探究的基础。

第三,研究方法相对多样。本书拟采用混合研究,通过前期的量化研究和后期的质性研究综合探讨校园欺凌在家校领域及环境系统中的发生机制及防治问题。一方面,在量化研究部分,除了使用回归、结构方程等方法进行常规模型检验与跨群组验证外,还会使用潜在类别分析、倾向值匹配等相对前沿且高阶的统计分析法对校园欺凌发生机制进行多方法检验和验证。另一方面,在质性研究中,除常见的访谈法外,也综合使用了开放式问卷、观察法和个案法对校园欺凌防治问题及引发的相关教育反思进行相对全面的探究。通过多种方法同时对校园欺凌问题进行深入探究,最大程度保证本书中得出的成果和结论具有相对稳定性,从而能够最大化推广到不同情境中以有效指导校园欺凌防治实践,这是本书相比于其他研究较为突出的特点所在。

第四，理论分析视角相对新颖。跨学科分析是本书的独特性所在，以社会学的场域理论、生物学的生态系统理论以及心理学的群体社会化理论作为本书的理论分析视角。虽然生态系统理论，尤其是其发展理论——社会生态系统理论在校园欺凌的分析框架中非常普遍，较多研究者也从此理论出发对家庭、学校和社会在校园欺凌防治中的作用进行了阐释，但是，该理论作为本书中的中间过渡理论，旨在为场域理论和群体社会化理论中关于家、校系统在学生发展中的重要性比较分析而服务。前人研究中鲜有以场域理论和群体社会化理论为分析视角，这在很大程度上体现了现有校园欺凌研究中存在的分析视角单一性问题，即多从家庭或学校单一层面，视校园欺凌为学生个体行为进而阐述校园欺凌的发生和预防策略，而忽略了校园欺凌现象的社会性和群体化性质——受不同场域，尤其是家庭系统和学校系统的影响，存在同伴群体，特别是有越轨行为的同伴群体（有违法、违规、违纪等行为的同伴群体，也称不良同伴群体、后进同伴群体）。基于此，本书从场域和同伴群体视角出发，探究校园欺凌的发生机制和防治问题，为校园欺凌"治本"实践提供独特的思考视角。

第五，模型构建相对新颖。同第四点所述，场域理论和群体社会化理论是当前校园欺凌研究中相对较新的视角，本书中校园欺凌发生机制模型也正是以此为基础而进行构建的。全面实现家校共育是当前及未来教育改革与发展的大趋势所在，家庭场域在校园欺凌防治中的重要性不言而喻，但如何明确家庭在其中的责任并指导家长及监护人参与校园欺凌防治显得尤为重要。本书在同时考虑到家庭场域和学校场域的情况下，对校园欺凌的发生机制，特别是越轨同伴群体在其中的作用进行检验和验证，这在以往的研究中较少发现，但这对推动校园欺凌研究进展及指导欺凌防治实践来说却是非常必要的。

本书主要考察家校场域中校园欺凌的发生机制及当前防治中现存的关键问题，与此相呼应，本书的重点主要在于如何揭示校园欺凌发生机制并发现校园欺凌防治实践中的关键问题，包括：（1）如何开发或修订适用于我国中学生且相对全面的校园欺凌测量工具？（2）基于完善后测量工具的评估，我国中学生校园欺凌现象有哪些具体表现和差异性特征？（3）如何合理构建家庭、学校场域校园欺凌发生机制模型并对此进行有效检验与跨群组验证？（4）如何找出校园欺凌防治中存在的突出问题以及防治实践与发生机制间的契合问题？其中，第一点和第四点是本书的难点所在，测量工具的编制或选择直接关系到所收集数据的可利用性以及研究结果和发现的科学性、有效性、可推广性，而找准防治问题的关键和分析实践与机制的融合性则事关本书结果能够指导校园欺凌防治实践的有效程度。广泛深入研读文献、拓展样本调查范畴、扎根实地调研点，运用多种方法进行细致考察，可以为本书重难点问题提供解决之道。

第一章 校园欺凌理论基础与文献综述

第一节 校园欺凌及发生机制的概念界定

一、校园欺凌定义

"欺凌"一词源于对英文单词"bullying"的翻译。"bullying"是"bully"的动名词形式,词源可追溯到荷兰语中的"boel",意为"爱人",后经语境变化逐渐演变为对伴侣或同伴的"施暴""恐吓""威胁"等行为。欺凌具有明显的场域特征,包括但不局限于学校场域,如 Sims 等人以及郭靖等人就曾对工作场域的职场欺凌(bullying in workplace)进行了中国文化背景研究,[1][2]而 Hoetger 等人从家庭场域出发,对同胞欺凌与校园欺凌进行了对比研究,王祈然则就学术场域的欺凌问题进行了解析。[3][4] 相比于职场欺凌、同胞欺凌和学术欺凌,学校场域的欺凌——校园欺凌(school bullying)在社会科学研

---

① SIMS R L, SUN P. Witnessing workplace bullying and the Chinese manufactorying employee[J]. Journal of managerial psychology, 2012, 27(1): 9-26.

② 郭靖, 张碧红, 黄绿香, 等. 职场欺凌的中国文化背景分析: 基于深度访谈的探索性研究[J]. 中国临床心理学杂志, 2015, 23(2): 302-307.

③ HOETGER L A, HAZEN K P, BRANK E M. All in the family: a retrospective study comparing sibling bullying and peer bullying[J]. Journal of family violence, 2015, 30(1): 103-111.

④ 王祈然. 美国高校反学术欺凌实践研究: 以弗吉尼亚理工大学为例[J]. 比较教育研究, 2021, 43(11): 55-62.

究领域及社会舆论、国家政策中更受关注。通常,在中英文文献库中,以"欺凌"或"bullying"为关键词检索到的文献也多为与校园欺凌相关的研究。早在 1970 年,来自挪威卑尔根大学的瑞士心理学教授丹·奥维斯就已对瑞士青少年男生的欺凌行为进行了实证研究,这被普遍认为是关于校园欺凌的首次科学研究。① 依据该项研究,奥维斯于 1994 年在"Annotation:Bullying at School:Basic Facts and Effects of a School Based Intervention Program"一文中对校园欺凌进行了明确界定:"(校园欺凌)是一种攻击行为或故意伤害行为,能够通过身体接触、语言或其他方式进行,具有反复性和持续性,其中的欺凌者和受害者间存在着力量不平衡,双方的权力关系并不对称。"②

随着各国政府及国际组织的持续关注,校园欺凌已发展成为一个备受关注的全球性教育议题。美国教育部(U.S. Department of Education)和疾控防治中心(U.S. Centers for Disease Control)分别将校园欺凌定义为:"在校学生中不受欢迎的、攻击性的行为,涉及真正的或感知到的权力不平衡,会随着时间推移出现或可能出现重复""是一个或一群非兄弟姐妹或当前约会伴侣的学生指向另一个学生的任何攻击行为,涉及观察到或感知到的权力不平衡,重复多次或很有可能重复,极可能会对目标学生造成伤害或痛苦,包括身体、心理、社会或教育方面的伤害,但两个力量或力量相同的学生以友好的方式争吵、打架或挑逗对方的情况并不是欺凌"。③④ 基于全球 144 个国家和地区的测量数据,联合国教科文组织(United Nations Educational,Scientific and Cultural Organization,UNSECO)就校园欺凌问题于 2017 年和 2019 年分别作了题为"School Violence and Bullying——

① SUSAN L,KYRRE B,PETER K S. Dan Olweus (1931—2020)[J]. International journal of bullying prevention,2023(5):179-180.

② OLWEUS D. Annotation:bullying at school:basic facts and effects of a school based intervention program[J]. Journal of child psychology & psychiatry,1994,35(7):1171-1190.

③ U.S. DEPARTMENT OF EDUCATION. Defining bullying[EB/OL]. [2024-09-20]. https://www. ed. gov/news/press-releases/new-data-show-decline-school-based-bullying.

④ CIDADE A,HANSEN R. Defining bullying:a split-ballot survey experiment across three federal departments[C]//Federal committee on statistical methodology. Proceedings of federal committee on statistical methodology 2018 research and policy conference,Washington,D.C:FCSM,2018:1-15.

Global Status Report"和"Behind the numbers：Ending school violence and bullying"的报告,其中对校园欺凌进行了较为详细的界定:"校园欺凌以攻击性行为为特点,包括不必要的、消极的行为,并随着时间推移而反复发生,可分为身体欺凌、心理欺凌、性欺凌和网络欺凌四种常见类型,其中施害者与受害者之间的力量不平衡。"①②需要注意的是,校园欺凌并不等同于校园暴力,两者是包含与被包含的关系,校园欺凌包含校园暴力,校园暴力是校园欺凌的极端表现形式,校园暴力的情节较为严重且社会影响恶劣,通常涉及违规、违法,甚至刑法犯罪等。③ 此外,校园暴力更常表现为直接身体攻击,如,殴打、枪杀。校园欺凌的实现方式不仅有直接方式(身体攻击、财物损坏),而且有间接方式(涉及语言攻击和人际关系破坏),包括辱骂、诽谤、孤立等。④

　　校园欺凌在我国的研究起步较晚。在最初的学术研究领域,心理学研究者使用"欺负"一词对学生同伴群体中的攻击现象进行研究。⑤ 后随着研究的深入以及恶性欺负事件带来的严重社会不良影响,"欺负"一词被广泛用于社会学、教育学和法律学等研究领域,形成了多元化研究视角,但研究基础十分薄弱。直到2016年,该现象才逐渐引起国家层面的重视,系列政策文件陆续出台后,"校园欺凌"一词才真正被我国教育、心理、社会、法律等领域学者和工作者以及公众所熟知并被广泛运用于学术研究领域和社会舆论中。2016年,校园欺凌在国务院下发的《关于开展校园欺凌专项治理的通知》中首次被提及并初步定义为"发生在学生之间蓄意或故意通过肢体、语言及网络等手段,实施欺负、侮辱造成伤害的事件",后在教育部等发布的

---

① UNESCO. School violence and bullying：global status report［EB/OL］.［2018-10-08］. https：//www. rmnkids. com/unesco-releases-report-on-school-violence-and-bullying/.

② UNESCO. Behind the numbers：ending school violence and bullying［EB/OL］.［2019-01-22］. https：//www. unicef. org/media/66496/file/Behind-the-Numbers. pdf.

③ 凌磊.国际视野下校园欺凌治理机制构建［J］.比较教育研究,2020,42(12)：93-99.

④ UNESCO. Behind the numbers：ending school violence and bullying［EB/OL］.［2019-01-22］. https：//www.unicef.org/media/66496/file/Behind-the-Numbers.pdf.

⑤ 张文新.中小学生欺负/受欺负的普遍性与基本特点［J］.心理学报,2002(4)：387-394.

《加强中小学生欺凌综合治理方案》（下称《方案》）中被明确定义为"发生在校园（包括中小学校和中等职业学校）内外、学生之间，一方（个体或群体）单次或多次蓄意或恶意通过肢体、语言及网络等手段实施欺负、侮辱，造成另一方（个体或群体）身体伤害、财产损失或精神损害等的事件"。①②③ 我国台湾地区多使用音译法将"school bullying"概括为"校园霸凌"并用于学术研究或政策治理，其本质上与《方案》中界定的"校园欺凌"同义。④

由上述校园欺凌的国际、国内和学术、政府、国际组织相关定义可知，校园欺凌是：①主要发生在学校的、学生个体或群体针对某一学生或多个学生的、故意的、持续的伤害行为；②既有直接形式（如身体欺凌中的殴打、吐口水等）也有间接形式（如网络欺凌中的在社交平台发布侮辱信息等）；③施害者和受害者间存在权力不平衡的现象。虽然现有校园欺凌的研究起点和重点关注群体集中在小学生和中学生群体中，但国内外最新研究发现，校园欺凌行为的最小年龄可追溯到学前儿童，最大年龄可扩展至大学生和研究生群体，可见校园欺凌现象绝非仅限于基础教育阶段。⑤⑥⑦ 此外，校园欺凌中的最常见类型"physical bullying"意指"打、踢、推"头、腿、后背等，包括但不限于四肢（肢体）且在研究文献中多被译为"身体欺凌"。⑧ 在对校园欺凌现有权威定义（如教育部 2017 年《方案》）总结的基础上，本书对校园欺凌的定

---

① 中华人民共和国中央人民政府.国务院教育督导委员会办公室关于开展校园欺凌专项治理的通知[EB/OL].[2015-05-09].http://www.gov.cn/xinwen/2016-05/09/content_5081203.htm.2016-5-9.

② 中华人民共和国教育部.加强中小学生欺凌综合治理方案[EB/OL].[2017-11-23].http://www.moe.gov.cn/srcsite/A11/moe_1789/201712/t20171226_322701.html.

③ 张兵娟.中学生校园欺凌成因及预防对策研究[D].重庆：西南大学,2018.

④ 钟磊.校园欺凌的影像呈现及教育反思：基于我国三十部青春题材电影的分析[D].长春：东北师范大学,2021.

⑤ 田园园.学前儿童同伴交往能力对受欺负的影响：情绪调节策略的中介效应[D].西安：陕西师范大学,2017.

⑥ 陈亮,王彦东,李焰.儿童期心理虐待对大学生网络欺凌态度的影响：公正世界信念和特质感恩的中介作用[J].中国临床心理学杂志,2020,28(1):152-156.

⑦ 王祈然.美国高校反学术欺凌实践研究：以弗吉尼亚理工大学为例[J].比较教育研究,2021,43(11):55-62.

⑧ UNESCO. Behind the numbers：Ending school violence and bullying[EB/OL].[2019-01-22]. https://www.unicef.org/media/66496/file/Behind-the-Numbers.pdf.

义在范围和表述上进行适当补充,具体阐释为:校园欺凌是指发生在学生群体间,强势一方(个体或群体)单次或多次蓄意或恶意通过肢体、语言、人际关系、财物及网络等手段实施欺负、侮辱,造成弱势一方(个体或群体)遭受身体伤害、财产损失或精神损害等的行为。

（一）校园欺凌表现形式

校园欺凌表现形式,即欺凌类型,主要体现在校园欺凌的实施方式或实现途径中。如前文所述,校园欺凌不仅能够通过直接方式实现,如拳打、脚踢被欺凌者或损坏被欺凌者的书包、文具等个人所属物,对其造成直接的身体伤害或物质破坏,也能够通过间接方式实现,如辱骂、孤立被欺凌者,虽然该方式并不能对被欺凌者产生即刻的外在伤害,但却长期严重危害被欺凌者随后乃至成年期的心理健康状况。大量研究表明,相较于身体伤害,包括语言欺凌和人际关系破坏等在内的间接欺凌形式往往对受害者心理及身体的消极影响更为深远,极容易导致受害者出现心理问题(如社会适应困难、抑郁、焦虑、反社会情绪),还可能引发严重心理障碍乃至危机行为(如自杀行为、反社会行为)。[1][2] 相关文献中的新型组合英文单词"bullycide"一词的意思正是指由于遭受校园欺凌,尤其是侮辱、诽谤和孤立等,学生进而出现自杀意念、行为的现象。[3]

在具体表现形式上,联合国教科文组织 2019 年将校园欺凌类型明确划分为身体欺凌(physical bullying)、心理欺凌(psychological bullying)、性欺凌(sexual bullying)和网络欺凌(cyberbullying)。[4] 身体欺凌作为传统形式直接施加肢体伤害,心理欺凌主要表现为语言暴力(通过谩骂、起侮辱性外号等迫使被欺凌者形成较低的自我认可)和人际关系破坏(通过散播谣言、

[1] HOPREKSTAD O L, HETLAND J, BAKKER A B, et al. How long does it last? prior victimization from workplace bullying moderates the relationship between daily exposure to negative acts and subsequent depressed mood[J]. European journal of work and organizational psychology, 2019,28(2):1-15.

[2] KODISH T, HERRES J, SHEARER A, et al. Bullying, depression, and suicide risk in a pediatric primary care sample[J]. The journal of crisis intervention and suicide prevention, 2016, 37(3):1-6.

[3] WALLACE J A. Bullycide in American schools: forging a comprehensive legislative solution[J]. Indiana law journal, 2011,86 (2):735-761.

[4] UNESCO. Behind the numbers: Ending school violence and bullying [EB/OL].[2019-01-22]. https://www.unicef.org/media/66496/file/Behind-the-Numbers.pdf.

排挤、孤立等使被欺凌者遭受更多同伴拒绝,陷入孤独、焦虑、抑郁等消极情绪状态),性欺凌往往与身体欺凌并存,而网络欺凌则是当前互联网快速发展社会中校园欺凌的新型表现形式。[1]国内校园欺凌研究成果较丰富的研究学者张文新教授提出,校园欺凌主要有身体、语言和关系欺凌,主动性欺凌和反应性欺凌,以及新型欺凌类型——网络欺凌[1]。其中,关系欺凌指代对受害者人际关系的破坏,如,散播谣言、挑拨离间;第二种分类实质上是对校园欺凌表现方式的总括;网络欺凌是当前最新的欺凌表现形式,它同身体、语言和人际破坏一样,都是实现欺凌的途径。[2] 此外,英国学者 Betts 等人的研究报告显示,校园欺凌主要由身体欺凌、语言欺凌、人际欺凌、财物破坏和网络欺凌五个方面构成且同时存在于欺凌者和被欺凌者中,在被欺凌者群体中体现为身体受害、语言受害、人际受害、财物受损和网络受害。[3]

通过比较分析 UNSECO、张文新研究团队和 Betts 等人提出的具体分类结果可知,直接欺凌指身体欺凌和财物破坏,间接欺凌包括语言欺凌、人际欺凌和网络欺凌。与此同时,从受害者视角又衍生出相应的身体受害、财物受损、语言受害、人际受害和网络受害,这些都是校园欺凌常见的表现形式。总之,直接欺凌/受害和间接欺凌/受害是校园欺凌的大体表现形式,身体欺凌/受害、财物破坏/受损、语言欺凌/受害、人际欺凌/受害和网络欺凌/受害是具体表现形式。根据 Betts 等人基于 Mynard 和 Joseph 的量表修订的多维度欺凌和受害量表,身体、财物、语言、人际和网络欺凌/受害又分别涵盖多种不同的行为表现。[4] 具体来说,身体方面受害包括拳打、踢、用其他方法打、用其他方法使人受伤;财物方面包括未经允许拿东西、尝试打破东西、偷东西、破坏其他财物;语言方面包括叫外号、取笑外表、因其他原因取

① 详见中国反校园欺凌网站:www.antibul.sdnu.edu.cn.

② YBARRA M L, BOYD D, KORCHMAROS J D, et al. Defining and measuring cyberbullying within the larger context of bullying victimization[J]. Journal of adolescent health, 2012, 51(1):53-58.

③ BETTS L R, HOUSTON J E, STEER O L. Development of the multidimensional peer victimization scale-revised (MPVS-R) and the multidimensional peer bullying scale (MPVS-RB)[J]. Journal of genetic psychology, 2015, 176(2):93-109.

④ MYNARD H, JOSEPH S. Bully/victim problems and their associations with Eysenck's personality dimensions in 8 to 13 year-olds[J]. British journal of educational psychology,1997,67:51-54.

笑、辱骂等;人际方面包括挑拨离间、不跟他/她说话(冷暴力)、使其他同学不跟他/她说话;网络方面包括在社交平台取笑、叫外号、说坏话、威胁、恐吓。根据我国教育部于 2021 年 6 月 1 日发布的《未成年人学校保护规定》,校园欺凌共包含五种情况:(1)"殴打、脚踢、掌掴、抓咬、推撞、拉扯等侵犯他人身体或者恐吓威胁他人";(2)"以辱骂、讥讽、嘲弄、挖苦、起侮辱性绰号等方式侵犯他人人格尊严";(3)"抢夺、强拿硬要或者故意毁坏他人财物";(4)"恶意排斥、孤立他人,影响他人参加学校活动或者社会交往";(5)"通过网络或者其他信息传播方式捏造事实诽谤他人、散布谣言或者错误信息诋毁他人、恶意传播他人隐私"。[①] 由此可见,Betts 等人提出的欺凌类型与我国《未成年人学校保护规定》最新明确的欺凌类型相一致,是当前对校园欺凌表现类型相对全面且详细的划分依据。基于上述分类情况,本书以教育部最新规定以及 Betts 等人的研究发现为依据,将校园欺凌的表现形式或类型主要分为五类:身体欺凌、语言欺凌、人际欺凌、财物损坏和网络欺凌。

(二)校园欺凌的社会学阐释

校园欺凌最新研究指出,"校园欺凌作为一种社会现象,是复杂社会系统里的多个要素互动的产物,反映了特定环境内的复杂的社会互动关系。治理校园欺凌本质上是对导致欺凌行为产生的社会生态环境的治理"。[②] 这一点在校园欺凌的定义上便已得到印证——校园欺凌是发生在学生群体间的,一方(个体或群体)对另一方(个体或群体)的欺负、侮辱等行为,换言之,校园欺凌并非单个人针对自身的行为,而是指向他人的行为,欺凌发生于至少两个学生之间,这是学生参与社会互动的结果,是一种发生于校园场域的社会现象。

校园欺凌不仅是社会现象,也是社会问题在学生群体间的反映。有学者从社会学理论视角出发对校园欺凌的发生原因进行了剖析,包括社会失范、家庭结构失能、反校园文化和社会规则缺失等。[③] 具体而言:(1)"社会失范是滋生校园欺凌事件的温床",如部分学生从成人世界里习得职权滥用并

① 中华人民共和国教育部.未成年人学校保护规定[EB/OL].[2021-06-01]. http://www.moe.gov.cn/srcsite/A02/s5911/moe_621/202106/t20210601_534640.html.

② 张倩,孟繁华,刘电.校园欺凌的综合治理何以实现:来自现代校园欺凌研究发源地挪威的探索[J].教育研究,2020,41(11):70-82.

③ 魏叶美,范国睿.社会学理论视域下的校园欺凌现象分析[J].教育科学研究,2016(2):20-23.

通过班干部等的权力向其他同学施压、强迫他们做有损尊严、侮辱人格的事情等。(2)"家庭结构失能导致青少年社会化主体缺失",如父母对子女的教育持放任的态度,对子女在学校的表现不闻不问、漠不关心,即使子女欺负别人或被欺负也视而不见。再者,随着我国城镇化快速发展,流动儿童和留守儿童越来越多,父母教育的缺席极易导致校园欺凌行为的发生。(3)"反学校文化影响学生,(而)青少年自我控制能力较低"。如,同一学校中存在的各种违反校规、校纪的不良小团体、小帮派,这些团体和帮派是激发欺凌行为的强大动力,在将欺凌合理化的群体中,学生个体更倾向于认同欺凌他人是"很酷"的行为并由此获得在群体内的地位和其他成员的支持与认可。(4)"社会规则缺失造成校园欺凌频发",社会、教师、家长乃至欺凌者和受害者本人都默认校园欺凌仅仅是学生之间、同学之间的小矛盾、小摩擦,是成长中必经的过程,这种对校园欺凌的忽视态度是助长欺凌者气焰、导致欺凌频发的重要原因所在。[1]

二、发生机制

(一)发生机制定义

寻求某一社会现象发生的因果机制及普遍规律是社会科学研究的重要价值取向之一。简单来说,发生机制(mechanism of occurrence)就是指某一现象(结果)产生的原因和过程,旨在揭示内部不同要素之间的因果关系和作用规律。要探求社会现象的发生机制,就需要关注两个重点:一是要素,二是要素间的因果关系。[2] 对要素的理解可从三个方面进行:(1)要素既包含解释现象产生的原因(即解释变量),也包含现象出现的结果(即因变量)。如,本书中的家庭因素和学校因素都是导致校园欺凌发生的影响因素,是校园欺凌产生的原因所在,也是解释校园欺凌发生的重要变量,而发生欺凌行为和遭受欺凌受害则是校园欺凌的结果。(2)要素包含可能导致现象产生的主要因素和次要因素。如,本书中与校园欺凌现象密切相关的家庭因素(家庭支持、父母行为控制)和学校因素(校园氛围、学校整体欺凌水平、越轨同伴交往)。(3)要素包含现象产生的外部环境因素和内部自身因素。如,

---

① 魏叶美,范国睿.社会学理论视域下的校园欺凌现象分析[J].教育科学研究,2016(2):20-23.

② 彭玉生.社会科学中的因果分析[J].社会学研究,2011,26(3):1-32.

本书中的家庭和学校因素为环境因素,而学生校园欺凌的归因等则为自身因素。[①] 关于因果关系,主要有三个重要条件:(1)要素中的原因要素与结果要素应遵循时空相近原则。(2)原因要素与结果要素应遵循时序原则,原因在前,结果在后。(3)原因要素与结果要素间存在必然联系,原因出现时便会伴有结果。[②][③]

(二)发生机制与影响因素的区别与联系

发生机制与影响因素通常容易被人们混淆。从范畴上看,发生机制包含影响因素。发生机制是揭示原因引起结果的内在规律,目的是探寻因果关系,既包含要素也包含要素间的内在关系,而影响要素主要是影响结果要素的原因要素,是发生机制的一部分,但不能替代发生机制。从对现象的解释程度上来看,发生机制更注重探寻现象产生的普遍规律,有助于全面、深入了解现象产生的来龙去脉,高度还原现象发生的真实过程,而影响因素侧重于找寻与现象有关的要素,但并不关注不同影响因素间的内在关系如何,影响因素之间地位多为平行的。关于发生机制研究与影响因素研究的区别与联系可参见图 1-1。

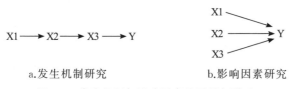

a.发生机制研究　　　　　b.影响因素研究

图 1-1　发生机制与影响因素的区别与联系

(三)发生机制在校园欺凌研究中的意义

当前研究领域内,关于我国学生校园欺凌的实证研究有待进一步丰富和拓展。一方面,发生机制研究大多基于量化研究成果,开展该方面的研究能够弥补现有研究的不足,丰富相关实证研究成果,推动我国校园欺凌研究进展;另一方面,发生机制研究有助于明确与校园欺凌有关的不同影响因素

①　CHOI J, DULISSE B. Exploring the mechanisms of bullying perpetration: an integrated test of general strain and social bond theories[J]. Journal of child and family studies, 2021, 30(1):620-632.

②　HUME D. A treatise of human nature[M]. New York: Barnes and Noble, 2005.

③　彭玉生.社会科学中的因果分析[J].社会学研究,2011,26(3):1-32.

之间的内在关系,揭示校园欺凌的内在发生路径和普遍规律,为指导校园欺凌防治实践奠定理论指导。同时,发生机制研究也是精准化防治校园欺凌,完善校园欺凌长效防治机制的重要基础。校园欺凌防治应是科学的、有依据的,不应是"经验之谈",也不应以"经验主义"为指导。基于已被证实和检验过的发生机制及普遍规律,才是校园欺凌长效防治之道的关键。

第二节 校园欺凌的理论基础

一、场域理论

(一)场域理论起源

19世纪以来,关于先天因素和后天因素对个体发展的影响一直是心理学家和教育学家们争论的重点,并在此争论中形成了遗传决定论和环境决定论两种相对立的主流观点。俗话说,"龙生龙,凤生凤,老鼠的儿子会打洞",这正是遗传决定论的典型体现。遗传决定论最早由英国优生学创始人弗朗西斯·高尔顿(Francis Galton)率先提出。他在《遗传的天才》(1869)一书中指出:"一个人的能力,乃由遗传得来的,其受遗传决定的程度,如同一切有机体的形态及躯体组织之受遗传的决定一样。"[①]在高尔顿看来,个体的发展及其品性早在胚胎期就已经由基因决定了,发展是内在基因自然进化的结果,环境与教育仅起引发作用。[①]这一观点在部分著名心理学家、教育学家的早期理论中也略见一斑,如,弗洛伊德的"本能决定论"、桑代克的"原本趋向论"等。[②] 与这种完全忽视环境作用的理论相反,环境决定论则着重强调环境和教育对个体的决定性影响。以约翰·华生(John Broadus Watson)为代表的行为主义认为,儿童的发展完全由后天环境决定,并就此发表"给我一打健康的婴儿,我能把他们变成医生、律师、商人……"的言论。虽然环境决定论过分夸大了后天因素对个体心理和行为的影响,但却提供了思考

---

① GILDERSLEEVE M,CROWDEN A.Genetic determinism and place[J]. Nova prisutnost,2019,17(1):139-162.

② 孙文龙,郭占基.批判桑代克"教育心理学概论"一书中的反动的遗传决定论[J].东北师范大学科学集刊,1956(3):17-29.

如何通过改变外部环境来重塑个体发展轨迹的可能性，如果遗传决定论是将人的发展判了"死刑"，那么环境决定论则是在教给人们如何"死里逃生"，"孟母三迁"的故事也说明了这点。

随着认知心理学的发展，关于环境对人的影响的观点由完全决定性向部分决定性转变。美国儿童发展心理学家让·皮亚杰（Jean Piaget）据此提出了建构主义发展理论，摆脱了遗传和环境的争论和纠葛，旗帜鲜明地提出内因和外因相互作用的发展观，即，心理发展是主体与客体相互作用的结果。在皮亚杰看来，"同化"和"顺应"是个体与环境互动（适应）的重要方式。同化意味着将外部环境中与自身认知相同的部分纳入到已有结构中，顺应则表明接受外部环境中的"新成分"并重组认知结构。总之，个体对环境的影响是选择性接受的，而非被动地全盘接受，认可和强调了人的主观能动性的重要作用。

（二）场域理论的形成

场域理论（field theory）的形成正是基于对人的主观能动性的肯定。个体所处的环境由不同来源的系统构成，这些不同系统便是不同的"场"（field）。"场"的用语源于 19 世纪中叶的物理学概念，指具有相同性质的物质发生相互作用的一种空间区域，通常是看不见、摸不着的，如"量子场""电磁场""广场"等。场内的物质并不是无序排列的，而是按照一定的规则发生作用，这种规则用方程式进行表达后便是著名的"麦克斯韦方程"。① 同样，人的社会属性决定了人属于不同的群体，每个群体就像一个场，场内也存在着一定的规则，美国格式塔心理学家库尔特·考夫卡（Kurt Koffka）由此将"场"的概念引入心理学领域，最早提出了场域理论并将其广泛用于解释人类行为的发生模式。② 随后，美国社会心理学家库尔特·勒温（Kurt Lewin）在格式塔心理学的影响下，进一步发展了场域理论并提出了著名的"动力场理论"，对后续人与环境关系的研究发挥了重要的承上启下作用。③ 之后，法国社会学家皮埃尔·布迪厄（Pierre Bourdieu）在试图消除包含客观—主观

---

① 查晓民，谢国大，沙威，等.电磁计算中辛时域有限差分算法研究进展[J].电波科学学报，2020，35(1)：43-54.

② 王仕杰.解构与建构：教学思维场的哲学审视[J].中国教育科学（中英文），2020，3(2)：69-84.

③ BURNES B, COOKE B. Kurt Lewin's field theory: a review and re-evaluation [J]. International journal of management reviews, 2013,15(4):408-425.

对立、结构—个体对立的二元对立的过程中提出了适用于整个社会科学研究的新"场域理论",在国内社会学、教育学、传播学、经济学等交叉学科领域引起强烈反响,甚至在一定程度上改变了社会科学的研究取向和方式等。目前,学者们通常所说的场域理论也多指布迪厄的场域理论。[①]

(三)场域理论基本观点

1.考夫卡场域理论基本观点

考夫卡是格式塔心理学的著名代表人物之一,反对华生等人的"刺激—反应说",强调从整体或完形的角度分析个体行为。考夫卡的场域理论旨在寻找场域与人类行为之间的因果关系,其核心观点认为,整体和完型也被称为场或场域,场域与个体行为并非加总关系,更多时候场域是大于个体行为总和的。[②] 考夫卡将场域划分为心理场(psychological field)和物理场(physical field)。物理场是被知觉的现实,是客观存在的,也叫地理场,而心理场是观察者对现实的主观知觉,具有较强主观性和个人倾向性,对个体心理和行为的影响也较大。心理场和物理场并非一一对应关系,正如"一千个人有一千个哈姆雷特"一样,每个个体对客观现实的心理知觉也存在一定差异性,这些差异正是导致个体对相同物体、事件等做出不同反应和行为表现的主要原因所在。心理场中包含行为环境和自我。自我是个体独特性所在,行为环境即自我主观感受到的环境,是相对物理环境而言的。总之,考夫卡认为,人的行为产生于行为环境,并受地理环境的调节,心理场与物理场的共同作用使个体的行为产生不同的表现,这也表明个体的行为活动被限定在一个由自我、行为环境、地理环境等进行动力交互作用的场内,最终塑造了个体行为的多样性。

2.勒温动力场理论基本观点

在与考夫卡等格式塔学派进行合作期间,勒温对场域理论进行完善并提出了自己的动力场理论。动力场由生活空间(life space)和动力系统(power system)两部分组成。其中,生活空间包括个体和个体生活经历的主观环境,既包含意识到的主观环境也包含无意识(潜意识)的主观环境,这一概念与考夫卡的"心理场"本质上是相同的;动力系统又称紧张系统(stress

---

① 李全生.布迪厄场域理论简析[J].烟台大学学报(哲学社会科学版),2002(2):146-150.

② 肖杨田,汪顺玉.从格式塔"场"理论谈选项安排对考生的心理影响:基于大学英语四、六级分题选择 MC[J].西南农业大学学报(社会科学版),2009,7(1):177-181.

system),产生于个体与环境的相互作用,是个体行为发生的起因——如动机、需求、兴趣爱好、价值观等。个体行为的性质和强度正是由产生于生活空间的动力系统决定的。[①] 换言之,场是生活空间和动力系统的总和,不同的生活空间产生不同的动机,这些不同动机使得个体间所发生的行为也不尽相同。举例来说,在同一个班级里,面对老师的批评,学生 A 认为这表明老师比较关注自己,是在帮助自己找出问题、促进成长,因此内心感激老师,愿意积极纠正错误,改过自新;相反,在学生 B 看来,老师当众批评自己是不给自己面子,是故意让自己在同学面前出丑,这是老师不喜欢自己的表现,所以内心厌恶老师,想要报复老师,因此继续犯错,故意扰乱课堂教学秩序。

3.布迪厄场域理论基本观点

布迪厄场域理论的提出在于如何更好地理解客观主义与主观主义的关系。在布迪厄的场域理论中,"场"被定义为,"不同位置间客观关系(支配关系、屈从关系、结构上的同源关系等)的一个网络或一个形构,这些位置是经过客观限定的",也即客观关系网络,而非场所、区域等物理性的场所。[②][③]展开来说,场域是"由社会成员按照特定的逻辑要求共同建设的,是社会个体参与社会活动的主要场所,它为其中的社会成员标出了待选项目,但没有给定最终选项,个人可进行竞争策略的多种搭配选择,不同的人会呈现出不同的结果。在这些结果中,一方面可以体现出选择者的意志,即个体的创造性,另一方面可体现出选题的框架要求和限制"。这集中体现了人的主观能动性与客观条件的辩证关系。此外,场域具有多种形式,如经济场域、政治场域、教育场域、文化场域等,这种多样性是社会分化的结果,场域的自主性表现在某一场域摆脱其他多种场域的限制和影响形成自身固定的场域,这也是某一特定场域的独特性所在。

惯习(habit)是布迪厄场域理论中的核心概念,是以某种方式进行感知、评判、行动和思考的倾向,是场域中成员的内在禀性系统,类似于心理学中的"人格"和"气质"概念,具有极强的个人色彩。惯习既是稳定的,也是可转

---

① LEWIN K. Field theory and learning[J]. Teachers college record: the voice of scholarship in education,1942,43:215-242.

② 李全生.布迪厄场域理论简析[J].烟台大学学报(哲学社会科学版),2002(2):146-150.

③ 李艳培.布尔迪厄场域理论研究综述[J].决策与信息(财经观察),2008(6):137-138.

变、可重塑的。惯习的稳定性是指惯习的行为带有特定的个人特色,扎根于人们的认知结构中,一经形成便成为一种自动化的反应模式。然而,这种反应模式并非一成不变,而是会随着社会结构和置身情境的转变发生一定的变化以重新适应客观世界。正如学者李全生提到的,惯习是"个人的知识和对世界的理解,这就造成了与现实世界的'分离',因为个人知识有一种对现实世界重构的力量"。惯习的稳定性和重塑性综合体现了结构主义的先验论和建构主义的发生论,人们在已有生活经验的前提下与客观存在进行互动并适当重构当前认知进而发展惯习,因此,布迪厄也称自己为"建构派的结构主义"(Constructivist Structuralism)。

惯习来源于实践,又反作用于实践。正如马克思辩证法对认识与实践的辩证关系的阐释:人们的惯习是在对客观世界的相互作用中形成发展,客观世界也因惯习的发展而发生相应变化。① 在这一过程中,场域并不是简单地"决定"惯习,而是通过实践的中介间接构建或生成惯习,两者是动态关系。② 这一点与考夫卡、勒温的场域理论相契合,都反对刺激——反应论,认可人自身的主观能动性,人们能够在场域中的关系、物质等条件下进行批判性思考并形成相对合理的认识进而反作用于心理场、物理场、生活空间和客观关系等。

(四)教育场域解读

在布迪厄看来,客观关系与主观关系并非相互对立、割裂,同样,对场域与惯习的理解不应是笼统的、孤立的,而应放置到具体的理论体系或学科体系中。随着场域理论被越来越多的学者熟知,来自不同社会学科的学者尝试将场域理论用于解释经济学、传播学、文化学、教育学等学科现象。国内教育学者刘生全最先对"教育场域"进行了相对系统的界定——"指在教育者、受教育者及其他教育参与者相互之间所形成的一种以知识的生产、传承、传播和消费为依托,以人的发展、形成和提升为旨归的客观关系网络。当然,作为一个理论范畴,教育场域无疑是对上述客观关系网络的一种抽象和指称"③。这一界定不仅使其他学者们对教育场域有了初步的、相对清晰

---

① 李维武.从唯物辩证法论战到马克思主义哲学大众化:对艾思奇《大众哲学》的解读[J].吉林大学社会科学学报,2011,51(6):20-30.

② 李艳培.布尔迪厄场域理论研究综述[J].决策与信息(财经观察),2008(6):137-138.

③ 刘生全.论教育场域[J].北京大学教育评论,2006(1):78-91.

的理解和认识,同时也明确纠正了将"教育场域"简单概括为发生在学校场所的教育现象的片面认识。场域具有多样性,教育场域也同样存在多种类型,如学校教育场域、家庭教育场域和社会教育场域等。即使在同一学校教育场域中,也存在不同的子场域。学者司洪昌在《嵌入村庄的学校:仁村教育的历史人类学探究》一书中指出,"传统上,教育研究往往将重点放在课堂、课程等正式教育的领域,忽视了在学校的领地之内,实际上存在着大量的非正式教育的空间,这些对于儿童的个性、人格的成长往往比课堂、课程等更富有社会的意义"[①]。因此,在学校教育场域中,既存在正式教育领域(教学活动范畴内),也存在非正式教育(来自师生之间或生生之间日常生活中)场域。学生从不同教育场域中获取知识、构建自身知识体系,并反映到不同场域的实践活动中。

(五)场域理论下校园欺凌发生机制阐释

校园欺凌是一种复合现象,涉及教育学、心理学和社会学多重维度。虽然攻击性行为含有遗传的成分,如,盐皮质激素受体基因(Nuclear receptor subfamily 3, group C, Member 2, NR3C2)、5-羟色胺 2A 受体基因(5-hydroxytryptamine 2A)和儿茶酚胺氧位甲基转移酶基因(catechol-O-methyltransferase,COMT)通常与较高的攻击性密切相关,但校园欺凌行为更多类属于反应性攻击范畴,是由对外界刺激进行反应后引发的行为,这一点在校园欺凌的定义上便可知晓——校园欺凌是"故意的"或"蓄意的"伤害行为。[②③] 因此,校园欺凌的发生并非先天遗传的作用,而是个体与环境的相互作用,是学生与所属不同场域中(家庭、学校、社会等)的其他个体或群体相互作用并最终表现在学校场域中的结果。

根据考夫卡场域理论,欺凌行为源自学生对学校环境(包括人际环境、规则制度等)的心理感知且受到地理环境的调节,是心理场与物理场的共同作用下导致的个体差异行为,说明校园欺凌是个体在学校环境的互动中产生的。据此可推断,学校应是校园欺凌的主场地,不同学校位置(如城乡、学

---

① 司洪昌.嵌入村庄的学校:仁村教育的历史人类学探究[M].北京:教育科学出版社,2009:376.

② 张利蕊. NR3C2 基因多态性与暴力攻击行为的相关性研究[D].昆明:昆明医科大学,2014.

③ 王美萍,张文新.COMT 基因 rs6267 多态性与青少年攻击行为的关系:性别与负性生活事件的调节作用[J].心理学报,2010,42(11):1073-1081.

校)下的不同校园环境(校园人际和谐环境)造成了校园欺凌频率和程度的不同。但环境对校园欺凌的作用通常并非直接实现,需要通过中介来完成,这个中介在勒温看来便是动机。欺凌他人的学生或许是为了在越轨同伴群体中获取高的群体地位,"彰显"自己的"威力",得到他人的认可,满足需求层次中的归属需求;也可能仅仅是因为别人这么欺负自己了,所以为了"面子"要打回去,满足需求层次中的自尊需求;也可能在他们看来欺凌只是解决问题的一种方式,是通过观察、模仿等社会学习过程跟其他同伴学来的。然而,根据布迪厄的场域理论,校园欺凌的场域分为不同类型,有学校场域,也有家庭场域,还有社会场域,但家校场域是个体接触最密切的场域。校园欺凌是学生个体在与由家庭场主、客观关系以及学校场域主、客观关系构成的网络系统的互动中形成的惯习。这种惯习带有很强的学生个人色彩,是学生攻击性人格、认知等模式在同伴社交中的体现,它受到"非正式教育空间"中日常人际交往活动的影响也反作用于日常人际交往活动。同时,欺凌惯习既是稳定的,也是塑造的,在一段时间内,在客观关系需要的范围内,它是持续、反复发生的,但经过家庭、学校和社会客观关系等场域的变动也会发生相应的变化。欺凌惯习的可塑性正是欺凌研究的重点所在,是一系列校园欺凌干预和治理举措的基本前提。总之,校园欺凌的产生受到心理场和物理场的共同影响且存在中介过程,是主客观关系的作用结果,但同时,校园欺凌的发生也主要源自不同类型场域——家庭场域、学校场域,校园欺凌这一行为也具有可变性,能够通过客观实践得以预防和制止。

二、生态系统理论

(一)生态系统理论的提出

在探究外部环境对人类心理和行为等各方面发展影响的过程中,学者们越来越关注环境系统与个体发展的动态关系。正如场域理论所强调的那样,环境对人的影响是双向的、相互的,作为发展的主体,人的主观能动性使得生活在环境中的个体不仅能够自主选择环境和环境的影响,在一定程度上也能够影响周围的环境。场域理论虽然为研究环境(即场域)对个体行为影响提供了新的研究视角,但对于环境的定义却较为笼统,对不同环境究竟以怎样的方式影响个体发展以及环境间又存在何种关系也尚未进行深入论述,以至于在后续研究中出现众说纷纭的现象。生态系统理论(Ecological Systems Theory,EST)的提出打破了这一局限性,填补了场域理论的空白。

"生态系统"原为生物学概念,原意为"有机体与其生存环境之间形成的一个自然系统",由英国生态学家坦斯利(A. G. Tansley)于 1935 年首次提出。在坦斯利看来,有机体与环境构成不可分割的"自然系统",这种自然系统是地球表面自然界的基本功能单位,它们有各种大小和种类。具体来说,生态系统是在一定的时空范围内,在各种生物之间以及生物群落与其无机环境之间,通过能量流动和物质循环而相互作用的一个统一整体,它是生物与环境之间进行能量转换和物质循环的基本功能单位。[①] 据此可以看出,生态系统强调个体与环境的统一性,两者是相互作用的动态关系,同时系统存在规模与类型的多样性。发展心理学中的生态系统理论由美国心理学家尤里·布朗芬布伦纳(Urie Bronfenbrenner)于 1979 年提出,它以生物学理论背景为基础,旨在揭示人类心理、行为发展与环境的动态关系,强调人类所赖以生存的不同环境系统对人的发展的重要影响。

（二）生态系统理论基本观点

布朗芬布伦纳认为,自然环境（或现实环境）而非实验室环境（人为环境）是人类发展的主要影响源,人类发展的本质是人与环境的互动,人的发展并非个体独立完成的,而是在周围不同系统的环境网络中进行的,人与环境也并非"被决定"和"决定"的关系,而是相互作用的。[②] 正如生物学生态系统本身的特质,布朗芬布伦纳基于人的发展的生态系统也具有不同的种类和大小。不同系统之间是相互嵌套的模式,发展的个体处在从直接环境（如家庭）到间接环境（如社会文化）的几个环境系统的中间或嵌套于其中,个体与每一系统的交互作用以及系统与系统之间的交互作用最终影响着个体的发展与成长。

在布朗芬布伦纳看来,相互嵌套的环境系统由小到大共可分为五层:微观系统(micro-system)、中观系统(meso-system)、外部系统(exo-system)、宏观系统(macro-system)和时间系统(chrono-system)。[③] 其中,微观系统是

---

① 林嵩.创业生态系统:概念发展与运行机制[J].中央财经大学学报,2011(4):58-62.

② 俞国良,李建良,王勍.生态系统理论与青少年心理健康教育[J].教育研究,2018,39(3):110-117.

③ BROFENBRENNER U, MORRIS P A. The bioecological model of human development[M]//DAMON W, LERNER R M. Handbook of child psychology. New York:John Wiley & Sons Inc,2007:793-828.

最里层,是个体直接参与其中的环境系统,与个体的联结最密切,如个体所属的家庭、学校和所拥有的同伴等。这一直接系统是随着年龄增长渐次扩展的,起初家庭环境是婴儿期个体成长的直接环境,后来托儿所、幼儿园、学校和同伴也逐渐构成幼儿和儿童、青少年等直接环境的主要部分。在直接环境中,与个体日常生活越密切的环境对个体成长和发展的影响越重大,对在校学生来说,学校环境是除了家庭外对自身发展影响最重要的微观系统。[①] 中观系统是次里层,是微观系统中不同直接环境间的相互联结,如家校联系,父母与同伴的联系。中观系统中的联系越积极,那么对个体发展则越优,相反则越不利于个体的发展甚至危及个体健康发展。外部系统是较外层,是那些与个体的日常生活虽然并不直接相关,但却间接影响了个体发展的外部环境,如父母的工作环境、学校教师的家庭生活、同伴的父母教养方式等,因此,外部环境通常在个体发展中扮演着重要的中间角色。宏观系统是最外层,涉及社会文化亚文化等广阔的意识形态,如东西方文化背景、不同国家间教育改革政策等,这是影响个体发展乃至群体发展的最上层的因素。时间系统是所有系统存在的基础,微观、中观、外观和宏观系统都会随着时间推移而发生相应的变化,个体的发展是动态的,时间正是这一动态维度的体现。

生态系统中的主体——人,总是在增长年岁和经历人生新阶段,如婴幼儿期、学龄期、青春期、成年期等年龄段以及升学、毕业、就业、结婚、养育子女等阶段,而周围的环境也在年龄增长和人生阶段的过渡中不断更换和变化,这种变化也称为"生态转变"。生态转变包含两类:一种是常态的转变,是大部分个体都会依次经历的阶段,如入学、入职、结婚、生子等;一种是非常态的转变,是各种突发事件或阶段,如父母离异、辍学、彩票中奖等。这种生态转变贯穿个体发展的始终,对个体发展产生或直接或间接的影响。[②]

（三）生态系统理论的发展

随着生态系统理论被越来越多的研究者们应用到各自不同的研究领域,它的弊端也渐渐显露,部分学者过于夸大微观、中观、外观和宏观等环境系统对个体发展的作用,而忽视了个体内部因素以及基因等先天因素的存

① 刘杰,孟会敏.关于布郎芬布伦纳发展心理学生态系统理论[J].中国健康心理学杂志,2009,17(2):250-252.

② 刘杰,孟会敏.关于布郎芬布伦纳发展心理学生态系统理论[J].中国健康心理学杂志,2009,17(2):250-252.

在,再次步入华生等行为主义的环境决定论后尘。同时,这也是生态系统理论自身的局限所在——侧重后天环境作用而忽视先天遗传等因素的影响。于是,布朗芬布伦纳在原有生态系统理论基础上进一步补充了该理论并发展为"生物生态系统理论",强调生物、遗传因素在个体发展中不能忽视的前提作用,同时提出新理论的基本假设——"生物因素和进化过程不但为人的发展设定了限度,而且也为使人的潜能变为现实所需的环境条件及经历设定了规则,但是若没有必要的条件和经历,这些潜能将永远不能变为现实,也即,生物倾向和环境因素同时对儿童的发展产生影响"。①

在布朗芬布伦纳提出生态系统理论近 30 年后,美国社会工作领域的学者查尔斯·扎斯特罗(Charles H. Zastrow)和卡伦·柯斯特-阿什曼(Karen Kirst-Ashman)在此基础上将该理论进一步发展为社会生态系统理论,用以探究社会工作视角下社会与人发展的内在关系。在《理解人类行为与社会环境》一书中,扎斯特罗和柯斯特-阿什曼将社会生态系统划分为三种基本类型:微观系统、中观系统和宏观系统,其中,微观系统指社会生态系统中的个体,个体既是生物类社会系统,也是社会类、心理类社会系统;中观系统包含各种小规模群体,如家庭、学校、同伴、同事等;宏观系统偏向更大规模的社会群体,如社区、社会组织、社会文化等。② 同布朗芬布伦纳的生态系统理论观点一致,扎斯特罗等人也认为,人类的行为是在各种生态系统的互动中形成和发展的,微观系统的个体是在生物、社会、心理等因素的综合作用下发展的,同时又受到家庭、学校、同伴以及社区、社会文化等的共同影响。可见,社会生态系统理论充分考虑了先天因素在人类行为发展中的基础作用,同时更加强调大规模群体的宏观作用,这是对生态系统理论在社会学领域的丰富和拓展,但在生态系统划分上也存在简单化、笼统化的局限(仅依据群体规模大小对系统进行划分),未充分考虑系统内部的相互关系(如微观与中观的关系),同时也未将时间因素纳入到理论中,忽视了人类行为发展的动态性变化。总之,社会生态系统虽在整体上并不完善,但提供了基于生态系统理论研究人类行为的另一视角。

---

① 高秀苹.生态系统理论的创始人:布朗芬布伦纳[J].大众心理学,2005(5):46-47.

② 师海玲,范燕宁.社会生态系统理论阐释下的人类行为与社会环境:2004 年查尔斯·扎斯特罗关于人类行为与社会环境的新探讨[J].首都师范大学学报(社会科学版),2005(4):94-97.

(四)生态系统理论下校园欺凌发生机制阐释

直观地说,校园欺凌本质上属于学生发展中的行为问题,但该行为的发生伴随着心理内部和环境外部等因素弊端的显现。正如校园欺凌的社会学阐释,"校园欺凌作为一种社会现象,是复杂社会系统里的多个要素互动的产物,反映了特定环境内的复杂的社会互动关系",像社会失范、家庭结构失能、反校园文化和社会规则缺失等。[1][2] 这些来自社会、家庭、学校和个体的因素有嵌套关系,分属于宏观、中观、微观等生态系统。作为生态系统的中心,学生在与来自微观系统的学校同伴群体进行互动的过程中,不可避免地会出现冲突、矛盾等,但由于身边越轨同伴们的煽动以及行为范式的固化,他们更倾向于选择欺凌的方式解决冲突问题。但同属于微观系统的家庭和学校并不能因此摆脱责任,父母对子女在校学习、人际关系等教育表现的忽视(中观系统)以及对其不良行为疏于管教等行为与学生交往越轨同伴密不可分,学校不良的师生关系、生生关系等消极的校园文化氛围(微观系统)是引发校园欺凌的催化剂。此外,父母的婚姻状况、经济收入等外观系统,社会文化特征、社会大众对欺凌事件的态度、国家政策要求等宏观系统以及学生的年龄段特征、年级等时间系统等也均以不同的方式共同影响着校园欺凌的发生、发展等。由此可见,校园欺凌并不单是学生个人的行为问题,也是家庭、学校、同伴等与个体直接相关的微观系统问题、家校互动等中观系统问题、父母婚姻等外观系统问题,甚至还是社会规范和年龄阶段等宏观和时间系统问题。因此,校园欺凌现象应引起社会各界的重视,家庭和学校作为关键责任主体,需采取科学有效的干预措施,共同改善这一社会问题。

三、群体社会化理论

(一)群体社会化理论的形成

正当家庭环境对个体社会性发展的影响占据了研究者们的主要视野时,一些研究者却对此持怀疑态度。一方面,大量双生子和多子女家庭发展研究表明,即使在基因完全相同和家庭成长环境完全相同的情况下,不同子

---

① 张倩,孟繁华,刘电.校园欺凌的综合治理何以实现:来自现代校园欺凌研究发源地挪威的探索[J].教育研究,2020,41 (11):70-82.
② 魏叶美,范国睿.社会学理论视域下的校园欺凌现象分析[J].教育科学研究,2016(2):20-23+46.

女在社会化(包括社会行为、观念、规范等)表现上也并不相同。[1][2][3]　另一方面,随着年龄的增长,儿童的学习生活场所由学前期的家庭转变向学校(小学、中学到大学),且越到后期,学校越成为主要场所。这一转变预示着儿童社会化的场域逐渐被学校中的同伴群体替代,他们习得的社会行为和规范不再受教于父母,而是同龄人。[4]　为此,发展心理学和社会心理学研究者和心理学家们开始了对家庭环境和学校环境孰轻孰重议题的深入探讨。

　　1983 年,美国心理学研究者麦考比(Eleanor Maccoby)和马丁(J. A. Martin)在《家庭环境中的社会化:亲子互动》(*Socialization in the context of the family:Parent-child interaction*)一书中明确反对家庭决定论,书中提出,父母为孩子提供的物理环境、父母自身的特征和父母行为对儿童社会化的影响是极其微弱的,因为这些对家庭中所有的孩子来说都是相同的,总言之,在社会化进程中,"父母对孩子的影响是微乎其微的"。[5][6]　受启发于麦考比和马丁的观点,哈里斯(Judith Rich Harris)在思考导致同一家庭子女社会化表现出现差异的真正原因时,将注意力转移到了儿童同伴群体并基于行为遗传学、群体内和群体间社会化过程,于 1995 年提出了群体社会化理论(Theory of Group Socialization,GS Theory),用以解释儿童社会化差异性发展的潜在机制。[7]

　　(二)群体社会化理论主要内容

　　人的社会属性决定了个体社会化是在社会环境中完成的,而社会化的过程是群体内部成员相互学习的过程,高度情景化的学习使个体获得与群

---

①　BOUCHARD T J,LYKKEN D T,MCGUE M et. al. Sources of human psychological differences:the minnesota study of twins reared apart[J]. Science,1990,250:223-228.

②　PLOMIN R,DANIELS D. Why are children in the same family so different from one another? [J]. Behavioral and brain sciences,1987(10):1-16.

③　SCARR S. Developmental theories for the 1990s:development and individual differences[J]. Child development,1992,63:1-19.

④　陈会昌,叶子.群体社会化发展理论述评[J].教育理论与实践,1997(4):48-52.

⑤　MACCOBY E E,MARTIN J A. Socialization in the context of the family:parent-child interaction[M]. New York:Wiley,1983:1-101.

⑥　陈会昌,叶子.群体社会化发展理论述评[J].教育理论与实践,1997(4):48-52.

⑦　HARRIS J R. Where is the child's environment? a group socialization theory of development[J]. Psychological review,1995,102(3):458-489.

体内部其他成员相一致的认知模式、行为表达和价值观念等。[①]

在总结行为遗传学相关研究发现后,哈里斯提出,除去基于同卵双生子研究的基因遗传和家庭内部的共享环境对个体社会化发展相似性的特定影响外,非共享环境是造就个体社会化差异表现的主要原因所在。[②] 非共享环境是不同子女所拥有的独特社会网络,指除了家庭内部环境(within-family environment)外,儿童密切接触的场所,如托儿所、幼儿园、学校等,这些场所也被称为家庭外部环境(outside of home environment)。因此,儿童将会获得家庭内部和外部两套独立的行为系统,家庭内部的行为系统并不适用于外部系统。基于移民子女的研究支持了这一观点,移民家庭的儿童会习得母语和移民国语言,母语多在家庭内部交流使用,移民国语言一般用于与家庭外成员,如同学、老师等的交流。然而,群体社会化理论关注的重点是家庭外部环境中儿童社会化的主要过程,但这并不意味着就此否定家庭内部环境对儿童社会化的重要影响。总之,群体社会化理论主要用以解释儿童同伴群体中的社会化表现差异,强调同伴和同伴群体对儿童社会认知、社会行为等的作用。

同伴群体是儿童社会化的主要外部环境。[③] 儿童的同伴群体最初主要以性别和年龄进行划分,常见于幼儿和小学儿童中,他们更喜欢跟同龄的同性伙伴建立友谊,男孩儿更喜欢跟男孩儿一起玩游戏,女孩儿更愿意结交女性同伴,且同伴群体较为零散,多为两三人群体或三五人群体。到了青少年期,性别隔离被打破,此时他们的划分标准更宽泛,常以兴趣爱好、民族、种族、社会阶层等为依据寻找同伴群体。同伴群体中的行为具有五个方面的特点:同一群体内成员间的相互偏袒、不同群体间的相互敌对、不同群体间的相互比较、同一群体内成员间的同化行为和同一群体内成员间的异化行为。群体社会化更加关注同化和异化过程。同化是使个体与所在社会群体成员之间趋近一致、表现出高度相似性的过程,而相似性也是同伴群体的重

---

① 戴维·迈尔斯.社会心理学(第 11 版)[M].侯玉波,乐国安,张智勇,等译.北京:人民邮电出版社,2016.

② HARRIS J R. Where is the child's environment? a group socialization theory of development[J]. Psychological review, 1995,102(3):458-489.

③ HARRIS J R. Where is the child's environment? a group socialization theory of development[J]. Psychological review, 1995,102(3):458-489.

要标志。异化是个体在社会化过程中表现出的与其他社会群体成员所不一致的现象，是群体相似性前提下的个体特殊性所在，体现了同伴群体求同存异的基本特点。

　　社会文化传递（cultural transmission）是同伴群体完成社会化的主要途径。[1][2] 儿童获得文化的来源是多样的，既有父母、教师，也有同伴等。在哈里斯看来，文化的传递并不是个体对个体的传递，而是群体对群体的传递，抛开个体所处的社会关系谈论环境对个体的影响是不恰当、也不合理的。根据家庭内、外系统，群体对群体的文化传递主要表现为父母群体文化向子女同伴群体文化的传递，父母对子女的影响首先是通过父母所在群体文化（阶层、育儿观念、方式、教育投入等）作用于子女所在群体文化而实现的，在此期间，来自家庭外系统的其他环境因素，如教师、学校等也是先影响同伴群体进而影响学生个体。简言之，同伴群体在环境对个体的影响中起着重要的过滤作用，只有那些被同伴群体接受的文化才能够最终影响到个体发展。这里的同伴群体是广义上的同伴群体，既包括同龄人群体，也包括校友群体、同班同学群体以及最小单位的亲密朋友群体。图 1-2 中的 A 和 B 生动描述了文化传递的不同过程，A 是前人的研究思路，B 是哈里斯提出的群体社会化理论的基本思路。

（三）群体社会化理论核心观点

　　通过梳理哈里斯所谈及的群体社会化理论主要内容，并在参考其核心成果"Where Is the Child's Environment? A Group Socialization Theory of Development"一文的基础上，总结出群体社会化理论以下核心观点：

　　（1）儿童分别从家庭内、外获得两种不同的行为模式，随着年龄增长，家庭外行为系统逐渐优先于家庭内行为系统，并最终成为成人个体社会化发展的重要部分；

　　（2）儿童对群体具有选择权，家庭外行为系统主要来自儿童认同的同伴群体——具有相同社会性特征的一群人，如年龄、性别、种族、能力和兴趣爱好等；

　　（3）儿童对群体的认同建立在认可群体态度和行为规范等内部群体文

---

　　[1]　陈会昌，叶子.群体社会化发展理论述评[J].教育理论与实践，1997（4）:48-52.

　　[2]　HARRIS J R. Where is the child's environment? a group socialization theory of development[J]. Psychological review, 1995,102(3):458-489.

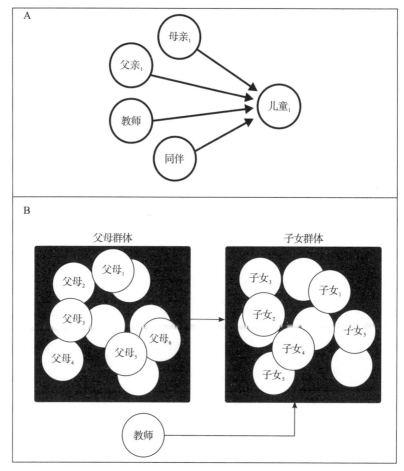

图 1-2 文化传递示意图

化的基础上,这是群体同化的表现,使群体成员变得更加相似;

(4)群体内部成员间相互偏袒和对群体外部成员的敌意会导致不同群体间的对比效应,从而扩大群体间的差异,如不良同伴群体与良好同伴群体间并不相容且在行为、认知等方面存在较大差异;

(5)群体内部的同化和异化现象并不相互排斥,儿童在社会化的某些方面会变得与同龄人更相似,而在同一时间内,在其他方面则不那么相似;

(6)同伴群体存在地位等级差异,这些差异体现在成员的支配权力(dominance power)和社会权力(social power)两方面,群体通过分析成员在各方面的优势和弱势表现对其进行地位评估和权力划分;

（7）群体间的文化传递是同伴群体社会化的主要实现途径，来自家庭的行为规范等只有经过同伴群体的批准后才能被认同并允许表现出来，也即，儿童同伴群体通过选择或拒绝各个方面的成年人文化，以及进行自身的文化创新，来创造所属群体的独特文化。

（四）群体社会化理论下校园欺凌发生机制阐释

校园欺凌是发生在学生与学生之间的社会现象，具有较强的群体性。根据群体社会化理论，校园欺凌行为的发生主要来自学生从家庭外部环境——同伴群体中习得的行为模式。这些行为模式多为"反校园文化"行为，群体内成员认可并支持违反校规、校纪的行为，如打架斗殴、抽烟、旷课、欺辱同学等。

在同伴群体选择上，校园欺凌者所选择和认同的正是越轨同伴群体，他们会表现出与群体内其他成员相一致的行为以获取群体的接纳和庇护。在越轨同伴群体中，欺负、凌辱其他同学是合理的、被支持的，甚至是获取更高群体地位的手段，欺凌同学的成员事后反倒会得到成员的袒护和"好评"。由于越轨同伴群体内部的高度一致性和对外的敌对倾向，他们更加仇视那些并未违反学校纪律的同学或群体并形成对立团体，同时，为了标榜他们所在群体的独特性，越轨行为会变本加厉，甚至游走在法律边缘或触犯法律，最终可能引发刑事案件。

在同伴群体地位上，即使在同样存在越轨行为的同伴群体中，成员间的地位也并非完全平等，有的学生是"大哥"，有的学生则是"小弟"，有的学生负责动手打人，有的学生则负责通风报信。在越轨同伴群体中，地位等级较高的学生往往拥有更多支配和影响其他成员（尤其是地位较低成员）的权力。此外，早期的研究发现，对于具有较高群体地位的学生，其欺凌行为会受到其他成员的追捧，被视为是"受欢迎的"，而较低地位学生的欺凌行为通常并不被群体成员认可，甚至是拒绝的。① 然而，越轨同伴群体并非总是成员的庇护伞，也可能是"修罗场"。处于较低地位的成员，很有可能会受到群体内其他较高地位成员的嘲笑、欺辱等。国内学者纪沉坤指出，那些长期遭

---

① FARMER T W, ESTELL D B, BISHOP J L, et al. Rejected bullies or popular leaders? the social relations of aggressive subtypes of rural african american early adolescents[J]. Developmental psychology，2003，39(6)：992-1004.

受排挤和欺负的学生多是权力地位较低的成员。① 这一观点得到了之前学者基于实证研究发现的支持。Hong 等人的研究表明,越轨同伴交往与欺凌受害(bullying victimization)密切相关,越轨同伴交往是韩国学生欺凌受害的显著预测因子,与越轨同伴的交往导致学生遭受校园欺凌的风险增加。② 其后,Cho 对韩国初中生连续三年的追踪调查结果进一步表明,与越轨同伴交往不仅引发了初中生的欺凌行为,同时也是其遭受欺凌的重要原因,③这种欺凌受害既可能来自越轨同伴群体内部成员,也可能来自其他相对立的群体成员。

在同伴群体的社会化过程中,越轨同伴群体文化的形成受到学校、家庭、社会及其他群体等多重系统的影响。越轨同伴群体中的成员往往倾向于反对父母、教师等成年人关于"如何成为好学生"的观点,拒绝遵守学校制定的行为规范,更倾向于接受那些"反校园文化",甚至"反社会文化"的价值观,并通过成员内部相互协商或自发形成自身群体的越轨行为准则并在具体情境中执行。然而,反对并不意味着不受影响,拒绝并不意味着不受束缚。家庭和学校在越轨同伴群体面前并非是无能为力的,相反,家庭文化和学校文化等更大规模的群体文化对越轨同伴群体文化的影响时刻都在,甚至在一定程度上决定越轨同伴群体的存在与否及发展规模。④

① 纪沅坤.OBPP 校园欺凌防治模式的国际经验与本土化研究[D].烟台:鲁东大学,2019.

② HONG J S, KIM D H, PIQUERO A R. Assessing the links between punitive parenting, peer deviance, social isolation and bullying perpetration and victimization in South Korean adolescents[J]. Child abuse & neglect,2017, 73:63-70.

③ CHO S J. The impact of low self-control and delinquent peer associations on bullying perpetration and victimization among South Korean adolescents: time-concurrent, time-lagged, and latent growth curve modeling [J]. Journal of school violence, 2018,17(4):500-520.

④ CHO S J. The impact of low self-control and delinquent peer associations on bullying perpetration and victimization among South Korean adolescents: time-concurrent, time-lagged, and latent growth curve modeling [J]. Journal of school violence, 2018,17(4):500-520.

第三节　文献综述及述评

一、关于校园欺凌特征研究

校园欺凌的特征分为表现特征、发展特征和高风险特征。表现特征体现了校园欺凌在实施形式、发生机制及危害性方面的特点;发展特征揭示了校园欺凌在纵向发展过程中存在的差异性;高风险特征阐述了校园欺凌中欺凌者和被欺凌者所具有的普遍特征,即,哪些学生更可能成为校园欺凌的施害者,哪些学生更容易成为受害者。

(一)表现特征

校园欺凌在表现上具有反复性、隐蔽性、易被忽视性以及伤害的持久性等特点。反复性是指欺凌者对受害者施加的如殴打、辱骂、挑拨离间等欺凌行为很大程度上是多次的、重复发生的。[①] 隐蔽性是指欺凌行为多发生在教师和监护人等不易察觉的场所,主要体现在间接欺凌方式中。[②] 易被忽视性是指除了严重校园欺凌外,一般校园欺凌行为,如被辱骂、被孤立等,较难引起教师、监护人、其他同学甚至受害者本人的重视,容易被视为是同伴间的正常交往或同学间的平常矛盾和摩擦,这为欺凌者反复施加欺凌行为或施加严重欺凌行为提供了便利条件,滋生了更多、情节更恶劣的欺凌事件的发生,这也是校园欺凌屡禁不止的重要原因之一。[③] 伤害的持久性是指校园欺凌带给受害者的身体伤害、心理伤害和财物损坏,尤其是心理伤害具有长期性,不仅使受害者容易出现辍学、社交恐惧、抑郁等行为,甚至危害到受害者

[①] 中华人民共和国教育部.加强中小学生欺凌综合治理方案[EB/OL].[2017-11-23].http://www.gov.cn/xinwen/2016-05/09/ content_5081203.htm.

[②] SUSAN L，KYRRE B，PETER K S. Dan Olweus（1931—2020）[J]. International journal of bullying prevention,2023(5):179-180.

[③] SUSAN L，KYRRE B，PETER K S. Dan Olweus（1931—2020）[J]. International journal of bullying prevention,2023(5):179-180.

成年期的社会生活,引发自杀、违法犯罪等行为。[①]

(二)发展特征

纵观国内外众多校园欺凌研究结果发现,校园欺凌在发展过程中呈现出显著的性别差异、年龄段差异和地域差异特征。

在性别上,发生于男生群体间的校园欺凌多于女生且欺凌方式较为直接。[②][③][④] 校园欺凌的研究起源于奥维斯对初中男生同伴攻击行为的探究,在现有研究中,身体欺凌、财物损坏等直接欺凌方式也确实更多存在于男生群体中,女生的欺凌方式则较为缓和,一般多为语言欺凌、人际破坏等间接欺凌方式。[⑤] 在受害者群体中,男生通常比女生报告了更多欺凌受害,如全球在校学生健康调查结果发现(Global School-based Student Health Survey,GSHS)数据显示,全球13~15岁女孩欺凌发生率为30.4%,男孩为34.8%;学龄儿童健康行为(Health Behaviour in School-aged Children,HBSC,此处学龄儿童指6~18岁在校学生)项目调查数据也显示了类似的结果,女孩发生率为28.2%,男孩为30.5%。[⑥] 然而,也有少数研究者在所抽取的样本中发现,无论是欺凌还是受害,校园欺凌的性别差异在统计学上并未达到显著水平。[⑦]

在年龄段上,校园欺凌随年龄增长呈现出倒U型发展趋势。校园欺凌

① SUSAN L,KYRRE B,PETER K S. Dan Olweus(1931—2020)[J]. International journal of bullying prevention 2023(5):179-180.

② MAREES N V,PETERMANN F. Bullying in German primary schools gender differences,age trends and influence of parents' migration and educational backgrounds [J]. School psychology international,2010,31(2):178-198.

③ 路海东,闫艳,王雪莹,等.青少年同伴关系:欺凌者与被欺凌者量表修订及应用[J].中国健康心理学杂志,2021,29(3):460-467.

④ 李佳哲,胡咏梅.如何精准防治校园欺凌:不同性别小学生校园欺凌的影响机制研究[J].教育学报,2020,16(3):55-69.

⑤ WANG J,IANNOTTI R J,LUK J W. Bullying victimization among underweight and overweight U. S. youth:differential associations for boys and girls [J]. Journal of adolescent health,2010,47(1),99-101.

⑥ UNESCO. Behind the numbers:ending school violence and bullying[EB/OL].[2019-01-22].https://www.unicef.org/media/66496/file/Behind-the-Numbers.pdf.

⑦ MAREES N V,PETERMANN F. Bullying in German primary schools gender differences,age trends and influence of parents' migration and educational backgrounds [J]. School psychology international,2010,31(2):178-198.

的萌芽阶段最早可见于学前儿童群体中,此阶段的儿童已经能够使用拳打、脚踢、不和某人说话等方式表达出对其他儿童的不满和不喜欢。① 校园欺凌上升发展阶段在小学期,小学儿童有着强烈的性别意识且思维发展为具体思维阶段,较学前期更容易与人发生冲突,但他们使用拳打、脚踢、拒绝同某人说话等方式相对更为频繁。② 校园欺凌的高发阶段且后果较为严重的阶段均在中学期(包括初中和高中,也即青春期),中学生面临着自我统一性发展问题,他们渴望摆脱父母的控制,在所属同伴群体中确立自身独特性和自我价值,寻找同伴群体和顺利进行同伴交往成为他们心理发展的主要任务之一。③ 然而,同伴群体并非都是上进同伴或自己喜欢的同伴,同伴交往也并非都能够顺利进行,校园欺凌由此成为中学生表达对某一或某些同学的厌恶或解决人际冲突的常见方法。④ 有研究发现,欺凌者的行为通常会得到所属同伴群体(一般为不良同伴群体)的支持并在得到强化后变本加厉,反复欺凌受害者。⑤ 相应地,在欺凌行为高发的中学阶段,校园欺凌的受害者也较多且欺凌行为对中学生受害人格发展和心理健康的危害更为严重,极易使受害者贬低自我价值,导致抑郁、自杀行为等⑥。GSHS 调查数据显示,在全球范围内,报告被欺负的学生比例随着年龄的增长而下降:从 13 岁(约七年级)学生的 33% 下降到 14 岁(约八年级)学生的 32.3%,再下降到 15 岁(约九年级)学生的 30.4%。⑦ 在高校,校园欺凌也同样存在于大学生和研究

① 田园园.学前儿童同伴交往能力对受欺负的影响:情绪调节策略的中介效应[D].西安:陕西师范大学,2017.

② 李佳哲,胡咏梅.如何精准防治校园欺凌:不同性别小学生校园欺凌的影响机制研究[J].教育学报,2020,16(3):55-69.

③ 林崇德.发展心理学[M].3 版.北京:人民教育出版社,2018.

④ RUDOLPH K D, LANSFORD J E, AGOSTON A M, et al. Peer victimization and social alienation: predicting deviant peer affiliation in middle school[J]. Child development, 2014, 85(1):124-139.

⑤ WANG X, YANG J, WANG P, et al. Deviant peer affiliation and bullying perpetration in adolescents: the mediating role of moral disengagement and the moderating role of moral identity[J]. The journal of psychology interdisciplinary and applied, 2019, 154(1):1-15.

⑥ 杨邦林,黄瑾.同伴欺凌与留守儿童自杀意念:核心自我评价的中介作用和意向性自我调节的调节作用[J].中国特殊教育,2021(8):49-57.

⑦ UNESCO. Behind the numbers: Ending school violence and bullying[EB/OL]. [2019-01-22].https://www.unicef.org/media/66496/file/Behind-the-Numbers.pdf.

生群体中,但频发程度远低于中学期,且在高校学生中,网络欺凌成为更常见的欺凌形式。[①]

在区域上,落后国家和地区校园欺凌发生率远高于发达国家和地区,如UNSECO 的报告中曾指出,南非(48.2%)、北非(42.7%)及中东国家和地区(41.1%)的欺凌率位居全球第三且远高于欧洲(25%)、北美(31.7%),由于大量移民致使种族、宗教等问题以及枪支泛滥问题发生,美国校园欺凌及枪击事件发生率相对高于欧洲和亚洲国家和地区(30.3%)。同一国家内,贫困地区校园欺凌发生率高于发达地区,如,一项以北京师范大学为主要发起单位的基于全国性数据的调查——《当代中国儿童青少年心理发育特征》调查报告显示,我国欠发达地区的欺凌行为显著多于发达地区和中等发达地区,这一结果同样得到了国外其他国家研究发现的支持。[②][③] 在同一地区,农村学生报告的校园欺凌行为显著高于城市学生,张慧萍(音译,Zhang Huiping)等人在以中国城乡 11 个省或自治区 14 536 名儿童为样本的研究中发现,我国农村地区的留守学生、寄宿学生等(20.9%)比城市学生(16%)更容易发生欺凌行为或遭受同伴欺凌。[④]

(三)高风险特征

从欺凌者群体特征看,那些来自对学生行为约束和违纪惩罚较弱以及师生、生生关系紧张的学校的学生,在学校拥有较多小团体和与社会不良青少年接触较多的学生,父母监督较少且放任宠溺的学生,性格好斗且攻击性强的学生,缺乏同理心的学生更容易施加欺凌行为。[⑤] 其中,宽松、纵容及师生间缺乏尊重、信任等的学校大环境和不良同伴群体是滋生校园欺凌的温

---

① 陆森召.长三角地区高校有留守经历大学生校园欺凌现况及影响因素[J].中国学校卫生,2020,41(12):1835-1839.

② 董奇,林崇德.当代中国儿童青少年心理发育特征:中国儿童青少年心理发育特征调查项目总报告[M].北京:科学出版社,2011.

③ DULMUS C N, THERIOT M T, SOWERS K M, et al. Student reports of peer bullying victimization in a rural school[J]. Stress trauma & crisis, 2004, 7(1):1-16.

④ ZHANG H P, ZHOU H, TAO T. Bullying behaviors and psychosocial adjustment among school-aged children in China[J]. Journal of interpersonal violence, 2019, 34(11): 2363-2375.

⑤ 乔东平,文娜.国内外校园欺凌研究综述:概念、成因与干预[J].社会建设,2018,5(3):5-15.

床,直接关系到校园欺凌发生率和危害程度。① 从被欺凌者群体特征看,性别认同障碍、种族、外貌、外形、性取向以及单亲、重组家庭、留守、贫困家庭等个体和家庭短时间无法改变的因素或不利处境极容易导致学生处于被欺凌的风险中。出现性别认同障碍或被认为存在性别认同障碍的学生,他们因有不符合社会认同的性别规范或被视为有不符合性别规范的看法或行为等,如表现出或被视为"女性化"的男孩和"男性化"的女孩,而容易成为其他同伴嘲笑或排斥等的对象。具有显著外貌特征,如深色人种、某一外貌特征突出(胎记、五官、发色等)、肥胖、矮小和同性、双性性取向以及家庭处境不利的学生,因获得的同伴支持及家庭支持相对较少,且自身反抗力量相对较弱,往往成为校园欺凌的主要受害群体,更容易遭受反复欺凌。

二、关于校园欺凌角色与异质性群体研究

(一)校园欺凌角色分类与演变

目前,包括以我国中学生为样本在内的国际研究对校园欺凌角色的认定相对较为统一。校园欺凌角色是指在校园欺凌事件中,参与学生所承担的不同行为角色,从狭义范围讲,主要包括单一欺凌者(bully-only,也称欺凌者)、单一受害者(victim-only,也称受害者)、欺凌—受害者(bully-victim,既包含先欺凌后受害的学生,也包含先受害后欺凌的学生)。②③④ 广义的校园欺凌角色还包括协助者(helper)、捍卫者(defender)和旁观者(bystander)等

---

① ZHAO Z, LIU G, NIE Q, et al. School climate and bullying victimization among adolescents: a moderated mediation model[J]. Children and youth services review, 2021:106218.

② BOULTON M J, UNDERWOOD K. Bully/victim problems among middle school children[J]. British journal of educational psychology, 1992, 62(1):73-87.

③ HOOVER J H, OLIVER R, HAZLER R J. Bullying: perceptions of adolescent victims in the midwestern USA[J]. School Psychology international, 1992, 13(1):5-16.

④ Ö ZDEMIR M, STATTIN H. Bullies, victims, and bully-victims: a longitudinal examination of the effects of bullying-victimization experiences on youth well-being[J]. Journal of aggression conflict & peace research, 2011, 3(2):97-102.

可能卷入校园欺凌的潜在角色。①②③ 此外,也有研究者根据欺凌行为性质的恶劣程度将欺凌者分为一般欺凌者(bully)和刑事犯罪欺凌者(criminal bully);根据受害程度将受害者角色分为潜在受害者(non-victims)、逃逸受害者(escaped victims)、持续受害者(stable victims)和后续受害者(new victims)。④⑤ 但就研究偏向来说,欺凌者、受害者和欺凌—受害者仍是校园欺凌研究的主流角色。实证研究结果表明,欺凌者一般缺少共情能力⑥⑦,且具有较多的外化问题行为(指向外部他人的消极行为,如攻击、破坏财物、违纪等)及人际适应问题⑧⑨。受害者通常更容易出现心理健康问题及内化

---

① TWEMLOW S W, SACCD F C. How & why does bystanding have such a startling impact on the architecture of school bullying and violence? [J]. International journal of applied psychoanalytic studies, 2013, 10(3):289-306.

② MI A. A study of factors affecting the bystanders role in school violence[J]. Journal of the Korean society of child welfare, 2015(50):109-144.

③ STUART W, TWEMLO W, et al. The role of the bystander in the social architecture of bullying and violence in schools and communities[J]. Annals of the New York academy of sciences, 2004,1036:215-232.

④ BOARD E. The criminal bully: linking criminal peer bullying behavior[J]. 2011,21:111-130.

⑤ SMITH P K, TALAMELLI L, COWIE H, et al. Profiles of non-victims, escaped victims, continuing victims and new victims of school bullying[J]. British journal of educational psychology, 2011, 74(4):565-581.

⑥ WU Y. Rupture between moral knowledge and action: why school bullies have moral knowledge but not act morally: on school bullying from the viewpoint of students' weakness of the will[J]. Research in educational development, 2018,21:101-109.

⑦ 冯春莹,韩雪,张野,等. 中学生冷酷无情特质对欺凌的影响:社会支持与自我控制的中介作用[C]//中国心理学会.第二十届全国心理学学术会议:心理学与国民心理健康摘要集,2017:751-752.

⑧ NEWTON, NICOLA C, SLADE, et al. Suicidality, internalizing problems and externalizing problems among adolescent bullies, victims and bully-victims[J]. Preventive medicine: an international journal devoted to practice and theory, 2015,73:100-105.

⑨ ESPOSITO C, BACCHINI D, AFFUSO G. Adolescent non-suicidal self-injury and its relationships with school bullying and peer rejection[J]. Psychiatry research, 2019, 274:1-6.

行为问题(如抑郁、自残、社交回避、辍学等)。①② 欺凌—受害者是校园欺凌角色中的高危群体,③④经历过校园欺凌的学生更容易成为新一轮的欺凌者和受害者,也是校园欺凌中"以暴制暴"的典型表现以及校园欺凌持续发生、循环上演的源头所在。⑤⑥

　　然而,校园欺凌中的欺凌者、受害者、欺凌—受害者以及旁观者等的角色并非一成不变。越来越多的研究趋向于认同,校园欺凌中的欺凌者、受害者或旁观者等的身份能够相互转化,成为具有双重身份的"欺凌—受害者"或新的欺凌者、受害者等。⑦⑧⑨ 随着学生在同伴群体地位中的权力变化或自身经受的欺凌程度的累加,先前的欺凌者有可能成为之后新一轮校园欺凌事件中的受害者,而先前的受害者也会因"以牙还牙"的报复行为成为新

①　CAMODECA M，GOOSSENS F A，SCHUENGEL C，et al. Links between social information processing in middle childhood and involvement in bullying[J]. Aggressive behavior，2003，29(2):116-127.

②　MARTÍNEZ-MONTEAGUDO M C，DELGADO B，DÍAZ-HERRERO N，et al. Relationship between suicidal thinking，anxiety，depression and stress in university students who are victims of cyberbullying[J]. Psychiatry research，2020，286:1-11.

③　教育部青少年法治教育协同创新中心,华东师范大学法学院.校园欺凌治理的跨学科对话[J].华东师范大学学报(教育科学版),2017,35(2):12-23.

④　赵占锋,张大均,张丽华.毕节试验区初中生欺凌受害心理素质与自杀意念的关系[J].中国学校卫生,2021,42(1):83-86.

⑤　DUKES R L，STEIN J A，ZANE J I. Effect of relational bullying on attitudes，behavior and injury among adolescent bullies，victims and bully-victims[J]. Social science journal，2009，46(4):671-688.

⑥　ALEXA B，GUY N，KIRSTY C et al. Comparisons between adolescent bullies，victims，and bully-victims on perceived popularity，social impact，and social preference.[J]. Frontiers in psychiatry，2019，10:868.

⑦　KIM J Y，SUNG S M，KIM J B. Bully-victims and their depression，aggression：self-control and experience of domestic violence. 2015，31：83-109.

⑧　SUNG Y H，CHEN L M，CHENG-FANG Y，et al. Double trouble：The developmental process of school bully-victims[J]. Children and youth services review，2018，91:279-288.

⑨　芭芭拉·科卢梭.如何应对校园欺凌:从学龄前到高中以后,如何打破暴力循环[M].肖飒,译.上海:华东师范大学出版社,2017.

的欺凌者。①② 同时,先前的协助者、捍卫者以及旁观者也未能够完全躲避校园欺凌的影响,很有可能在将来被牵连在内,或成为新的欺凌者,或成为新的受害者。③④

(二)校园欺凌异质性群体研究

异质性群体是相对同质性群体而言的,指具有区别于其他群体的自身独特性的群体,独特性既可以表现在生物学层面(如性别、身高、年龄等),也可以体现在社会属性层面(如社会经济地位、地区、民族、婚姻状况等)。⑤⑥针对异质性群体特征的研究不仅能够揭示相关研究领域的独特性发现,体现人文主义关怀,同时也能够提高相关实践防治工作的精确性,注意差异、尊重差异,才能有效解决实际问题。⑦

校园欺凌的研究最早起源于国外学者对学生样本的考察,相应地,国际研究成果中对校园欺凌群体异质性的研究相对较早且范围较宽泛。近年来,随着我国学术界对校园欺凌问题的深入研究,校园欺凌的异质性群体研究也日益受到研究者们的重视。校园欺凌中的性别差异是最早被关注且研究最为深入的群体异质性特征之一。研究表明,男生比女生拥有更多的欺凌行为且多使用直接欺凌形式,如肢体冲突,而女生群体则更倾向于采用间

① 杨梨,王曦影.同伴群体中力量不对等机制的形成与运作:基于高中校园欺凌的案例研究[J].中国研究,2020(1):121-136+256-257.

② 杜芳芳,李梦.社会情绪学习:校园欺凌预防的一种可能路径[J].济南大学学报(社会科学版),2019,29(5):149-156.

③ TROOP-GORDON W, FROSCH C A, TOTURA C, et al. Predicting the development of pro-bullying bystander behavior: a short-term longitudinal analysis [J]. Journal of school psychology, 2019, 77:77-89.

④ 芭芭拉·科卢梭.如何应对校园欺凌:从学龄前到高中以后,如何打破暴力循环[M].肖飒,译.上海:华东师范大学出版社,2017.

⑤ 贺霞旭,刘鹏飞.中国城市社区的异质性社会结构与街坊/邻里关系研究[J].人文地理,2016,31(6):1-9.

⑥ 章平,刘启超.如何通过内生惩罚解决异质性群体的集体行动困境?:博弈模型与案例分析[J].财经研究,2020,46(5):4-16.

⑦ 李佳哲,胡咏梅.如何精准防治校园欺凌:不同性别小学生校园欺凌的影响机制研究[J].教育学报,2020,16(3):55-69.

接欺凌形式,如人际破坏。①②③ 同时,有研究者就性别群体进行了单独研究,如 Stein 等人对来自美国的青少年男生群体中校园欺凌不同角色在心理、行为上的不同表现进行了专门探究④;Kim 等人先后就韩国青少年女性欺凌行为的流行率、心理适应问题以及所承受的压力类型进行了实证研究⑤⑥;韩雪等人对中国初中女生的反社会行为特征对校园欺凌的影响机制进行了初步探究。⑦ 此外,也有研究者对农村地区青少年⑧、寄宿生⑨、留守

① MAREES N V,PETERMANN F. Bullying in German primary schools gender differences,age trends and influence of parents' migration and educational backgrounds[J]. School psychology international,2010,31(2):178-198.

② BANDEIRA C,HUTZ C S. Bullying:prevalence,implications and gender differences[J]. Psicologia escolar e educacional,2012,16(1):35-44.

③ MORALES D X,GRINESKI S E,COLLINS T W. School bullying,body size,and gender:an intersectionality approach to understanding US children's bullying victimization[J]. British journal of sociology of education,2019,40(2):1-17.

④ STEIN J A,DUKES R L,WARREN J I. Adolescent male bullies,victims,and bully-victims:a comparison of psychosocial and behavioral characteristics.[J]. Journal of pediatric psychology,2007(3):273-282.

⑤ KIM S J,YUN I. Bullying among South Korean adolescents:prevalence and association with psychological adjustment[J]. Violence and victims,2016,31:167-184.

⑥ KIM S J,SEAY K D,MOON S S et al. Types of stressors and bullying perpetration among female adolescents in Korea[J]. Journal of human behavior in the social environment,2018,7:936-947.

⑦ 韩雪,张野,张珊珊.初中女生反社会行为特质自我控制与校园欺凌关系分析[J].中国学校卫生,2018,39(3):372-375.

⑧ DULMUS C N,THERIOT M T,SOWERS K M,et al. Student reports of peer bullying victimization in a rural school[J]. Stress trauma & crisis,2004,7(1):1-16.

⑨ 胡咏梅,李佳哲.谁在受欺凌?:中学生校园欺凌影响因素研究[J].首都师范大学学报(社会科学版),2018(6):171-185.

儿童①、单亲儿童②、残疾学生③、肥胖青少年④、孤独症学生⑤、艾滋病青少年⑥等特殊群体的校园欺凌问题进行了探讨和剖析。

三、关于校园欺凌评估方法

从评估手段上看,当前校园欺凌的评估方法主要包括观察法和问卷调查法两种。其中,观察法由研究者本人对通过填写观察表、写观察日记等形式对目标学校的欺凌状况进行及时记录,这种方法能够在第一时间收集到校园欺凌发生的现场资料和真实场景信息,但相对耗时耗力、主观性较强,此外,由于欺凌发生时间的不确定性和间接欺凌的隐蔽性特征,校园欺凌能被观察到的概率以及被观察到全貌的可能性都相对较低。⑦ 因此,相对省时、省力且能够获取较全面信息的问卷调查法成为研究者及国际项目中关于校园欺凌评估的最常用的方法。

近年来,国内外校园欺凌大量研究成果的涌现一定程度上得益于校园欺凌相关评估量表和问卷的开发和完善。依据评价主体的不同,量表(问

---

① ZHANG H, ZHOU H, CAO R. Bullying victimization among left-behind children in rural China: prevalence and associated risk factors[J]. Journal of interpersonal violence, 2021, 36:15-16.

② 李光程. 单亲家庭儿童亲子关系、自立行为与校园欺凌的关系[D]. 长沙:湖南师范大学, 2019.

③ FRIDH M, MARIE KÖHLER, BIRGIT MODÉN, et al. Subjective health complaints and exposure to peer victimization among disabled and non-disabled adolescents: A population-based study in Sweden[J]. Scandinavian journal of public health, 2018, 46(2):262-271.

④ KALTIALA-HEINO R, LANKINEN V, MARTTUNEN M, et al. Overweight, perceived overweight and involvement in bullying in middle adolescence[J]. Child abuse & neglect, 2016, 54:33-42.

⑤ DENIGRIS D, BROOKS P J, OBEID R, et al. Bullying and identity development: insights from autistic and non-autistic college students [J]. Journal of autism and developmental disorders, 2018, 48(1):666-678.

⑥ NSIBANDZE B S, DOWNING C, POGGENPOEL M, et al. "I have been rejected so many times" experiences of female adolescents living with HIV in rural Manzini, Eswatini: a case study[J]. International journal of Africa nursing sciences, 2021(197):100-109.

⑦ BANDEIRA C, HUTZ C S. Bullying: prevalence, implications and gender differences[J]. Psicologia escolar e educacional, 2012, 16(1):35-44.

卷)又分为自我评估量表(问卷)和他人评估量表(问卷)。自我评估量表也分为自评量表、自陈量表,由调查参与者(一般是学生本人)依据自身实际情况对自己发生或遭受的校园欺凌频率等进行如实作答,他人评估量表也称他评量表,由熟悉学生的日常生活的他人,如教师、同伴、家长等,对所管理的学生、所交往的同学、自己子女等的欺凌行为和受害情况进行如实作答。最常见的是自我评估法。虽然自评法存在不可避免的社会赞许效应,但它仍是目前能够获取相对真实的校园欺凌信息且使用最广泛的测量方法。

现有文献中,涉及校园欺凌的测量工具有近百种。通过文献比较分析,下文总结出五种较常用且相对较为权威的校园欺凌量表(问卷)。其一,年代最早的是奥维斯 1996 年在其原有量表基础上修订的《奥维斯欺凌/受害者问卷》(Revised Olweus Bully/Victim Questionnaire,ROBVQ)。ROBVQ 共有 40 个题项,测量受害和欺凌行为的题项各有 20 个,包含语言、身体和间接领域 3 个维度,经检验,该问卷具有良好的信度、效度。[1] 该量表曾被翻译成希腊语、中文(张文新教授研究团队)等版本并在国际上得到广泛使用。[2][3] 其二是美国国家教育统计中心(NCES)和美国司法统计局(BJS)设计用于测查学校犯罪的单个条目的欺凌问卷——Bullying Question for the School Crime Supplement Survey。该问卷具体表述为:"现在我有一些问题,关于学生在学校里是否做过什么让你感觉不好或伤害你的事——我们经常称之为被欺负。在这学年里,有其他学生欺负过你吗?是否有其他学生:①取笑你;②给你起外号;③散布你的谣言;④威胁你;⑤推、绊倒你;⑥强迫你做不愿做的事情;⑦孤立你;⑧毁坏你的财物;等等。"调查参加者需要用"是"或"否"回答(迫选法)。其三,美国学者 Bear 等人开发了 17 个题项的《特拉华欺凌受害量表》(Delaware Bullying Victimization Scale-Student,DBVS-S),中国学者谢家树将其修订为中文版本并在中国初一至高三年级

---

① OLWEUS, D. The revised Olweus bully/victim questionnaire for students [D]. Bergen:University of Bergen,1996.

② LEONIDAS K,CHRYSTALLA K,GEOFF L. An analysis of the revised Olweus bully/victim questionnaire using the rasch measurement model[J]. The British psychological society,2006,76(4):78-801.

③ 张文新,武建芬.Olweus 儿童欺负问卷中文版的修订[J].心理发展与教育,1999(2):7-11.

学生群体中进行了测量学检验和运用。[1] DBVS-S 分为语言欺凌、身体欺凌、关系欺凌和网络欺凌 4 个维度,信效度均符合统计测量学要求。其四,英国学者 Mynard 和 Joseph 编制了含 16 个题项的《多维同伴欺凌受害量表》(Multidimensional Peer-Victimization Scale,MPVS)用以评估校园欺凌受害的情况,MPVS 包括身体受害、语言受害、人际和财物受损四个方面,后经 Betts 等人的修订补充,该量表完善为包括身体、语言、人际、财物及网络在内的各 20 个题项的多维欺凌和受害量表〔Multidimensional Peer Victimization Scale-Revised(MPVS-R),Multidimensional Peer Bullying Scale(MPVS-RB)〕。[2] 上述量表均为自陈量表,通过比较分析发现,MPVS-R 和 MPVS-RB 是上述五种量表中对校园欺凌概括较全面的量表。因此,本书以 Betts 等人修订的多维欺凌和受害量表为测量工具,并在对英文原始量表进行中文修订及测量学检验和初步运用后,用于测量和评价我国学生群体的校园欺凌情况。

四、关于家庭场域变量与校园欺凌关系研究

(一)与校园欺凌密切相关的家庭因素

虽然校园欺凌主要发生在学生群体间,但校外家庭因素对校园欺凌的发生或遏制发挥着不可忽视的、决定性的作用。通过梳理国内外关于家庭与校园欺凌的综述、元分析、实证分析等研究发现,与校园欺凌密切相关的家庭因素可分为两大类:其一,家庭消极因素。家庭消极因素是指那些能够直接或间接激发学生发生欺凌行为或遭到同伴欺凌的家庭因素,包括:(1)基于社会学习模式的家庭暴力和同胞欺凌。接触到家庭暴力(父母之间、亲子之间的暴力)会增加学生卷入校园欺凌的风险,[3][4]与此同时,Corvo 等人

---

① 谢家树,魏宇民,BEAR G.特拉华欺凌受害量表(学生卷)中文版再修订及初步应用[J].中国临床心理学杂志,2018,26(2):259-263.

② MYNARD H. JOSEPH S. Bully/victim problems and their associations with Eysenck's personality dimensions in 8 to 13 year-olds[J]. British journal of educational psychology, 1997,67:51-54.

③ SEUNG K,CHOOL L,LEE K. Research on the relationship between teenagers' exposure to domestic violence and exercising school violence[J]. Forum for youth culture, 2012, 29:116-135.

④ BALDRY A C. Bullying in schools and exposure to domestic violence.[J]. Child abuse & neglect, 2003, 27(7):713-732.

的研究发现,经历过校园欺凌的个体经历家庭暴力的风险也更高;此外,家庭内部兄弟姐妹之间的欺凌行为也会显著增加学生卷入校园欺凌的风险。①Hoetger 等人基于 392 名年轻人(young adults)的提问汇总分析发现,多子女家庭中的同胞欺凌行为与学生在校期间的同伴欺凌存在显著关联,尽管家庭内部的同胞冲突不能简单等同于欺凌行为,但研究显示,有过此类经历的成年人显然也同样经历了校园欺凌。②(2)源自消极教养方式的父母情感忽视与虐待和父母过度保护。③④⑤父母在情感上对学生的忽视与虐待危及学生心理健康,增加学生对同伴群体的攻击性,使学生发生欺凌行为,或导致学生因缺失关爱而成为校园欺凌中的受害者。而父母的过度保护表现在放任、宠溺子女,缺乏对子女欺凌行为的约束。(3)产生于不安全型亲子依恋的不良亲子关系。⑥(4)导致家庭结构缺失的父母离异⑦、重组家庭⑧、留

---

①　CORVO K, DELARA E. Towards an integrated theory of relational violence: is bullying a risk factor for domestic violence? [J]. Aggression & violent behavior, 2010, 15(3)181-190.

②　HOETGER L A, HAZEN K P, BRANK E M. All in the Family: a retrospective study comparing sibling bullying and peer bullying[J]. Journal of family violence, 2015, 30(1):103-111.

③　NOCENTINI A, FIORENTINI G, DI PAOLA L, et al. Parents, family characteristics and bullying behavior: a systematic review[J]. Aggression and violent behavior, 2019, 45:41-50.

④　陈科宇. 父母教养方式对青少年校园欺凌的影响:有调节的中介效应[D].曲阜:曲阜师范大学,2020.

⑤　苏春景,徐淑慧,杨虎民.家庭教育视角下中小学校园欺凌成因及对策分析[J].中国教育学刊,2016(11):18-23.

⑥　李光程. 单亲家庭儿童亲子关系、自立行为与校园欺凌的关系[D].长沙:湖南师范大学,2019.

⑦　凌辉,李光程,张建人,等.小学生亲子关系与校园欺凌:自立行为的中介作用[J].中国临床心理学杂志,2018,26(6):1178-1181.

⑧　陈婷,范奕,张子华,等.江西省中学生校园受欺凌行为与抑郁的相关性[J].中国学校卫生,2020,41(4):600-603.

守儿童①。（5）与较低家庭社会经济地位相关的低收入家庭②、流动儿童等③④。其二,家庭积极因素。家庭积极因素主要是那些能够有效遏制和减少学生校园欺凌行为发生以及遭受同伴欺凌的方面。现有研究中,对来自家庭保护性层面的研究相对较少,已发现或证实的涉及家庭积极因素的主要有两个方面:家庭支持和父母监管。⑤⑥⑦ 与家庭暴力、消极教养方式、不良亲子关系等相反,家庭支持能够为学生提供足够的来自父母的爱与关怀,能够构建学生健康心理和健全人格,重建和修复因消极家庭因素导致的亲子关系不良、缺爱、自卑等心理问题以及偏执、反社会等人格问题,从源头上阻断欺凌的发生并保护学生使其免遭欺凌。⑧⑨⑩ 同时,家庭支持也能及时保护受害者,最大化降低校园欺凌对学生的负面影响,使其避免遭受"二次

---

① ZHANG H, ZHOU H, CAO R. Bullying victimization among left-behind children in rural China: prevalence and associated risk factors[J]. Journal of interpersonal violence, 2021,36:15-16.

② ELGAR F J, CRAIG W, BOYCE W, et al. Income inequality and school bullying: multilevel study of adolescents in 37 countries[J]. Journal of adolescent health, 2009, 45(4):351-359.

③ 祝玉红,杨晶晶.流动儿童校园欺凌伤害的发生率及影响因素研究:以北京 A 打工子弟学校为例[J].社会建设,2019,6(2):48-59.

④ 乔东平,文娜.国内外校园欺凌研究综述:概念、成因与干预[J].社会建设,2018, 5(3):5-15.

⑤ SOIMAH, HAMID A, DAULIMA N. Family's support for adolescent victims of bullying[J]. Enfermería clínica, 2019, 29:747-751.

⑥ THOMPSON J. General strain theory and bullying victimization: do parental support and control alleviate the negative effects of bullying? [J]. Dissertations & theses-gradworks, 2015,27:124-139.

⑦ LIU Q, PAN H, HUANG Y, et al. Left-behind status and bullying in Chinese rural children: the roles of parental supervision and support and friends in puppy love [J]. Journal of interpersonal violence, 2022(5-6):2729-2750.

⑧ 唐寒梅. 中学生情绪行为问题和亲子依恋对校园欺凌与非自杀性自伤关系的影响研究[D].南昌:南昌大学,2018.

⑨ HO H Y, CHEN Y L, YEN C F. Moderating effects of friendship and family support on the association between bullying victimization and perpetration in adolescents [J].Journal of interpersonal violence,2022,37(7):4640-4659.

⑩ SHAHEEN A M, HAMDAN K M, ALBQOOR M, et al. Perceived social support from family and friends and bullying victimization among adolescents [J]. Children and youth services review, 2019, 107:104503.

伤害",减少抑郁、焦虑、自杀等心理危机的出现。①② 父母监管不仅能够对学生可能存在的欺凌行为进行约束,遏制学生欺凌同伴他人,也能够及时发现子女被欺凌的迹象,尽早避免子女成为校园欺凌的受害者或长期受害者。③④⑤

(二)家庭支持和父母行为控制在校园欺凌发生机制中的作用路径

探寻校园欺凌的保护性因子是本书的重要出发点。由校园欺凌的家庭积极影响因素可知,家庭支持和父母监管是家庭场域下校园欺凌的主要保护源。通过梳理文献发现,在父母监管中,相比于父母心理控制,父母对子女行为的监管,也即父母行为控制是有效减少校园欺凌的关键管控方面。⑥因此,家庭支持和父母行为控制作为家庭保护源,是减少校园欺凌发生的重要变量,两者在校园欺凌的发生机制中通过不同路径发挥作用。

家庭支持和父母行为控制皆是校园欺凌的预测因子和解释变量,能够直接作用于校园欺凌。在家庭支持方面,Perren 等人对 1 107 名瑞士青少年(7～9 年级)的调查结果发现,与未参与校园欺凌的学生相比,校园欺凌中的欺凌者和受害者均报告了较少的家庭支持。⑦ 朱桂琴等人的研究指出,家庭支持的匮乏问题既存在于我国初中生的欺凌者群体,也存在于被欺凌者群

---

①　SOIMAH，HAMID A，DAULIMA N. Family's support for adolescent victims of bullying[J]. Enfermería clínica，2019，29：747-751.

②　冯帮.地方政府推进校园欺凌治理的政策与反思：基于 17 个地区校园欺凌政策文本的分析[J].教育理论与实践,2019,39(28):27-31.

③　孙晓卉. 父母控制对高中生网络欺凌的影响：道德推脱和道德认同的链式中介作用[D].长春:吉林大学,2020.

④　李思奕,金灿灿.中学生父母监控与网络欺凌：自我控制与人际适应的链式中介作用[J].中国临床心理学杂志,2020,28(6):1221-1225.

⑤　THOMPSON J. General strain theory and bullying victimization：do parental support and control alleviate the negative effects of bullying？[J]. Dissertations & theses-gradworks，2015，27：124-139.

⑥　LI D，ZHANG W，WANG Y. Parental behavioral control，psychological control and Chinese adolescents' peer victimization：the mediating role of self-control[J]. Journal of child and family studies，2015，24(3)：628-637.

⑦　PERREN S，HORNUNG R. Bullying and delinquency in adolescence：victims' and perpetrators' family and peer relations[J]. Swiss journal of psychology，2005，64(1)：51-64.

体,是校园欺凌发生的重要原因所在。[①] 朱思施通过量化数据分析发现,以家庭支持为核心的社会支持能够显著负向预测我国初中生受欺凌的情况[②],也即,较多的家庭支持直接预测了较少的校园欺凌受害,能够保护学生免遭他人的欺凌,同时以家庭为核心的社会支持系统也通过积极心理资本间接预测校园欺凌。在父母行为控制方面。目前国内外关于父母行为控制对校园欺凌影响的直接研究成果相对缺乏,但已有大量研究表明,父母行为控制能够直接有效减少儿童青少年的包括攻击、违纪等行为在内的不良行为[③][④][⑤]和吸毒、刑事犯罪等高危行为表现[⑥][⑦][⑧]。现有关于父母行为控制与校园欺凌的直接文献中,Li 等人对 694 名中国初中生(7~9 年级)的统计分析表明,家庭行为控制对受害有着间接显著预测作用且大于直接预测作用,父母行为控制主要通过增强学生的自我控制间接减少了校园欺凌受害的发生。[⑨] 家庭支持和父母行为控制并非独立发挥作用,而是相互关联的。家庭支持,尤其是来自父母的支持与理解,是家庭积极的教养方式和良好亲子关

① 朱桂琴,陈娜,宣海宁.农村寄宿制初中生同伴关系与校园欺凌实证研究:以河南省 4 乡 5 校为例[J].教育研究与实验,2019(2):68-76.

② 朱思施.社会支持对初中生校园受欺凌现象的影响:积极心理资本的中介作用[D].南充:西华师范大学,2019.

③ 王美芳,冯琳琳,张朋云.父母控制与青少年问题行为的关系:完美主义的中介作用[J].中国临床心理学杂志,2013,21(5):811-814.

④ FIXELLE C. Skin conductance reactivity moderates the association between parental behavioral control and adolescent externalizing behavior[J]. Developmental psychology,2018,32:111-124.

⑤ 孙艳芳.初中生问题行为的家庭干预[D].天津:天津师范大学,2018.

⑥ 叶宝娟,杨强,胡竹菁.父母控制、不良同伴和感觉寻求对工读生毒品使用的影响机制[J].心理发展与教育,2012,28(6):641-650.

⑦ 邢红枚,袁利平,王蓉.涉罪未成年人家庭功能失调问题研究:以北京市 X 区为例[J].警学研究,2020(2):14-24.

⑧ 高维俭.美国少年审判机构现状概览:兼谈我国当前少年审判机构改革及其相关问题[J].青少年犯罪问题,2010(2):59-68.

⑨ LI D,ZHANG W,WANG Y. Parental behavioral control, psychological control and Chinese adolescents' peer victimization:the mediating role of self-control[J]. Journal of child and family studies,2015,24(3):628-637.

系的重要体现①②,而包括行为控制在内的父母对子女的监管是基于积极家庭教养方式而产生的行为③。在父母积极参与子女成长并提供较多支持的家庭中,父母对子女不良行为的管束往往更严格。据此可推测,家庭支持可能是父母行为控制的重要前提,能够作用于父母行为控制与否或控制程度。因此,虽然家庭支持和父母行为控制均能够直接或间接预测校园欺凌,但这两个解释变量的地位显然并非平行的,家庭支持在校园欺凌的发生路径中更有可能扮演自变量角色,而父母行为控制更可能是其中的中介角色,也即"家庭支持—(增强)父母行为控制—(减少)校园欺凌"。

五、关于学校场域变量与校园欺凌关系研究

(一)校园欺凌的学校预测源

通过梳理量化研究文献发现,校园场域内能够预测学生个体欺凌行为和受害经历的变量可根据层级分为三类:一是学校层级的校园氛围(school climate)和学校整体欺凌水平(overall bullying level in school),二是班级层级的班级欺凌水平(bullying level in class),三是同伴层级的友伴数量(number of friends)和越轨同伴交往(deviant peer affiliation,与国内文献中常见的"不良同伴交往"同义,详见下文)。

校园氛围与校园欺凌紧密相关,校园氛围的良好与否很大程度上影响着学生欺凌行为的普遍程度以及遭受同伴欺凌的普遍程度,这与校园氛围

---

①　DARLING N, STEINBERG L. Parenting style as context: an integrative model [J]. Psychological bulletin, 1993, 113(3):487-496.

②　徐桂云. 大学生父母教养方式、人格与道德敏感性的关系研究[D].石家庄:河北师范大学,2011.

③　焦莹莹. 家庭支持、家庭控制与初中生健康危险行为的关系研究:以重庆市沙坪坝区初中生为例[D].重庆:重庆大学,2009.

的定义有关。①②③ 从概念上来讲,校园氛围是区别于学校物理环境(如建筑物、教学设备)的重要心理环境。④ 校园氛围概念的提出源于企业组织氛围(organization climate)的研究,最早由 Halpin 于 1963 年将"氛围"引入学校场所。⑤ Halpin 认为,校园氛围对一所学校来说,就如人格(人的性格、气质、价值观等特征的总和)对每个个体一样,是每所学校的独特性所在,同时,校园氛围在短时间内是相对稳定的,对学校成员,尤其是学生的各方面发展都有着重要影响。⑥⑦

随着校园氛围研究的深入,国内学者贾月明(音译,Jia Yueming)等人在详细总结国内外校园氛围研究后,提出了校园氛围的明确结构:教师支持(teacher support)、同伴支持(student-student support)和自主性(autonomy,参与学校生活和课堂活动的自主性)。⑧ 教师支持通常是情感和学术支持的结合,重点是来自教师的社会支持;学生—学生支持是指学生之间感知到的情感支持,即相互关心和信任;自主性是指关于学习和课堂生活的选择和决策的机会。国内学者刘羽等人认为,"校园氛围是指学校成员体验到的且对其认知行为产生重要影响的环境特征,这种环境具有相对稳

① ZHAO Z, LIU G, NIE Q, et al. School climate and bullying victimization among adolescents: a moderated mediation model [J]. Children and youth services review, 2021:106218.

② WANG C X, BERRY B, SWEARER S M. The critical role of school climate in effective bullying prevention[J]. Theory into practice, 2013, 52(4):296-302.

③ 储怡佳,王帆,柳希希,等. 校园欺凌中的"袖手旁观":校园氛围、学校联结和道德推脱的作用[C]//中国心理学会.第二十三届全国心理学学术会议摘要集(下), 2021:33-34.

④ ARTHUR C P. The management of a city school [M]. New York: Palala Press, 1908:303.

⑤ HALPIN A W., CROFT D B. The organizational climate of schools [M]. Chicago: Midwest Administration Center of the University of Chicago, 1963.

⑥ HALPIN A W., CROFT D B. The organizational climate of schools [M]. Chicago: Midwest Administration Center of the University of Chicago, 1963.

⑦ 刘羽,杨洋,王晨旭,等.校园氛围和负性情绪对青少年自杀意念的影响:一项交叉滞后研究[J].心理与行为研究,2020,18(6):784-790.

⑧ JIA Y M, WAY N, LING G M, et al. The influence of student perceptions of school climate on socioemotional and academic adjustment: a comparison of Chinese and American adolescents[J]. Child development, 2009, 80(5):1514-1530.

定而持久的特点"①。朱烨提出,校园氛围是"一所学校区别于其他学校并影响其组织成员行为的一系列持久的内部心理特征"②。因此,校园氛围是校内师生关系状况、生生关系状况以及学生学校体验的综合表现,一所学校的校园氛围如何会直接影响到学生对校园欺凌事件的认识,进而将欺凌行为合理化,无所顾忌地欺凌同学或意识到校园欺凌的危害性,克制自身欺凌行为并劝阻他人的欺凌行为。③④

　　值得注意的是,此处的同伴区别于越轨同伴交往中的同伴。校园氛围中的同伴为广义同伴(peers),是同一个学校内学生与学生之间(包括同班、同年级学生之间以及不同班、不同年级学生间的)的互动,也即同龄人圈子,而越轨同伴交往中的同伴专指代亲密朋友(close friends),是亲密朋友群体中存在越轨行为的学生,其范围相对较小且针对性更强。

　　学校整体欺凌水平与班级欺凌水平对学生关于校园欺凌的认识产生影响。学校整体欺凌水平是学生对全校范围内所发生的欺凌事件频率进行的评估(评估方法详见第二章测量工具介绍一节)。同校园氛围一样,学校的欺凌环境如何也能够直接或间接决定学生对欺凌行为的态度和看法。在学校整体欺凌水平较高的校园,学生通常会"见怪不怪",视校园欺凌为常态甚至习得该行为用以解决与同学间的人际冲突和矛盾等。⑤⑥ 而对于遭受校园欺凌的学生而言,长期受欺凌可能导致他们将欺凌行为合理化,认为被欺凌是合理的,是自身的错误导致的正常现象,甚至将其视为微不足道的小事,因而不愿或不敢告诉家长或老师乃至不向同学求助,也不愿意或不敢反

　　① 刘羽,杨洋,王晨旭,等.校园氛围和负性情绪对青少年自杀意念的影响:一项交叉滞后研究[J].心理与行为研究,2020,18(6):784-790.
　　② 朱烨.校园氛围研究述评[J].上海教育科研,2018(3):36-41.
　　③ DOUMAS D M, MIDGETT A, JOHNSTON A D. Substance use and bullying victimization among middle and high school students: is positive school climate a protective factor? [J]. Journal of addictions & offender counseling, 2017, 38(1):2-15.
　　④ VARELA J J, SÁNCHEZ P A, TEZANOS-PINTO P D, et al. School climate, bullying and mental health among chilean adolescents[J]. Child indicators research, 2021, 14(6): 2249-2264.
　　⑤ 张爽.日本校园欺凌现象治理及其启示[J].教学与管理,2019(32):56-58.
　　⑥ 弋英,曹睿昕.关于校园欺凌中旁观者群体的研究[J].基础教育课程,2019(14):28-32.

抗,导致习得性无助,最终使自己成为校园欺凌的长期受害者。[1][2] 班级欺凌水平则是学生对所处班级内部欺凌状况的评估,其测量范围只涉及自己所在班级的欺凌水平,不涉及其他班级或整个年级的欺凌情况。

国内学者刘晓薇等人对班级层级的欺凌水平进行考察后发现,在班级受欺负水平较低的情况下,受欺负的学生更容易发生攻击、违纪等外化问题行为;同时,在欺凌水平较低的环境(此研究中具体为班级环境)中,受欺负学生更容易面临适应性不良等问题。[3][4] 刘晓薇等人根据国外学者的类似发现将此现象归结为"健康环境悖论"(health context paradox)[5][6],即健康的环境反而不利于部分个体的身心发展。由刘晓薇等人的研究发现可知,班级欺凌水平与受欺负者的心理、行为问题密切相关,即使在较低欺凌水平的班级,受欺负个体极容易发生欺凌他人的行为。

然而,校园欺凌并非仅限于同一班级的学生群体内,更多发生在不同班级(本班与外班之间的相互欺凌)甚至不同年级(高年级与低年级之间的欺凌)的学生群体中,呈现出跨班级、跨年级的典型特点。[7][8] 因此,校园整体欺凌水平应是构建校园欺凌发生机制模型需重点考虑的变量。

友伴数量和越轨同伴交往是影响校园欺凌的两个重要因素。研究表明,拥有较多正常同伴的学生往往更不容易遭受欺凌,而缺少朋友的学生则

① 邱需恩.校园欺凌治理存在的问题及机制探讨[J].行政管理改革,2017(8):43-47.

② 刘雨.学校欺负及其干预研究[J].中国教育学刊,2016(12):40-43.

③ 刘晓薇,潘斌,陈亮,等.受欺负与青少年外化问题关系的"健康环境悖论":敌意性归因的中介作用[J].心理学报,2021,53(2):170-181.

④ 刘晓薇,潘斌,李腾飞,等.班级环境如何影响受欺负者的适应?健康环境悖论及其发生机制[J].心理发展与教育,2021,37(2):298-304.

⑤ GINI G, HOLT M, POZZOLI T, et al. Victimization and somatic problems: the role of class victimization levels[J]. Journal of school health, 2020, 90(1):39-46.

⑥ BELLMORE A D, WITKOW M R, GRAHAM S, et al. Beyond the individual: the impact of ethnic context and classroom behavioral norms on victims' adjustment. [J]. Developmental psychology, 2004, 40(6):1159-1172.

⑦ 武亦文,缪绍疆.校园欺凌的群体过程及预防干预[J].中国学校卫生,2017,38(4):629-633.

⑧ 周小均,胡忠于,张磊.混龄帮扶:防治校园欺凌的新途径[J].当代教育科学,2019(10):22-25.

更容易成为被欺负的对象①②,但这一前提是结交的是朋友而不是越轨同伴。经常或大量结交那些经常违纪、欺负同学的越轨同伴非但不能使个体被庇护,反而更容易使新加入的、较低群体地位的学生成为被欺负的目标。③与此同时,受欺负也导致寻求结交越轨同伴。一些受欺负的学生为了寻找同伴支持和获得力量平衡会选择融入越轨群体,成为新的欺凌者,从而为自己"报仇"④⑤⑥,这也是导致校园欺凌反复发生的重要原因。

越轨同伴(deviant peer)的提出源自对青少年攻击和犯罪行为的研究。"deviant"英文原意为"偏常态的""反常的""离经叛道的"和"偏常态的人""反常的人""离经叛道者",在相关研究中常指代存在违反班规、校规、校纪,甚至违反国家法律行为的儿童青少年。⑦ 芝加哥社会学学院的学者 Merton和 Sellin 认为越轨行为(deviance)是包括犯罪学、精神病学、心理学和社会学在内的研究领域的重要研究方向。⑧⑨ 在国内研究中,许多学者在权威期刊上多使用"不良同伴交往"的概念对此类现象进行概括。此外,学者们在

————————————

　① 周宗奎,蔡春凤,赵冬梅.不同攻击/受欺负类别儿童的同伴交往自我知觉[J].心理发展与教育,2006(2):23-28.

　② 陈光辉,张文新. 欺负、受欺负与二元朋友关系的关系[C]//中国心理学会.增强心理学服务社会的意识和功能:中国心理学会成立 90 周年纪念大会暨第十四届全国心理学学术会议论文摘要集,2011:17.

　③ CHO S J, HONG J S, STERZING P R,et al. Parental attachment and bullying in South Korean adolescents: mediating effects of low self-control, deviant peer associations,and delinquency[J]. Crime & delinquency, 2017, 63(9):1042-1051.

　④ RUDOLPH K D, LANSFORD J E, AGOSTON A M, et al. Peer victimization and social alienation: predicting deviant peer affiliation in middle school[J]. Child development, 2014, 85(1):124-139.

　⑤ ZHU J, YU C, ZHANG W, et al. Peer victimization, deviant peer affiliation and impulsivity: Predicting adolescent problem behaviors.[J]. Child abuse & neglect, 2016, 58:39-50.

　⑥ 孙时进,施泽艺.校园欺凌的心理因素和治理方法:心理学的视角[J].华东师范大学学报(教育科学版),2017,35(2):51-56.

　⑦ CLINARD M B, MEIER R F. Sociology of deviant behavior[M]. Boston: Cengage Learning,2015.

　⑧ MERTON R K. Social structure and anomie[J]. American sociological review, 1938, 3(5):672-682.

　⑨ COUNCIL S. Culture conflict and crime[M]. Social science research council, 1938.

对不良同伴交往进行注释时所使用的英文单词仍是"deviant peer affiliation"。因此,"不良同伴交往"在实质上仍是"越轨同伴交往",二者概念互通,但相比较而言,"越轨"的翻译更贴合其英文单词的本意(偏离社会规范),也更精确、权威。①

通过搜索中文文献库发现,近年来,越来越多的研究更加注重同伴群体对学生身心发展的影响,"越轨同伴交往"被使用的频率日渐频繁。在《越轨同伴交往与男性犯罪青少年攻击行为的关系:一个有调节的中介模型》一文中,赵卫国等人将越轨同伴交往定义为"结交具有违反道德和法律的同伴",同时指出,"越轨行为包括吸烟、喝醉酒、抢劫、勒索、考试作弊、偷窃、网络成瘾和逃课"。② 宋静静等人认为,越轨同伴交往是指"结交具有违反法律和社会道德行为的同龄友伴",越轨行为同样包括吸烟、喝酒、考试作弊等行为。③ 鲍振宙等人也指出,越轨同伴交往是"结交那些具有违反法律和社会规范行为的同龄友伴"。④ 总之,越轨同伴交往主要是指结交具有违反学校规定或社会法律、社会规范等行为的友伴,这些友伴在行为品质上存在诸多不被同龄人或公共社会接受的特质,如吸烟、酗酒、旷课、打架斗殴等。由此可知,涉及多种违纪行为,包括欺凌行为在内的越轨同伴群体的存在很大程度上为校园欺凌的发生提供了直接动力,因此,与友伴数量相比,越轨同伴交往应是校园欺凌发生路径中的关键变量。

(二)学校主要预测源在校园欺凌发生机制中的作用路径

由前文可知,校园氛围、学校整体欺凌水平和越轨同伴交往是学校场域中预测校园欺凌的三大核心变量。尽管这些因素都与校园欺凌密切相关且均能有效预测校园欺凌行为的发生,但在校园欺凌的发生机制中,它们各自发挥着不同的角色作用。一方面,作为自上而下的层级变量,校园氛围在范围和内容上都在学校整体欺凌水平之上,学校整体欺凌水平的层级又在越

---

① 安东尼·吉登斯,菲利普·萨顿. 社会学(第七版)[M]. 北京:北京大学出版社,2015:879.

② 赵卫国,王奕丁,姜雯宁,等.越轨同伴交往与男性犯罪青少年攻击行为的关系:一个有调节的中介模型[J].中国特殊教育,2020(11):62-69.

③ 宋静静,李董平,谷传华,等.父母控制与青少年问题性网络使用:越轨同伴交往的中介效应[J].心理发展与教育,2014,30(3):303-311.

④ 鲍振宙,江艳平,朱键军,等.越轨同伴交往与青少年问题性网络使用的交叉滞后分析[J].心理科学,2019,42(5):1134-1140.

轨同伴群体之上。①② 由此可推测,校园氛围应是校园欺凌发生路径中的重要的自变量,居于首位,学校整体欺凌水平和越轨同伴群体应是重要的中介变量,居其中,也即初步路径应是"校园氛围—学校整体欺凌水平—越轨同伴群体—校园欺凌"的链式中介模型。

　　然而,上述模型只有指向性,没有正负性,无法显示结果变量是否会随着解释变量变化方向的不同而发生同样的变化。正向表示两者是同一方向,多导致多,少导致少;负向表示两者相反方向,多导致少,少导致多。通过文献梳理发现,校园氛围作为一种积极的保护性因素,其积极程度越高,越能够减少一个学校整体的欺凌现象(负向)③,而在欺凌现象较少的学校,学生与越轨群体的接触也相对较少(正向),较少的越轨同伴交往最终减少学生个体欺凌行为的发生或避免遭受校园欺凌(正向)④。因此,学校场域中校园欺凌发生路径在理论上应是先负向后正向的,即"(积极)校园氛围—(降低)学校整体欺凌水平—(减少)越轨同伴群体交往—(减少)校园欺凌"。

　　另一方面,现有实证研究表明,校园氛围能够直接负向预测校园欺凌,积极的校园氛围遏制了校园欺凌的发生,同时校园氛围也能够通过中介变量间接预测校园欺凌,校园氛围还能够通过降低消极因素的影响进而减少校园欺凌的发生。⑤⑥ 虽然关于校园整体欺凌水平对学生个体欺凌或受害

---

①　ZAYKOWSKI H, GUNTER W. School climate multidimensionality and measurement: a systematic literature review[J]. Journal of interpersonal violence, 27(3): 431-452.

②　WANG Z, LIU C, LI T, et al. Paternal parenting and depressive symptoms among adolescents: a moderated mediation model of deviant peer affiliation and school climate[J]. Children and youth services review, 2020, 119:1-8.

③　ZHANG S, MULHALL P F, FLOWERS N, et al. Bullying reporting concerns as a mediator between school climate and bullying victimization/aggression[J]. Journal of interpersonal violence, 2019, 36:21-22.

④　YANG J, WANG N, GAO L, et al. Deviant peer affiliation and adolescents' cyberbullying perpetration: online disinhibition and perceived social support as moderators [J]. Children and youth services review, 2021, 127:1-10.

⑤　ZHANG S, MULHALL P F, FLOWERS N, et al. Bullying reporting concerns as a mediator between school climate and bullying victimization/aggression[J]. Journal of interpersonal violence, 2019, 36:21-22.

⑥　MUCHERAH W, FINCH H, WHITE T, et al. The relationship of school climate, teacher defending and friends on students' perceptions of bullying in high school [J]. Journal of adolescence, 2018, 62:128-139.

的实证研究相对较少,但通过分析质性研究发现可知,在学校整体欺凌水平较高的学校,学生对校园欺凌的认同度更高,更容易将欺凌作为解决问题的手段和方法①,但不同学校间的整体欺凌水平并非与生俱来,因校园氛围等一些校园文化或管理等方面的差异而有所不同,并最终影响到校园欺凌的发生②。因此,校园欺凌水平很可能是校园氛围预测校园欺凌发生路径中的重要中介变量。

此外,以国外学生为样本的研究发现中,越轨同伴交往通常在研究者构建的校园欺凌发生机制中扮演中介角色③④,因受到外界变量变化的影响而使得学生减少或增加与越轨同伴群体的接触,从而使自身处于校园欺凌的风险之中,最终导致校园欺凌的发生。关于校园氛围与越轨同伴交往的实证研究结果也表明,校园氛围是越轨同伴交往的预测因子。⑤⑥ 校园氛围越消极的学校,其学生与(校内外)越轨同伴交往的现象越频繁,因此,越轨同伴交往也是校园氛围预测校园欺凌的另一中介变量。综上,学校整体欺凌水平和越轨同伴交往很有可能在校园氛围影响校园欺凌的发生路径中扮演着重要的链式中介角色,且对校园欺凌的间接预测方向均为正向。

六、文献述评

半个世纪以来(1970—2022 年),国际上累积的关于校园欺凌研究的大

① 弋英,曹睿昕.关于校园欺凌中旁观者群体的研究[J].基础教育课程,2019(14):28-32.

② 李锋,史东芳.校园欺凌产生成因之阐释:基于文化社会学的理论视角[J].教育科学研究,2021(1):73-78.

③ GAO L, LIU, J D, HUA S Q. Teacher-student relationship and adolescents' bullying perpetration: a moderated mediation model of deviant peer affiliation and peer pressure[J].Journal of social and personal relationships, 2022,39(7):2003-2021.

④ CHO S J. The impact of low self-control and delinquent peer associations on bullying perpetration and victimization among South Korean adolescents: time-concurrent, time-lagged, and latent growth curve modeling [J]. Journal of school violence, 2018,17 (4):500-520.

⑤ BAO Z, LI D, ZHANG W, et al. School climate and delinquency among chinese adolescents: analyses of effortful control as a moderator and deviant peer affiliation as a mediator[J]. Journal of abnormal child psychology, 2015, 43(1):81-93.

⑥ WANG M T, DISHION T J. The trajectories of adolescents' perceptions of school climate, deviant peer affiliation, and behavioral problems during the middle school years[J]. Journal of research on adolescence, 2012, 22(1):40-53.

量成果为我国开展校园欺凌领域的本土化研究奠定了扎实的理论和实践借鉴基础。与此同时,近年来国内校园欺凌研究的激增不仅丰富了我国校园欺凌研究成果,也为我国反校园欺凌政策的进一步落实以及防治实践的顺利开展提供了有效指导,还为本书系列工作的进行提供了重要参考。然而,通过梳理文献发现,现有研究中依旧存在一定的不足。

首先,关于我国学生校园欺凌发生机制的量化研究基础相对薄弱。明确和了解我国学生校园欺凌的发生机制,也即校园欺凌是怎样发生的,有哪些因素发挥着具体作用,是科学、有效开展校园欺凌防治实践,构建校园欺凌长效防治机制的重要理论基础。尽管现有研究已从社会、学校、家庭等不同方面对我国学生的校园欺凌影响因素进行了探究和部分验证,但是,仍存在两大局限:其一,因素研究并不能有效揭示校园欺凌的发生路径,发生机制研究非常缺乏,未能有效指导进一步干预等实践活动;其二,实证研究成果仍相对不足,未能明确揭示我国校园欺凌的真实发生过程。

其次,关于我国校园欺凌发生机制的模型构建相对单一。现有实证研究大多将家庭、学校等因素在校园欺凌发生中的作用进行单独分析,而忽视家庭和学校在校园欺凌发生过程中的合力作用,以及当控制其中一方的作用后,另一方是否还能发挥作用,或者两者作用大小或作用方向的差异如何,因此未能明确家庭和学校在校园欺凌发生中的具体作用,也未能够全面揭示我国学生校园欺凌发生机制的具体路径。此外,我国学生校园欺凌的异质性表现以及发生机制在不同学生群组中的稳定性或变异性也较少被关注。异质性研究是确保校园欺凌实现精准防治的重要环节,"一刀切"的做法显然并不能真正实现校园欺凌的长效防治,甚至极有可能会出现反弹现象,使未来防治实践工作陷入新的困境。

再次,现有研究较为关注导致校园欺凌发生的消极因素,相对忽视积极的、具有保护性且能够有效改变的因素。寻找校园欺凌发生机制中的保护性因素是确保校园欺凌防治实践顺利开展的重要前提,像家庭支持、校园氛围这类保护因子不仅能够作用于已经卷入校园欺凌的学生群体中,防止他们再次发生欺凌行为或被欺凌,也能够作用于其他未卷入校园欺凌的学生中,预防他们出现欺凌想法,避免他们成为被欺负的目标,从源头上阻断校园欺凌发生的可能性。

最后,关于校园欺凌发生机制与防治实践的结合研究目前仍相对空白。虽然现有发现中使用关于混合研究方法对我国校园欺凌现象进行探究的研究并不少见,但均未将研究中揭示的校园欺凌发生机制与现实防治实践进行对比、整合分析。大部分研究侧重于对现状进行一般性调查和描述性分析,而后对事先拟定的访谈方案和干预方案进行实施、分析或评估,显然忽视了校园欺凌发生机制这一重要前提,忽视了"理论联系实际""从实践中来到实践中去"的认识论。因此,无论是实证研究,还是质性研究,研究发现能够有效作用于教育防治实践才是实践价值所在。

第二章 家校场域学生校园欺凌发生机制研究设计

本书旨在通过量化研究和质性研究相结合的研究方式对校园欺凌的发生及防治进行探究,也即,通过明确揭示校园欺凌在家校两种场域下的发生机制(发生过程、发生路径)及当前校园欺凌防治中现存的问题,提供针对性防治建议和对策。为回应研究问题,实现研究目的,本书的目标主要划分为四个部分:(1)完善校园欺凌测量工具;(2)分析我国校园欺凌现状与特征;(3)基于文献梳理构建家校场域下校园欺凌发生机制模型,检验该假设模型的合理性,最后验证校园欺凌发生机制在异质性群体中的稳定性或变异性;(4)揭示校园欺凌防治实践中存在的关键问题并进行教育反思。

第一节 研究对象

本书对象主要为初一至高三学生、中学校长、教师、家长等群体,每种研究方法分别涉及不同的研究对象和不同样本大小或群体大小,具体内容详见下文介绍。

一、问卷调查对象

本书中的问卷调查分为量表测量问卷(量化数据)和开放式问卷(质性资料,主要为文本信息)两个部分,均由研究者本人参与和负责。其中,量表测量工作主要用于修订量表,揭示当前校园欺凌现状与特征,探索和验证校园欺凌发生机制。量表测量数据的调查对象均为在校学生,包括初一到高三学生,样本总量为10 482人,其中男生4 851人,女生5 630人,未填写性别

1 人。被试年龄范围为 12～21 岁,平均年龄 15 岁。开放式问卷的调查对象主要为学校管理者和在职教师,该数据采集自我国西南部地区某市的城、乡中学的学校管理者群体和教师群体。其中,学校高层管理者(校长)5 人,其中 2 位来自城市学校,3 位来自乡村学校;中层管理者共 73 人,包括 8 位安全办主任,32 位教导主任,33 名团委书记;教师被试共有 601 人,包括 63 位班主任和 538 位任课教师。被试具体人口学信息详见第六章。

二、访谈对象

本书中,访谈对象主要涉及学校内部管理人员、在职教师、学生群体、学生家长以及法院和教育部门相关人员。学校内部管理人员包括某乡镇中学校长、副校长各 1 位、城区中学校长 1 位。在职教师有七年级、八年级班主任共 2 位、任课教师 4 位(小组访谈)。学生包括八年级学生 4 名(小组访谈)、九年级学生 5 名(小组访谈 4 名,个人访谈 1 名)。此外还有学生家长 1 名,法院工作人员 1 名,教育部门管理人员 1 名。

三、个案对象

个案研究对象为一名八年级在读学生,女生,是长期遭受校园欺凌的受害者之一。据班主任提供的信息,该生在校期间已出现严重的社交焦虑和社交退缩行为,经常独来独往。在正式研究前和研究过程中,该生已处于情绪相对平稳期和行为正常阶段。在获得学生本人及监护人同意和允许后,该生在其所在班级班主任带领下与研究者进行第一次面对面交谈。研究者基于多次、深入交谈和观察展开个体研究,具体方法包括面谈和线上访谈两种形式。此处需要注意的是,因研究者在实地调研前已考取国家心理咨询师二级、三级证书且在权威心理咨询机构从事过相关服务工作,因此能够在同时具有专业知识和实践经验的基础上对该生进行个案研究。在不具备心理咨询专业相关知识和服务背景下,极其不建议其他或后继从事校园欺凌的研究者们对存在严重心理问题或已经出现心理危机的学生群体(既包括欺凌者,也包括受害者及欺凌—受害者)盲目进行访谈或个案研究。

第二节　研究变量

一、主要变量

(一)因变量

校园欺凌是本书的因变量(dependent variable),既包括学生的欺凌行为,也包括学生的受害遭遇,也即欺凌和受害。本书不仅对欺凌和受害及五种欺凌类型(身体、语言、人际、财物和网络)进行探讨,如,包括欺凌和受害的现状分析、人口学差异分析、发生机制模型的构建、检验与验证,也对学校领域中各层级变量对不同欺凌角色的影响关系进行深入分析。

(二)自变量

家庭支持和校园氛围是环境变量,也是本书中的自变量(independent variable)。在具体分析时,首先对家庭支持进行水平分类,以考查其与不同校园欺凌角色的关系;其次在校园欺凌发生机制中将家庭支持作为主要自变量进行检验和验证。校园欺凌氛围总分、由总分粗略划分的高低水平以及由潜在类别分析检验出的不同类别对校园欺凌不同角色相关和预测关系,均是作为自变量的不同形态进行校园欺凌研究的范畴。校园欺凌氛围总分以及分维度(教师支持、同伴支持和自主性)作为自变量总分进行校园欺凌发生机制的构建、检验和验证是本书的重点所在。

(三)中介变量

父母行为控制、学校欺凌水平和越轨同伴交往是本书的中介变量(mediating variable)。在家庭场域的发生机制模型中,父母行为控制是家庭支持自变量与校园欺凌因变量间的第一阶中介变量,越轨同伴交往是第二阶中介变量。在学校场域模型中,虽然学校欺凌水平也是环境变量,同样可以预测学生个体的欺凌和受害程度,但其隶属于学校氛围环境且会受学校氛围的影响而发生相应变化。因此,学校欺凌水平是介于校园氛围自变量和校园欺凌因变量之间的中介变量。其中,学校欺凌水平为第一阶中介变量,越轨同伴交往的层次既低于学校氛围,也低于学校和班级欺凌水平,属于第二阶中介变量。

（四）人口学及其他变量

在以往问卷调查经验及参考校园欺凌相关研究的基础上，对与学生校园欺凌有关的人口学变量（demographic variable）进行调查，包括学生编号（用以匹配客观学业成绩、体测成绩等指标）、学校编号、性别、年龄、民族、户口、是否寄宿、是否残疾、是否独生子女、朋友数量、家庭收入、父母婚姻、父母关系、父母教育期望。此外，也包括班级欺凌水平、权力不平衡评估、欺凌发生的时空特征、受害者求助倾向、学业成绩、体测成绩、心理健康水平等。该部分信息的测量方法主要参考了 PISA 测验以及国内外相关研究的测量工具，具体详见第四章节介绍。

二、测量工具

（一）校园欺凌

以 Betts 等人修订的英文版校园欺凌和受害多维量表为原始测量工具[①]，通过将其翻译成中文，适当调整，修订为中文版校园欺凌和受害量表并对其进行信度、效度检验和初步运用，形成最终版测量工具以用于数据收集并对本书中校园欺凌现状和发生机制进行描述分析和假设模型检验。中文版校园欺凌和受害量表在总题项和维度划分上均与英文原始量表保持一致，欺凌和受害分量表分别有 20 个题项并分为身体、语言、人际、财物和网络五个维度（每个维度均有 4 个题项）。中文版校园欺凌和受害量表在作答方式上进行了部分修改，时间跨度由"一学年"调整为"一学期"，作答频率由 0～2 三级（"从未"、"1 次"和"超过 1 次"）计分调整为 0～4 五级（"从不""一次""两次""三次""三次以上"）计分。修订后的中文版校园欺凌和受害量表的信度和效度均符合心理与教育测量统计学标准且均良好（具体分析和检验报告详见本书第四章内容）。在初步运用中，中文版校园欺凌和受害量表的内部一致性系数 Cronbach's α 系数均为 0.95，正式使用中，其 Cronbach's α 系数均为 0.96。

---

① BETTS L R, HOUSTON J E, STEER O L. Development of the multidimensional peer victimization scale-revised（MPVS-R）and the multidimensional peer bullying scale（MPVS-RB）[J]. Journal of genetic psychology, 2015，176（2）：93-109.

（二）家庭支持与父母行为控制

采用国际经济合作组织官网公开的 PISA 测试中关于家庭支持的问卷对我国学生的家庭支持情况进行测量。[①] 该问卷已在中国学生群体中进行过测试,共包括 4 个项目,如"我能与自己的家庭谈论我的难题""在需要时候,我能够从家庭获得情感上的支持和帮助",采用 1～7 七级(极不同意至极同意)计分。在本书中,该问卷的 Cronbach's α 系数为 0.85。父母行为控制的测量基于 Jaccard 等人和 Stattin 等人的研究,旨在开展父母对子女交友行为控制的考查,共 1 个项目:"父母会明确告诉我,哪些朋友能够交往,哪些朋友不能够交往。"采用 1～4 四级(从不、有时、经常、总是)计分。[②][③]

（三）校园氛围

对校园氛围的测量基于 Jia 等人修订的校园氛围量表(Preceived School Climate Scale,PSCS)。[④] 该量表在 Brand 等人和 Emmons 等人开发的校园氛围问卷的基础上修订而成。[⑤][⑥] PSCS 旨在考查青少年(多指在校初中生和高中生)对所在学校校园氛围的感知,包括对教师支持、同伴支持的感知以及对自主性(参与学校或班级事务的可能性和积极性)的评估。该量表共有 25 个项目,其中,教师支持维度有 7 个项目,同伴支持有 13 个项目,自主性有 5 个项目。学生需要对所有题项进行四级(从不、偶尔、经常、总是)作

① OECD. PISA Test-Try PISA 2018 Test Questions[EB/OL].[2018-08-06]. https://www.oecd.org/pisa/test/.

② JACCARD J, BLANTON H, DODGE T. Peer influences on risk behavior: an analysis of the effects of a close friend[J]. Developmental psychology, 2005, 41(1):135-147.

③ STATTIN H, KERR M. Parental monitoring: a reinterpretation.[J]. Child development, 2010, 71(4):1072-1085.

④ JIA Y M, WAY N, LING G M et al. The influence of student perceptions of school climate on socioemotional and academic adjustment: a comparison of Chinese and American adolescents. Child development,2009,80(5):1514-1530.

⑤ BRAND S, FELNER R, SHIM M, et, al. Middle school improvement and reform: development and validation of a school-level assessment of climate, culture pluralism, and school safety [J]. Journal of educational psychology, 2003,95(3):570-588.

⑥ EMMONS C L, HAYNES N M, COMER J P. The school climate survey revised edition: elementary and middle school version[M]. New Haven: Yale University Child Study Center,2002.

答。将所有题项得分进行加总,总分越高表明校园氛围越积极,反之则越消极,同一所学校抽取的所有学生在校园氛围总量表上的得分均值即为该学校的整体校园氛围水平。Jia 等人将该量表分为英文版和中文版两个版本并对中、美青少年群体分别进行了测量,发现该量表具有跨文化等特性,同样适用于英语国家和中国的青少年。刘羽等人和杨雪等人的研究也证实,该量表中文版适用于测量我国青少年群体感知到的校园氛围。①② 本书使用的是该量表的中文版,经信度检验,PSCS 的内部一致性系数 Cronbach's α 系数为 0.92。

（四）学校整体欺凌水平

根据国内学者刘晓薇等人和雷雳等人对班级平均受欺凌水平的测量方法和划分标准,学校整体欺凌水平分别以学生对学校欺凌频率的评估为基础进行测量和水平划分。③④ 采用 Liket 1～4 四级计分法进行测量、计分,具体题项为"学校有同学欺负其他同学",作答选项中的 1～4 表示由"完全不同意"到"完全同意"。学生在该题项上的得分均分越高,表明其所在学校整体欺凌水平越高,高于全部学校均值的为学校整体欺凌水平高分组,低于或等于全部学校均值的为学校整体欺凌水平低分组。

（五）越轨同伴交往

结合国内外已有相关研究的测量方法,从 Elliott 等人研究中的 15 种行为中选择 7 种与青少年校园欺凌相关的越轨行为(旷课、违纪被处分、打架、抽烟喝酒、泡网吧、早恋和退学),并增添 3 种良好行为(学习刻苦、成绩优良、想上大学)作为反向题对越轨同伴交往进行综合测量。⑤ 在现有研究中,有

① 刘羽,杨洋,王晨旭,等.校园氛围和负性情绪对青少年自杀意念的影响:一项交叉滞后研究[J].心理与行为研究,2020,18(6):784-790.

② 杨雪,王艳辉,李董平,等.校园氛围与青少年的自杀意念/企图:自尊的中介作用[J].心理发展与教育,2013,29(5):541-551.

③ 刘晓薇,潘斌,李腾飞,等.班级环境如何影响受欺负者的适应?健康环境悖论及其发生机制[J].心理发展与教育,2021,37(2):298-304.

④ 雷雳,王燕,郭伯良,等.班级行为范式对个体行为与受欺负关系影响的多层分析[J].心理学报,2004(5):563-567.

⑤ ELLIOTT D S, HUIZINGA D, MENARD S. Multiple problem youth: delinquency, drugs and mental health problems[M]. New York: Springer, 1989.

越轨行为的同伴也称后进同伴、不良同伴,有良好行为的同伴也称上进同伴。[①②]　因此,越轨同伴交往的测量问卷可分为上进同伴和后进同伴两个分维度。总的来说,该问卷共有 10 道题,包含 3 个"良好"题项和 7 个"越轨"题项,采用 Liket 0~2 三级计分法,0 表示"没有这样的",1 表示"一两个这样的",2 表示"很多这样的"。其中,前 3 道题为反向计分题,后 7 道题为正向计分题,各题项得分加总后即为越轨同伴交往总分,总分越高表明越轨同伴交往越频繁,越低则表明越轨同伴交往越少。在本书中,该问卷的总体内部一致性系数(Cronbach's α)为 0.91,上进同伴交往和后进同伴交往分维度的内部一致性系数(Cronbach's α)分别为 0.90 和 0.92。

三、数据来源与处理分析

(一)数据来源

本书量化数据共10 482个样本,包含初一到高三学生,有男生 4 851 人,女生 5 630 人,未填写性别 1 人,学生被试年龄范围为 12~21 岁,平均年龄 15 岁。数据主要来源于两部分,研究者本人均参与和负责了此次数据的收集和处理分析(包括后续质性资料)等工作。在总样本数据中,一部分数据采集自我国西部地区 C 市义务教育学生学科素养监测项目,样本量为 4 704,男生 2 156 人(占比 45.6%,未填写性别 1 人),女生 2 548 人(占比 54.1%),性别比例相对均衡,被试年龄范围为 13~17 岁,平均年龄 15 岁;另一部分数据采集自我国西南地区某省会城市下属地区的城、乡中学学生数据,样本量为 5 777,男生 2 695 人,女生 3 082 人,被试年龄范围为 12~21 岁,平均年龄 15 岁。

(二)数据处理与分析

使用统计分析软件(SPSS 25.0,Process 3.2,PSM 插件、Amos 21.0 和 Mplus 8.3)对问卷调查收集到的数据进行有效性筛选、维度计分、信效度检验、描述统计和模型检验等。具体统计分析内容主要包括:(1)修订版校园欺凌量表的信度、效度检验及量表初步运用中的有调节的中介模型检验;

---

①　苏萍,张卫,喻承甫,等.父母婚姻冲突、不良同伴交往对初中生攻击行为的影响:一个有调节的中介模型[J].心理科学,2017,40(6):1392-1398.

②　黄宸.初中生教育期望的关键影响因素及其群体异质性研究[D].重庆:西南大学,2020.

(2)校园欺凌现状分析与特征分析;(3)研究变量间相关分析和差异分析;(4)校园欺凌发生机制模型的检验;(5)校园欺凌发生机制模型的跨群组验证。

第三节　研究方法

一、文献分析法

文献分析法(literature analysis)是指通过文献检索库对检索到的相关文献进行系统性汇总、整理、分析,对某一研究现象或问题形成较全面的认识,以及了解某一研究领域最新研究动态的研究方法。这是开展科学研究最常用、最基础也最必需的方法。[1][2] 在搜集文献时,文献的来源、发表日期、使用样本、发表期刊的权威性以及信息发布机构的权威性等均是需要考虑的重要条件。本书使用到的数据库及官方网站主要有:(1)中文核心数据库:中国知网(https://www.cnki.net)、万方数据库(https://www.wanfangdata.com.cn)、维普数据库(http://www.cqvip.com)、中国大百科全书数据库(https://h.bkzx.cn)、台湾学术数据库(http://www.airitilibrary.cn)等;浏览的权威网站主要有中国政府网(http://www.gov.cn)、中华人民共和国教育部政府门户网站(http://www.moe.gov.cn)、国家统计局(http//www.stats.gov.cn)、最高人民检察院(https://www.spp.gov.cn)及中国互联网络信息中心(http://www.cnnic.cn)等。(2)外文核心数据库:web of science;外文官方网站:联合国教科文组织官网(https://www.unesco.org)、国际经济合作组织官网(https://www.oecd.org)、世界卫生组织官网(https://www.who.int)、PISA官网(https://pisa20.asip.org)及联合国儿童基金会官网(https://www.unicef.cn)等。本书通过以"校园欺凌""欺凌""欺负""同伴侵害""school bullying""bullying""peers

---

[1] 黄李辉,阮永平.文献分析法在我国管理会计研究中的应用:基于33篇样本文献的分析[J].财会通讯,2017(4):39-43.

[2] 刘述.QQ在网络教学中的应用研究综述:基于CNKI的文献分析[J].中国远程教育,2013(3):33-38.

victimization""bully/bullies/victim/victims"等核心概念为关键词在上述数据库或网站进行文献搜索,筛选合适的文献(约 500 篇)进行下载和汇总分析,以便为解决本书提出的研究问题提供丰富的理论研究依据。

二、问卷调查法

问卷调查法(questionnaires)是指通过事先编订好的标准化问卷或量表对所要研究的问题进行量化处理或汇总分析,进而解决研究问题的方法。狭义的问卷调查法主要指量化调查,广义的问卷调查法既包含量化调查,也包含质性调查。[①] 问卷调查法是目前获取量化数据或质性信息最便捷且最有效的方法。在量化问卷或量表的选择上,根据相关著作、期刊文献资料和实地调研的经验,共总结出 3 个需要遵循的重要原则:(1)需具有良好的信度、效度。信度和效度是衡量测量工具是否稳定、可靠的最直接的指标。(2)需适用于所要研究的对象。对于国际量表,由于文化的差异,需要考虑是否适用于中国样本。针对已成熟的量表,则需要考虑该量表的适用年龄段(儿童、青少年、成人等)、适用学段(学前、小学、中学、大学等)、适用职业(医护人员、军人、教师等)、适用角色(教师、家长、学生等)和适用性别(男性、女性)等。(3)题量需适宜。最好选择经过信效度检验的最新版或简化版量表,放弃题量较大的原始量表,这是因为大量的题项会使得被试产生抵抗情绪,影响数据的真实性和有效性,最终影响研究结果的可靠性和研究结论的有效性(生态效度、可推广性)。质性调查以开放式问卷为主,应注意所调查的内容是否契合研究主题、被试对问题的排斥程度以及题量是否适宜等问题。本书中,问卷调查分两步进行,第一步是通过量化问卷和量表对研究中的自变量、因变量、中介变量、人口学信息进行数据收集和分析处理,第二步则通过开放式问卷收集来自校长等中高层管理者以及教师群体对校园欺凌的认识、态度、看法以及欺凌防治实践和建议等信息,为分析校园欺凌防治实践现存问题建立信息库。

三、访谈法

访谈法(interview)是教育学研究方法中的核心质性研究方法之一,是

---

① 张建人,罗奕然,凌辉,等.基于问卷法的代际与生涯发展的工作价值观研究[J].中国临床心理学杂志,2020,28(3):600-604.

指访谈者在访谈提纲的基础上，与受访者进行系统化的面对面交流以获取与研究问题或研究目的直接相关的第一手资料和信息。① 根据谈话走向和内容与访谈提纲出入程度，访谈法又可分为结构化访谈（structured interview）和半结构化访谈（semi-structured interview），后者在实际调研中的使用更为频繁，通常能够获取更多细节或补充信息。本书中采用的便是相对灵活的半结构化访谈，在预先拟定好的访谈提纲的基础上，对受访者进行更多更深入的信息交流，以探究校园欺凌发生的真实原因，比较与实证研究的差异并提出相应的校园欺凌干预或防治对策建议等。本书主要对中学校长、副校长、班主任、学生（欺凌者、受害者、欺凌—受害者、无参与者）及家长等多方主体进行系统访谈，通过面对面的交流，获取有关我国当前校园欺凌防治实践的原始、真实的信息和材料等，为分析我国校园欺凌防治存在的关键问题奠定实证基础。

四、个案研究法

个案研究法（case study）也称案例研究、个案历史法、个案调查，是指对单一研究对象进行系统化、深层次考察的研究方法，通过使用多种方法收集与研究对象有直接关系的资料信息，从而形成对有关问题深入、全面的认识和结论。②③ 在社会学、法学、心理学及教育学领域被广泛用以揭示某种具有代表性个案背后所真实反映的社会问题、法律问题、心理或教育问题。研究对象通常为个人、某一特殊群体、组织或事件等，其中个人是当前社会学、教育学等研究中较为常见且应用较普遍的研究对象。④⑤ 个案研究法的具体实施手段既包含访谈、观察，也包含文本信息收集（如日记、成绩单）、测验、实验、录音、录像等。与访谈法、观察法等不同的是，个案研究法旨在对小范围的特定个体或群体进行深入剖析，该过程是多次、持续进行的，而非

① 王远新.访谈法在语言田野调查实践中的运用[J].民族教育研究,2021,32(6):58-65.

② 王富伟.个案研究的意义和限度:基于知识的增长[J].社会学研究,2012,27(5):161-183.

③ 温忠麟.教育研究方法基础[M].2版.北京:高等教育出版社,2015:98-100.

④ 王烁.初中校园欺凌行为的个案研究:以陕西省西安X中学A学生为例[D].西宁:青海师范大学,2020.

⑤ 崔珍珍.乡村小规模学校校园欺凌发生机制的个案研究[D].兰州:西北师范大学,2021.

一次性完成信息收集工作。因此,相较于其他质性和量化研究方法,个案研究法能够相对全面地厘清某一问题的来龙去脉和前后因果,探究其间可能存在的某些发展规律,形成对该问题的系统认识和精准结论。但是,个案在便于深入研究的同时也带有不可避免的局限性,也即个案研究的缺点——代表性和典型性问题。由于小样本本身(尤其是以单个个体为对象的个案研究)存在着特异性,如特殊的生命历程(家庭变故、疾病等)、特殊的时代和文化背景等,使得个案研究中得出的结果、结论等较难推广到其所在群体或其他群体中。因此,对于研究者来说,如何选择合适的个案是在进行个案研究前考虑的最主要问题。[①]

在本书中,亲身经历过校园欺凌的学生是优先考虑的个案对象,然而基于社会赞许效应,欺凌行为本身是不被社会允许的,为了迎合社会(此处为研究者)的期待,校园欺凌中的欺凌者、欺凌—受害者极有可能会有意隐瞒真实的欺凌细节,甚至会说谎为自己的行为开脱,使其合理化以被人们接受。基于此,校园欺凌中的长期受害者是最终选定的个案对象,研究者通过观察、访谈、资料收集等方法对欺凌事件发生的前后因果以及源头和发展过程进行考察。

五、观察法

观察法(observation)是研究者本人或协助研究员通过自身观察或借助观察仪器(如录音、录像设备)对所要研究的现象或问题进行长期或短期的观察和记录的研究方法。[②] 在本书中,观察法是作为开放式问卷、访谈法等主要质性研究方法的辅助方法开展的,主要包括对所观察学校与校园欺凌有关的校园环境、管理制度、校园文化等进行查看和了解,同时也就学校的周边环境进行一定的观察。

六、统计分析法

统计分析方法(statistical analysis method)是指借助统计分析软件,运用统计学中的计算方法对所收集到的数据进行相应的分析与检验。其目的主要在于通过将实际数据与理论模型进行比对,揭示变量间的真实关系进

①　张立昌,南纪稳."走出个案":含义、逻辑和策略[J].教育研究,2015,36(12):99-104.

②　温忠麟.教育研究方法基础[M].2版.北京:高等教育出版社,2015:98-100.

而用以指导实践活动。[1][2] 本书是基于量化和质性的混合研究,量化研究为主,质性研究为辅。因此,统计分析法是解决本书问题的重要研究方法。本书中采用的统计分析软件主要有 SPSS 25.0、Process 3.2、PSM 插件、Amos 21.0 和 Mplus 8.3,各个软件分别对应不同的数据处理和分析过程。SPSS 25.0 首先用于对中文修订版的校园欺凌和受害量表进行信度、效度检验,展开初步运用,包括项目分析、结构效度检验、效标关联效度检验、内部一致性信度检验、分半信度检验和有调节的中介模型检验;其次,用于对我国学生群体校园欺凌的发生率和常见类型进行分析,包括频率分析、独立样本 t 检验、F 检验等;最后,用于学校特征分析,主要研究变量间的描述统计和群组分组,包括列联表分析、卡方检验、多项式 Logistic 回归分析、积差相关分析、倾向值匹配分析和跨群组模型比较。Mplus 8.3 主要用于对校园氛围分类——潜在类别分析。Process 3.2 和 Amos 21.0 主要用于对建构的发生机制模型进行检验和跨群组验证,确定发生机制的最终模型,包括 Bootstrap 链式中介分析和结构方程模型检验。PSM 插件主要用于对跨群组验证中的群组匹配进行分析,确定性别、独生、寄宿、城乡、民族等群组的匹配人数,为跨群组验证做准备。关于不同统计分析方法的适用条件和选用依据详见第四章至第五章内容。

第四节 研究思路

本书围绕我国中学生群体校园欺凌的发生机制及防治策略这一核心研究主题,以家庭和学校两个场域为核心分析视角,以"提出问题—明确问题—解决问题—回应问题"为研究逻辑,通过定量和定性混合研究设计方法开展系列研究,以期为精准化开展校园欺凌防治实践提供相应依据和指导,贯彻落实我国校园欺凌治理政策以及完善校园欺凌长效防治机制。首先,结合我国当前社会结构特征、教育发展特点以及欺凌防治政策等背景,提出家校场域分析视角下我国中学生校园欺凌发生机制研究与防治的研究问

---

[1] 田浩,罗方.大数据时代统计分析方法应用研究[J].机械设计,2021,38(5):149.

[2] 张厚粲,徐建平.现代心理与教育统计学[M].5 版.北京:北京师范大学出版社,2021.

题。其次,以场域理论、生态系统理论及群体社会化理论为问题分析框架,通过回归和总结国内外现有文献,进一步明确家校场域中我国中学生校园欺凌发生机制与防治的研究问题,找出家庭和学校场域中与校园欺凌密切相关的核心变量。再次,通过问卷调查、访谈、个案研究、观察、统计分析等混合方法循序渐进地解决上述研究问题,解决过程包括:完善校园欺凌测量工具,调查分析当前校园欺凌现状与特征,构建且检验、验证基于家校场域的校园欺凌发生机制,揭示校园欺凌防治实践中的关键问题。最后,通过总结主要研究发现、展开讨论以及基于研究发现提出针对性建议与对策等环节对问题解决的情况进行回应。本书的研究思路详见图 2-1。

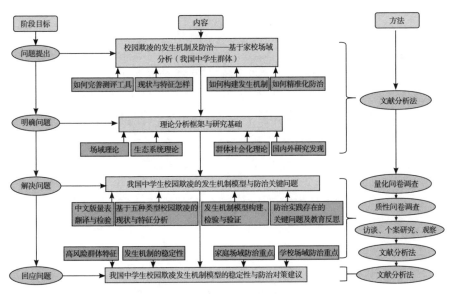

图 2-1　我国学生校园欺凌发生机制与防治研究思路图

第三章　校园欺凌测量工具修订

正如第二章关于校园欺凌测量工具的小节所言，开发一份适用于中国学生的、全面的、规范的和具有普适性的校园欺凌量表对于清楚了解我国青少年校园欺凌的发生、发展现状尤为重要，甚至是首要的、急需的。因此，在综合比较和权衡多个国内外校园欺凌测量量表的基础上，本书选择了 Betts 等人修订的相对全面、规范、普适的多维校园欺凌量表，对其进行规范的中文翻译并在我国中学生群体中进行施测和试用，以探讨该量表在我国中学生样本中的适用性。

第一节　校园欺凌量表英文原版介绍

校园欺凌量表（Multidimensional School Bullying Scale，MSBS）英文原版量表包含两个子量表——修订版同伴欺凌多维量表（Multidimensional Peer Bullying Scale，MPBS-R）和修订版同伴受害多维量表（Multidimensional Peer Victimization Scale，MPVS-R）。来自英国诺丁汉特伦特大学（Nottingham Trent University）心理学系的 Betts 等人，在 Mynard 和 Joseph 于 1997 年开发的同伴受害多维量表 MPVS 的基础上修订了包含网络欺凌在内的校

园欺凌量表。①②

　　Mynard 和 Joseph 在对 812 名 11～16 岁英国中学生（其中，男生 402 人，女生 410 人，平均年龄 13 岁）进行施测的基础上编制了 MPVS 且在国际范围内被广泛使用（包括中国样本）。MPVS 旨在了解包括初中生和高中生在内的青少年在过去一学年内遭受同伴侵害的程度，通常被用以考察中学生校园欺凌中欺凌及受害的现状以及与其他外部环境因素或内部心理因素的作用关系。该量表共有 16 个项目，子量表包括身体受害（physical victimization）、语言受害（verbal victimization）、人际操纵（social manipulation）和财物损坏（attacks on property）四个方面，采用 0～2 计分，0 表示"从未"，1 表示"1 次"，2 表示"超过 1 次"。随着互联网技术的高速发展、智能手机的普及和手机端社交软件的高频使用及其功能的不断优化，网络攻击也逐渐加入校园欺凌类型的行列，这种突破时空限制的数字化欺凌行为，正推动校园欺凌向更恶劣的方向发展。

　　Betts、Houston 和 Steer 基于对校园欺凌新形式的——网络欺凌的考虑，通过对英国中学生进行测量，修订了 MPVS 并形成了同伴欺凌多维量表和同伴受害多维量表，也即 MPBS-R 和 MPVS-R（此处为修订后缩写，英文文献原始缩写为 MPVS-RB）。为方便表达，故在此处将 MPBS-R 和 MPVS-R 统称为校园欺凌量表（Multidimensional School Bullying Scale，MSBS），下同。MSBS 的施测对象为 371 名在校青少年，其中，男生 280 人，女生 191 人，平均年龄为 13 周岁 4 个月（$SD=1$ 年 2 个月）。在作答方式上以及身体、语言、人际和财产四个子量表的具体题项上，MSBS 保持了 MPVS 原格式不变。新增的题项集中在网络欺凌（electronic peer bullying）和网络受害（electronic peer victimization）子量表上，具体包括：

　　① BETTS L R，HOUSTON J E，STEER O L. Development of the multidimensional peer victimization scale-revised（MPVS-R）and the multidimensional peer bullying scale（MPVS-RB）[J]. Journal of genetic psychology，2015，176（2）:93-109.

　　② MYNARD H. JOSEPH S. Bully/victim problems and their associations with Eysenck's personality dimensions in 8 to 13 year-olds[J]. British journal of educational psychology，1997,67:51-54.

1.网络欺凌

(1)向某人发送了令人讨厌的信息；

(2)在社交网站上对某人说了一些刻薄的话；

(3)在聊天室写下对某人的恶意；

(4)使用即时通信工具写了关于某人的令人讨厌的东西。

2.网络受害

(1)向我发送令人讨厌的信息；

(2)在社交网站上对我说一些刻薄的话；

(3)在聊天室写了对我的恶意；

(4)使用即时通信工具写了关于我的令人讨厌的东西。

验证性因素分析(confirmatory factor analysis)结果显示,无论是欺凌量表还是受害量表,包括网络欺凌和网络受害子量表在内的五因子模型(five factor model)均为最佳拟合模型,表明 MSBS 具有良好的结构效度。将欺凌和受害与自尊进行关联分析,结果显示,欺凌和受害总分以及子维度分均与自尊存在显著($p<0.05$)或极其显著($p<0.001$)的相关关系且相关系数多在 0.1～0.3,与自尊的概念区分较为明显,表明 MSBS 具有良好的校标关联效度。可靠性估计(estimated reliability)结果显示,总量表和五个子量表在总体样本以及男生、女生样本中的信度系数均在 0.8 以上,符合心理与教育测量统计标准,表明 MSBS 信度良好。综上,MSBS 是一个能够相对全面测量中学生校园欺凌且具有良好信、效度的测量工具。MSBS 英文原版两个子量表题项分别如表 3-1 和表 3-2 所示:

表 3-1　修订版同伴欺凌量表(MPBS-R)

	MPBS-R
Physical	1.Punched another person
	2.Kicked another person
	3.Hurt someone physically in some way
	4.Beat another person up
Social	5.Tried to get somebody into trouble with their friends
	6.Tried to turn another person's friends against them
	7.Refused to talk to another person
	8.Made other people not talk to another person

续表

	MPBS-R
Verbal	9.Called another person names
	10.Made fun of person names because of their appearance
	11.Made fun of person names for some reason
	12.Swore at somebody
Attack on property	13.Took something of another person's without permission
	14.Tried to break something off that belonged to another person
	15.Stole something of another person
	16. Deliberately damaged some property that belonged to another person
Electronic	17.Sent somebody a nasty text
	18. Said something mean about somebody on a social networking site
	19.Wrote spiteful things about somebody in a chat room
	20.Wrote nasty things to somebody using instant messenger

表 3-2　修订版同伴受害量表(MPVS-R)

	MPVS-R
Physical	1.Punched me
	2.Kicked me
	3.Hurt me physically in some way
	4.Beat me up
Social	5.Tried to get me into trouble with my friends
	6.Tried to turn my friends against me
	7.Refused to talk to me
	8.Made other people not talk to me
Verbal	9.Called me names
	10.Made fun of me because of my appearance
	11.Made fun of me for some reason
	12.Swore at me

续表

MPVS-R
Attack on property
13.Took something of mine without permission
14.Tried to break something of mine
15.Stole something of mine
16.Deliberately damaged some property of mine
Electronic
17.Sent me a nasty text
18.Said something mean about me on a social networking site
19.Wrote spiteful things about me in a chat room
20.Wrote nasty things to me using instant messenger

第二节　校园欺凌量表的中文修订及信效度检验

一、校园欺凌量表的翻译及修订

在通过正式邮件通信获得校园欺凌量表(MSBS)英文原版开发者的权利许可后,本研究组建了由熟练掌握问卷和量表编制及修订程序,且能够流利使用中英双语进行学术研究的心理学、教育学博士研究生团队对英文原版进行翻译。采用回译法对英文原版量表的中文表述进行斟酌和敲定。回译法的具体做法是:对原版量表完成英译中之后,再对初步翻译的中文量表进行中译英任务,多次、反复翻译,以保证翻译后的中文题项能够最大程度适用于中国被试群体。

结合当前时代背景下互联网和通用性社交软件在我国的发展实况,翻译后的中文版校园欺凌量表(Chinese Version of Multidimensional School Bullying Scale,MSBS-CV)包括中文版同伴欺凌量表(Chinese Version of Multidimensional Peer Bullying Scale,MPBS-CV)和中文版同伴受害量表(Chinese Version of Multidimensional Peer Victimization Scale,MPVS-CV)。该量表在英文原版的基础上进行了适当修订,修订的题项主要集中在网络欺凌/受害部分。通过参考国内外众多研究者编制和修订的一系列网络欺凌量表,以 Betts 等人的英文原版量表为修改本体的中文版多维校园欺凌量表修订内容如下:(1)原量表的"Sent somebody a nasty text/Sent me a nasty text"修改为"在社交平台(例如电子邮件、微博、短信、QQ、微信)上取笑某个同学/取笑我";(2)原量表的"Said something mean about somebody on a social networking site/Said something mean about me on a social networking site"修改为"在社交平台(例如电子邮件、微博、短信、QQ、微信)上叫某个同学的外号/叫我的外号";(3)原量表的"Wrote spiteful things about somebody in a chat room/Wrote spiteful things about me in a chat room"修改为"在社交平台(例如电子邮件、微博、短信、QQ、微信)上说某个同学的坏话/说我的坏话";(4)原量表的"Wrote nasty things to somebody using instant messenger/Wrote nasty things to me using instant messenger"修改为"在社交平台(例如电子邮件、微博、短信、QQ、微信)上威胁恐吓某个同学/威胁、恐吓我"。

此外,中文版量表在欺凌/受害发生的时间范围以及问卷的作答选项、计分方式上也做了适当调整。英文原版量表的时间范围为"在过去的一学年中",该时间跨度相对过于宽泛,增加了被试对欺凌事件发生的具体情境及频次的回忆难度,较难了解校园欺凌在受测学生群体中的真实发生频率。因此,在国内众多校园欺凌量表关于时间跨度设计的基础上,中文版量表将原本的"一学年"缩短为"一学期",也即,"在过去的一学期中"。与此同时,原量表的作答选项范围0~2("从未""1 次""超过 1 次")的频率划分也稍显笼统,尤其是选项 2"超过 1 次",存在无法有效区分受测学生是否为经常受欺负对象的问题,不利于了解校园欺凌的真实发展状况。因此,在中文版量表中,作答选项由原来的 0~2 三级计分重新划分为 0~4 的五级计分,其中,0 表示"从不",1 表示"一次",2 表示"两次",3 表示"三次",4 表示"三次以上"。中文修订版校园欺凌量表见表 3-3 和表 3-4 所示,修订后的具体指导语与作答选项见附录1。

表 3-3　中文版同伴欺凌量表(MPBS-CV)

	中文版同伴欺凌量表
身体欺凌	t1 拳打某个同学
	t2 踢某个同学
	t3 用其他方法使某个同学受伤
	t4 用其他方法打某个同学

续表

	中文版同伴欺凌量表
人际破坏	t5 令某个同学跟他/她的朋友不和
	t6 尝试使某个同学的朋友反对他/她
	t7 拒绝和某个同学说话
	t8 令其他人不跟某个同学说话
语言欺凌	t9 叫某个同学的外号
	t10 因某个同学的外表取笑他/她
	t11 因其他原因取笑某个同学
	t12 用粗口咒骂某个同学
财物损坏	t13 没经某个同学的准许拿他/她的东西
	t14 尝试打破某个同学的东西
	t15 偷某个同学的东西
	t16 故意破坏某个同学的财物
网络欺凌	t17 在社交平台(例如电子邮件、微博、短信、QQ、微信)上取笑某个同学
	t18 在社交平台(例如电子邮件、微博、短信、QQ、微信)上叫某个同学的外号
	t19 在社交网络(例如电子邮件、微博、短信、QQ、微信)上说某个同学的坏话
	t20 在社交平台(例如电子邮件、微博、短信、QQ、微信)上威胁、恐吓某个同学

表 3-4　中文版同伴受害量表(MPVS-CV)

	中文版同伴受害量表
身体受害	t1 拳打我
	t2 踢我
	t3 用其他方法使我受伤
	t4 用其他方法打我
人际受害	t5 令我跟我的朋友不和
	t6 尝试使我的朋友反对我
	t7 拒绝和我说话
	t8 令其他人不跟我说话

续表

中文版同伴受害量表	
语言受害	t9 叫我的外号
	t10 因我的外表而取笑我
	t11 因其他原因而取笑我
	t12 用粗口咒骂我
财物受损	t13 没经我的准许拿我的东西
	t14 尝试打破我的东西
	t15 偷我的东西
	t16 故意破坏我的财物
网络受害	t17 在社交平台(例如电子邮件、微博、短信、QQ、微信)上取笑我
	t18 在社交平台(例如电子邮件、微博、短信、QQ、微信)上叫我的外号
	t19 在社交平台(例如电子邮件、微博、短信、QQ、微信)上说我的坏话
	t20 在社交平台(例如电子邮件、微博、短信、QQ、微信)上威胁、恐吓我

二、中文版校园欺凌量表效度检验

效度分析旨在检验中文版校园欺凌量表(MSBS-CV)的所有题项(条目)和子量表(分维度,也即概念结构)等具体指标是否能够准确反映校园欺凌这一上位概念。根据台湾师范大学邱政皓编写的《量化研究与统计分析——SPSS(PASW)数据分析范例解析》以及吴明隆编写的《问卷统计分析实务——SPSS操作与应用》等书中的建议[1][2],参考《特拉华欺凌受害量表(家长卷)中文版修订》[3]《小学生学业拖延量表的编制》[4]等文献,此处对MSBS-CV的效度检验主要包括三个部分:考察所有题项与总分间相关程度及其自身区分度的条目分析、探索最佳因子模型的结构效度检验以及探究与其他关联变量的区分程度的校标关联效度检验。具体检验过程及结果

---

① 邱政皓.量化研究与统计分析:SPSS(PASW)数据分析范例解析[M].重庆:重庆大学出版社,2013.

② 吴明隆.问卷统计分析实务:SPSS操作与应用[M].重庆:重庆大学出版社,2013.

③ 李莎,谢家树,苏洁,等.特拉华欺凌受害量表(家长卷)中文版修订[J].中国临床心理学杂志,2021,29(4):712-716.

④ 李玉华,霍珍珍,王雪珂,等.小学生学业拖延量表的编制[J].中国临床心理学杂志,2021,29(5):931-936.

如下：

（1）项目分析。项目分析旨在对量表所包含的所有题项是否代表量表所测量的概念以及题项是否具备有效区分度进行检验，主要包括相关分析和差异分析。相关分析的具体做法为分析被试在各个题项上的单一得分与量表总分之间的相关关系。在相关显著（$p<0.05$ 或 $p<0.01$ 或 $p<0.001$）的前提下，相关系数越高表明各个题项与量表所测量概念的符合程度就越高，也即指标的准确性程度越高。一般来说，相关系数应在0.5及以上。进行差异分析时，需首先对全部被试在量表上所得的总分由高到低进行排序；其次，分别选取排序后总分在前、后 27% 的被试，分别划分为所测概念特征的高分组和低分组（或高水平组和低水平组）；最后，对高分组和低分组被试的得分进行独立样本 t 检验。若 t 检验结果显著，则表明高分组与低分组被试在量表得分上存在显著的统计学差异，量表题项具有很好的区分度，反之，量表题项区分度较差，建议对较差题项进行合理修改。

使用 SPSS 25.0 对 4 705 名 13～17 岁学生（被试具体分布特征详见第二章的研究对象部分）在 MSBS-CV 上作答的数据进行分析，相关分析结果显示：欺凌子量表和受害子量表的全部题项均与各自的总分存在 0.01 水平上的显著相关关系（也即，至少有 99% 的把握可表明相关关系成立），相关系数均为正值（$r>0$），且除 t9（0.588/0.598）、受害 t1（0.680）、受害 t13（0.643）、受害 t18（0.697）外，其他题项与总分的相关系数均在 0.8 左右。进一步 t 检验结果显示，欺凌子量表高低组之间存在差异显著（$t=113.22,p<0.001$），欺凌高分组均值显著高于低分组均值（$M_高=41.42,M_低=0$）；受害子量表也发现了同样的结果，受害高低组间差异显著且高分组显著高于低分组（$t=139.22,p<0.001;M_高=48.17,M_低=0.29$）。因此，MSBS-CV 子量表的题项均能够有效代表相应的概念且具有较好的区分度。详细结果见表 3-5 所示。

表 3-5　MSBS-CV 题项与量表总分相关系数及显著性（$N=4\ 705$）

题项	欺凌量表总分	受害量表总分
t1	0.777**	0.680**
t2	0.821**	0.739**
t3	0.824**	0.747**
t4	0.793**	0.749**
t5	0.815**	0.758**

续表

题项	欺凌量表总分	受害量表总分
t6	0.778**	0.781**
t7	0.756**	0.761**
t8	0.829**	0.772**
t9	0.588**	0.598**
t10	0.824**	0.739**
t11	0.801**	0.759**
t12	0.782**	0.743**
t13	0.810**	0.643**
t14	0.842**	0.785**
t15	0.834**	0.750**
t16	0.831**	0.790**
t17	0.820**	0.767**
t18	0.754**	0.697**
t19	0.828**	0.757**
t20	0.808**	0.727**

注：** $p < 0.001$。

（2）结构效度检验。结构效度的检验思维主要是因素分析（factor analysis），包括探索取向的探索性因素分析（exploratory factor analysis，EFA）和验证取向的验证性因素分析（confirmatory factor analysis，CFA）。EFA 是第一步，其目的是对量表可能存在的因子模型（即量表维度或分量表的个数）进行初步尝试，通过对统计指标的判断确定最佳模型。CFA 是第二步，旨在对探索性因素分析中选定的最佳模型进行验证，以确保最佳模型是符合测量统计学要求且量表能够被广泛使用的。

由于 MSBS-CV 是英文原版量表的中文修订版，不属于原始量表的初次编制且未对原版量表的维度和题量进行增减，因此，只需对原版量表既定的一阶五因子模型进行验证而无需重复进行探索性因素分析。一阶是指一个潜在变量，此处分别指欺凌量表中（MPBS-CV）的欺凌概念和受害量表中（MPVS-CV）的受害概念，五因子是指潜在变量的五个测量指标，此处指身体、人际、语言、财物和网络五个维度。为确保一阶五因子模型在不同群体样本中的稳定性,借鉴李莎等人的做法,分别对该模型在总体样本、男生子样本、女生子样本中的拟合程度进行检验。使用 Amos 21.0 分别构建MSBS-CV 两个子量表在总体样本、男生样本和女生样本中的一阶五因子模型。模型拟合结果显示:除 $\chi^2/df>5$ 外(可能与样本量较大有关,该指标非模型拟合关键指标且对样本量的变化尤为敏感,当样本量大于 200 时,该指标的值大于 5 也在可接受范围内),欺凌子量表和受害子量表一阶五因子模型在总体、男生和女生样本中的拟合指标均符合测量统计学标准,模型均可接受(GFI、RFI、IFI、TLI 和 CFI 均高于临界值 0.90,RMSEA 均小于临界值0.05)。与此同时,各个题项在所属维度上的因子载荷显著且均在 0.5 以上。因此,MSBS-CV 子量表各自的结构效度均良好。具体结果见表 3-6 所示。

表 3-6　MPBS-CV/MPVS-CV 一阶五因子模型拟合结果

		χ^2/df	GFI	RFI	IFI	TLI	CFI	RMSEA
MPBS-CV	总体	7.96	0.98	0.98	0.99	0.98	0.99	0.38
	男生	6.39	0.98	0.97	0.98	0.97	0.98	0.49
	女生	6.94	0.98	0.97	0.98	0.97	0.98	0.49
MPVS-CV	总体	7.38	0.98	0.98	0.98	0.98	0.99	0.37
	男生	4.81	0.97	0.97	0.98	0.98	0.98	0.41
	女生	6.17	0.97	0.96	0.98	0.97	0.98	0.49

注:χ^2/df 临界值为 5,理论上应低于 5;GFI、RFI、IFI、TLI、CFI 临界值为 0.90,应高于 0.90;RMSEA 临界值为 0.05,应低于 0.05。

(3)校标关联效度检验。将 MPBS-CV 和 MPVS-CV 作为校标,检验其与父母行为控制(此处指父母对子女交友行为的控制)的相关程度。已有文献证实,父母对子女的行为控制与校园欺凌密切相关。[1] 与心理控制容易增加子女外化问题(如攻击、欺凌)相反,行为控制通常会在一定程度上减少子女出现问题,降低欺凌同伴或被欺凌目标的风险。[2] 因此,将父母行为控制

---

[1]　LIU Q, PAN H, HUANG Y, et al. Left-behind status and bullying in Chinese rural children: the roles of parental supervision and support and friends in puppy love [J]. Journal of interpersonal violence,2022(5-6):2729-2750.

[2]　叶宝娟,杨强,胡竹菁.父母控制、不良同伴和感觉寻求对工读生毒品使用的影响机制[J].心理发展与教育,2012,28(6):641-650.

作为检验的关联变量是可取的。相关分析结果显示,MPBS-CV 和 MPVS-CV 的总分及分维度均与父母行为控制存在较为显著的相关关系(p 值均小于 0.05)且相关系数均小于 0.5,表明两个量表的校标关联效度均良好。综上,中文版同伴欺凌和同伴受害量表的效度均良好。

三、中文版校园欺凌量表信度检验

信度是检验量表是否具有可靠性的必不可少的测量统计标准。常见的信度检验方法有内部一致性信度检验、分半信度检验和重测信度检验。一般来说,包含两种方法的信度检验结果足够证明量表的可靠性程度。此外,考虑到重测的实际可行性问题,此处将主要对中文版校园欺凌量表进行前两种信度检验。

Cronbach's α 系数是内部一致性信度分析的指标,它的取值范围为 0~1,该值越高,说明量表内部一致性程度越高,各个题项间的相关性也越好,但 Cronbach's α 系数应至少大于 0.6,否则量表不具备符合测量学的可接受的信度。从中文版校园欺凌量表的内部一致性检验结果发现,MPBS-CV 和 MPVS-CV 量表总分和分维度的 Cronbach's α 系数均在 0.8 以上,具体值分别为:0.97,0.95,0.90,0.87,0.82,0.90;0.89,0.87,0.89,0.83,0.84,0.85,说明两个子量表内部一致性较好。由于子量表的题项均为 20 个,分半后的题项均为 10 个,且长度相等,因此,选择输出结果中的 Spearman-Brown(Equal Length)对应的数值。分半信度检验结果显示,MPBS-CV 和 MPVS-CV 的 Spearman-Brown(Equal Length)值分别为0.93,0.95,表明分半信度非常好。综上,中文版同伴欺凌和同伴受害量表的信度均较好。

第三节 中文版校园欺凌量表的初步运用

虽然前文的检验结果已经表明中文版校园欺凌量表具有良好的信度与效度,且符合统计测量学要求,但在对后续现状与特征分析、发生机制模型检验与跨群组验证等正式的运用研究而言,该量表的初步运用,尤其是在异质性群体中的运用,仍是十分必要的。本小节主要对中文版校园欺凌量表在我国农村青少年群体中的运用及相应模型进行初步检验。目前,对来自家庭因素和学校因素的干预一直以来都是国际反校园欺凌关注的重点。青春期是青少年自我意识发展的第二个高峰期(第一个高峰期在婴儿阶段)。[①] 该时期,青少年更加渴求同伴群体对自身各方面的认可并极力减弱自婴儿期以来对父母的依赖,摆脱父母对自身的控制。系统探究家庭和学校双维度影响因素是有效开展反校园欺凌的干预等教育实践活动的重要前提。此处主要对父母行为控制、越轨同伴交往、性别如何影响我国农村青少年欺凌和受害以及它们之间的具体作用路径进行研究。

一、父母行为控制对青少年校园欺凌的影响

在集体主义文化背景下,受儒家传统文化影响的中国父母普遍表现出较高的子女控制倾向。需要强调的是,父母控制并非只有单向的消极影响。根据现代教养理论,父母对子女的控制包括心理控制和行为控制,心理控制是指父母试图限制子女的思想和感受(如引发内疚、爱的撤回、权力专制等),行为控制是指父母通过制定明确的规则、规范和规定等试图监督子女的日常行为活动(如主动询问、行为干涉等)。国内学者叶宝娟等人的研究发现,父母心理控制增加了工读生子女的问题行为(如毒品使用)的风险,相反,父母行为控制则降低了子女问题行为的发生。[②] 这一结论得到了国内外其他研究者的支持。Li 等人针对父母控制与欺凌的研究发现,中国父母的行为控制确实降低了青少年遭受校园欺凌的风险。[③] 然而,关于父母行为控制,尤其是交友行为控制对校园欺凌的影响机制目前并不清楚,仍需继续探究。

二、越轨同伴交往、性别差异与青少年校园欺凌

由于对同伴认同的渴求,青少年会发展自身同伴群体或积极融入已有同伴群体,其中不乏不良同伴群体。不良同伴群体也称后进同伴(如逃课、吸烟、打架、早恋、退学的同伴等),在国际上的普遍概念为越轨同伴(deviant peer),该概念也逐渐被越来越多的国内研究者接受,因此,此处采用越轨同

---

① 林崇德.发展心理学[M].3 版.北京:人民教育出版社,2018:11.

② 叶宝娟,杨强,胡竹菁.父母控制、不良同伴和感觉寻求对工读生毒品使用的影响机制[J].心理发展与教育,2012,28(6):641-650.

③ LI D,ZHANG W,WANG Y. Parental behavioral control, psychological control and Chinese adolescents' peer victimization: the mediating role of self-control[J]. Journal of child and family studies,2015,24(3):628-637.

伴指代不良同伴。越轨同伴交往(deviant peer affiliation)与青少年校园欺凌密不可分,是校园欺凌屡禁不止的主要原因之一。群体社会化理论(Group Socialization Theory)和社会学习理论(Social Learning Theory)充分阐释了越轨同伴对学生欺凌行为的消极影响。父母行为控制能够明显减少我国青少年与越轨同伴的交往。[①] 此外,现有研究表明,我国农村青少年更容易经历校园欺凌,有超过一半的农村学生报告曾被同龄人欺负过。[②③] 根据国家统计报告,2016 年起我国已有约 9 496 万学生居住在中国农村,也即,可能有超过4 700万的农村学生曾遭受过或正在遭受不同程度的校园欺凌。农村青少年的校园欺凌问题不容忽视。相关研究发现,欺凌在性别中的差异也备受关注,许多研究发现男生比女生施加或遭受了更多校园欺凌,也有研究发现了相反结果。这一问题仍需更多样本和研究结果进行验证。

三、父母行为控制等与校园欺凌的基本假设

此处旨在揭示父母行为控制、越轨同伴交往和性别对中国农村(包括在镇上和村里的学校)青少年校园欺凌的影响机制。基于第一章的文献综述,我们提出如下研究假设:(1)家长行为控制(此处为交友行为控制)能够直接预测欺凌和受害。(2)越轨同伴交往在父母行为控制和欺凌/受害之间起中介作用,家长行为控制(此处为交友行为控制)也通过越轨同伴交往间接预测欺凌和受害。(3)越轨同伴交往的中介作用受到性别的调节。假设模型图见图 3-1。使用单个题项的父母交友行为控制、越轨同伴交往问卷和中文版校园欺凌量表对3 779名九年级学生(男生1 679人,女生2 100人,平均年龄14.98岁)进行了测量,以期为有效推进中学生校园欺凌防治工作提供必要的实证依据。

---

① 叶宝娟,杨强,胡竹菁.父母控制、不良同伴和感觉寻求对工读生毒品使用的影响机制[J].心理发展与教育,2012,28(6): 641-650.

② CHAN H C,WONG S W. Traditional school bullying and cyberbullying in Chinese societies: prevalence and a review of the whole-school intervention approach [J]. Aggression & Violent Behavior, 2015, 23:98-108.

③ LING L,ZHANG B,HAN W,et al. Study on the causes and prevention of junior high school bullying from the perspective of social control theory[J]. China educational technology, 2018,379:6-13.

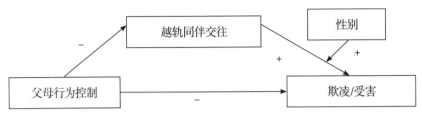

图 3-1　有调节的中介假设模型图

四、父母行为控制等预测校园欺凌的路径结果

统计分析结果显示:(1)内部一致性检验结果发现,中文版欺凌量表和中文版受害量表的 Cronbach's α 系数均为 0.95,表明修订后的两个量表在农村青少年群体中依然具有良好的信度;(2)父母行为控制与校园欺凌和受害存在显著的相关关系($r<0$,$p<0.001$),父母对交友行为的监控与较少的欺凌和受害有较强的关联性;越轨同伴交往与校园欺凌和受害存在显著的正相关关系($r>0$,$p<0.001$),接触的越轨同伴越多,越容易存在欺凌行为和遭受欺凌;使用 Process 3.2 对有调节的中介模型进行验证,验证方法主要是 bootstrap 法,抽样 5000 次,判断结果是否显著的标准是置信区间是否包含 0,包含 0 则不显著,不包含 0 则显著。(3)直接效应检验结果显示,父母行为控制并不能直接显著预测农村青少年的欺凌和受害情况($\beta_{欺凌}=-0.03$,95%置信区间包含 0;$\beta_{受害}=-0.01$,95%置信区间包含 0)。(4)中介效应检验结果表明,越轨同伴交往的中介作用显著($\beta_{欺凌}=-0.02$,95%置信区间不包含 0;$\beta_{受害}=-0.02$,95%置信区间不包含 0),父母行为控制仅通过越轨同伴交往的间接作用影响欺凌和受害,父母行为控制能够减少越轨同伴交往进而降低农村青少年的欺凌行为和被欺凌的风险。(5)交互作用检验结果发现,性别的调节作用显著($\beta_{性别\times越轨同伴交往}=-0.02$,95%置信区间不包含 0),但仅存在于既欺凌他人又遭受他人欺凌的青少年群体中(也称具有双重身份的欺凌者/受害者),具体来说,女生比男生更容易在受越轨同伴的影响而发生欺凌行为的同时也遭受他人的欺凌。直接路径和间接路径分析结果见表 3-7,调节效应分析和实际模型图分别见图 3-2 和图 3-3。

表 3-7　父母行为控制影响欺凌与受害的直接路径、间接路径分析结果

路径	检验结果	
	效应值	95%置信区间
父母行为控制→欺凌	−0.03	[−0.06，0.01]
父母行为控制→越轨同伴交往→欺凌	**−0.02**	[−0.04，−0.01]
越轨同伴交往×性别→欺凌	0.06	[−0.02，0.14]
父母行为控制→受害	−0.01	[−0.05，0.03]
父母行为控制→越轨同伴交往→受害	**−0.02**	[−0.03，−0.01]
越轨同伴交往×性别→受害	**0.09**	[0.01，0.17]

注：加粗字体为显著结果。

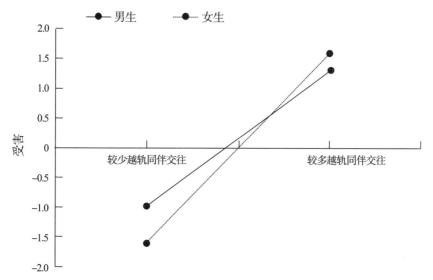

图 3-2　性别交互效应图

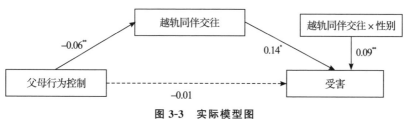

图 3-3　实际模型图

总之，在我国农村青少年群体中，家庭因素对校园欺凌的影响在一定程度上由同伴的完全中介作用实现。父母的行为控制作用于越轨同伴的交往

从而影响欺凌和受害行为的发生,且这一中介模型在女生群体中的效果更为明显。具体来说,父母对青少年交友行为的监管能够有效减少其结交具有不良行为的同伴,进而降低成为校园欺凌受害者的风险。这些发现不仅说明了父母在预防校园欺凌中的保护性作用,也更加强调了包括同伴在内的学校因素对反校园欺凌的首要作用。

第四章　学生校园欺凌现状与特征分析

第一节　校园欺凌的发生率及常见类型分析

欺凌和受害是校园欺凌中最常见的研究方向,本小节及后续小节就欺凌者和受害者视角对我国学生群体校园欺凌的特征进行统计分析,以初步了解校园欺凌的发生及发展现状。

一、欺凌发生率统计分析

欺凌的发生率按照被试的作答情况进行计算分析。对被试在所有题项上的作答得分进行加总,如果加总后总分为 0,表示在过去的一学期中该学生从未欺凌过他人;总分介于 1~20 分(包含 1 和 20,下同),表示偶尔欺凌过他人;总分介于 21~40 分,表示经常欺凌他人;总分介于 41~80 分,表示总是欺凌他人。

总体来说,参加此次调查的学生报告的欺凌他人的频率相对较低($M_{总体}$=5.27,SD=11.35),但男生报告的欺凌他人的频率($M_{男生}$=9.62,SD=13.16)远高于女生($M_{女生}$=5.25,SD=9.05)。此外,通过参考 Solberg 等人以及国内张文新等人对校园欺凌中欺凌者和受害者的划分依据对本书中的欺凌和受害现状进行分析,作答者在任意一个条目的得分大于等于 2 分(每月两三次),便可视为欺凌者或欺凌受害者。此次调查将欺凌同伴他人的经历依据频率高低程度分别界定为"从未欺凌过同伴他人""偶尔欺凌同伴他人""经常欺凌同伴他人""总是欺凌同伴他人",其中,"经常欺凌同伴他人"和"总是欺凌同伴他人"的学生,也即得分在 21 分及以上的学生,被视为校园欺凌中的欺凌者。总体来说，一半以上（58.92%）的学生报告曾经至少以一种方式欺凌过自己的同伴至少一次，偶尔欺凌同伴的学生占比 47.45%，经常欺凌同伴的学生占比达 9.06%，总是欺凌同伴的占比 2.41%。在男生群体中，这一结果更令人担忧，近三分之二（66.21%）的男生报告曾欺凌过同伴，而女生的人数比例则约为二分之一（52.63%）。然而，这一占比远高于 UNSECO 2019 年报告的全球范围内约有三分之一儿童经历过校园欺凌的结果，同时也高于赵婷婷 2018 年报告的基于全国 10 省市的调查结果（约 38.6% 的学生经历过不同程度的校园欺凌）。由此可见，我国中学生的校园欺凌状况不容乐观。

进一步数据正态性检验分析结果显示，学生在欺凌量表和受害量表上得分的偏度值分别为 2.38 和 1.75，峰度值分别为 7.03 和 3.18，两者均为显著结果（$p < 0.05$）。这一结果与样本量过大有关。正态性检验结果极易受到样本量的影响，当样本量过大时（大于 2 000）会出现假阳性结果，此时需要借助正态分布图进行判断。[①] 通过仔细观察图 4-1 和图 4-2 可知，此次数据均在均值两侧，相对对称且不存在明显的左偏态或右偏态趋势。此外，校园欺凌属于学生行为和心理发展的消极表现，更多地出现在特定群体中而并非完全均衡地存在于学生群体中，出现偏度和峰度偏离 0 的情况符合实际情况。因此，本次调查中，学生在校园欺凌量表上的作答相对符合正态分布。详细统计分析见表 4-1 和图 4-1、图 4-2。

表 4-1　校园欺凌量表得分分布表（$N = 10\ 482$）

		数据集中与离散程度		得分范围			
		M	SD	从未(0)	偶尔 (1～ 20 分)	经常 (21～ 40 分)	总是 (41～ 80 分)
欺凌	总体	7.27	11.35	4 306 (41.08%)	4 974 (47.45%)	950 (9.06%)	252 (2.41%)
	男生	9.62	13.16	1 639 (33.79%)	2 389 (49.25%)	635 (13.09%)	188 (3.87%)
	女生	5.25	9.05	2 667 (47.37%)	2 584 (45.90%)	315 (5.6%)	64 (1.13%)

①　邱政皓.量化研究与统计分析：SPSS(PASW)数据分析范例解析[M].重庆：重庆大学出版社,2013.

续表

		数据集中与离散程度		得分范围			
		M	SD	从未（0）	偶尔（1～20分）	经常（21～40分）	总是（41～80分）
受害	总体	11.73	15.14	3 094（29.52%）	5 087（48.53%）	1 672（15.95%）	629（6.00%）
	男生	14.26	16.66	1 257（25.91%）	2 236（46.09%）	965（19.89%）	393（8.11%）
	女生	9.55	13.32	1 837（32.63%）	2 850（50.62%）	707（12.56%）	236（4.19%）

注：男生 $n=4\,851$，女生 $n=5\,630$，性别缺失（未填写）$n=1$，总体人数＝性别总人数＋性别缺失人数。

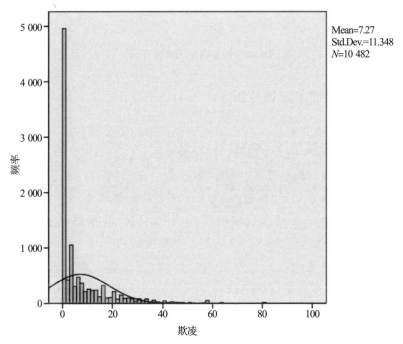

Mean=7.27
Std.Dev.=11.348
N=10 482

图 4-1　欺凌得分正态分布图

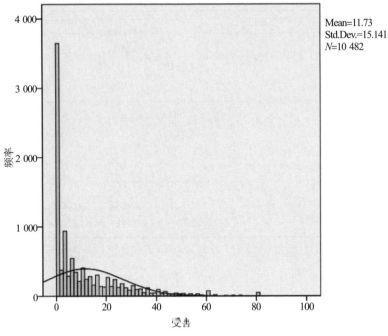

图 4-2　受害得分正态分布图

二、受害发生率统计分析

同欺凌发生率分析方法,学生在受害量表上的得分加总后,若总分为 0,表示在过去的一学期中从未遭受过同伴的欺凌;若总分介于 1~20 分(包含 1 和 20,下同),表示偶尔遭受过同伴欺凌;若总分介于 21~40 分,表示经常被同伴欺凌;若总分介于 41~80 分,表示总是被同伴欺凌。由表 4-1 可知,报告遭受过至少一次校园欺凌的学生占 70.48%,其中偶尔被欺凌的占 48.53%,经常被欺凌的占 15.95%,总是被欺凌的占 6%。在男生群体中,74.09% 的男生曾遭受过同伴欺凌,46.09% 的男生偶尔遭受过同伴欺凌,19.89% 的男生经常遭受同伴欺凌,8.11% 的男生总是遭受同伴欺凌。在女生群体中,67.37% 的女生曾遭受过同伴欺凌,50.63% 的女生偶尔遭受同伴欺凌,12.56% 的女生经常遭受同伴欺凌,4.19% 的女生总是遭受同伴欺凌。与欺凌发生率结果对比,学生报告的受害率显然高于欺凌率,男生报告的受害率明显高于女生。详细结果见表 4-1,受害得分正态性检验结果见上文和图 4-2。

三、校园欺凌常见类型及分布特征

以均值作为比较依据,对五种不同方面的欺凌和受害类型进行描述统计。雷达图结果显示(图 4-3),无论是欺凌还是受害,语言暴力都是校园欺凌中最常见且高频发的类型。对于欺凌者而言,对同伴的身体伤害居其次,再者是网络伤害和人际关系破坏,最后是财物损害;对于受害者来说,他们遭受最多的是财物损坏,接着是人际伤害和身体伤害,最后是网络伤害。这表明,语言暴力是校园欺凌中最频发却最容易被忽视的类型,它对受害者心理健康的消极影响也往往最容易被忽视。

具体来说,欺凌同伴他人的学生最常通过"叫某个同学的外号"(t9)、"踢某个同学"(t2)和"拒绝和某个同学说话"(t7)对同伴他人施加伤害,而受害者通常遭受来自"叫我的外号"(t9)、"没经我的准许拿我的东西"(t13)和"用粗口咒骂我"(t12)。与此同时,学生在受害量表上报告的被欺凌频率远远高于欺凌者报告的施加欺凌的频率。这很可能与社会赞许效应有关,欺凌者在一定程度上合理化了对同伴他人施加的伤害。详细结果见图 4-3 和图 4-4。

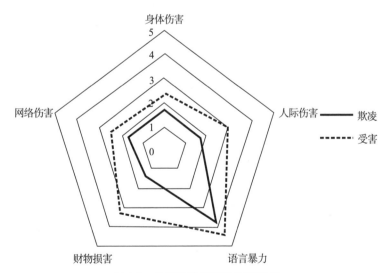

图 4-3　校园欺凌类型分布雷达图

注:身体伤害、人际伤害、语言暴力、财物损害和网络伤害在欺凌量表和受害量表上的均值分别为 1.24,1.05,3.04,0.88,1.07 和 1.76,2.15,3.53,2.5,1.8。

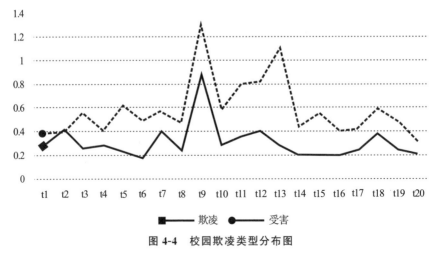

图 4-4　校园欺凌类型分布图

注:欺凌量表中 t9、t2、t7 的均值分别为 0.88,0.41,0.40;受害量表中 t9、t13、t12 的均值分别为 1.32,1.11,0.82。

第二节　校园欺凌差异分析

一、欺凌者与受害者权力不平衡评估

欺凌者与受害者之间的权力不平衡(power imbalance)是导致校园欺凌发生并持续、反复发生的前提条件。在同伴群体中,群体地位、学业能力以及身体发育程度是评估权力不平衡的主要依据。对权力不平衡进行评估有助于发现和了解欺凌者和受害者的个体差异,从而及时预防高权力学生成为霸凌者并降低弱势学生成为被欺凌对象的可能性。

(一)受欢迎程度评估

权力不平衡评估量表来源于 Felix 等人 2011 年开发编制的加利福尼亚欺凌受害量表(California Bully Victimization Sale)的子量表,主要用以了解受害者对自身与欺凌者之间在同伴中的受欢迎程度、学业上的聪明程度以及身体强壮程度比较结果的同意程度。① 该子量表的具体题项包括：(1)对你做出上述行为(欺凌受害量表内容)的人比你更受欢迎；(2)对你做出上述行为的人比你更聪明；(3)对你做出上述行为的人比你身体更强壮。同意程度由1~5表示，其中，1表示"非常不同意"，2表示"不同意"，3表示"一般"，4表示"同意"，5表示"非常同意"。

在同伴群体中的受欢迎程度一定程度上代表了学生获得同伴支持等社会支持的可能性，而来自同伴的支持是避免成为被欺凌的重要保护性因子之一。在此次调查中，在受欢迎程度上，学生总体报告的总体均值为2.50($SD=1.18$)，有接近一半(45.81%)的学生不认为欺凌他们的同伴比自己在群体中更受欢迎，而超过三分之一(35.95%)的学生表示中立看法。与此同时，接近五分之一(17.57%)的学生则认同施加欺凌的同伴确实比自己更受他人欢迎，这与越轨同伴交往有很大关联，欺凌者的欺凌行为在其不良同伴群体中会得到鼓励和正面强化，以此获得该群体的认同。独立样本 t 检验结果显示，男生报告的均值为2.49($SD=1.11$)，女生报告的均值为2.50($SD=1.25$)，t 值为0.32，$p>0.05$，性别差异不显著，表明男生和女生在对"对你做出上述行为的人比你更受欢迎"的看法上不存在显著的差异性。据此次调查结果，总体而言，校园欺凌行为在学生群体中并未得到认可，大多数的学生并不接纳具有欺凌同伴行为的人。详细结果见表4-2所示。

表4-2　权力不平衡评估表($N=10\ 482$)

		M	SD	t	非常不同意	不同意	一般	同意	非常同意	缺失
受欢迎程度	总体	2.50	1.18	0.32	2 743	2 059	3 768	1 187	655	70
	男生	2.49	1.11		1 197	863	1 752	605	411	23
	女生	2.50	1.25		1 546	1 195	2 016	582	244	47
聪明程度	总体	2.40	1.13	**2.41**[*]	2 871	2 508	3 476	1 014	504	109
	男生	2.42	1.08		1 252	1 046	1 629	542	333	49
	女生	2.37	1.17		1 619	1 461	1 847	472	171	60

---

① FELIX E D, SHARKEY J D, GREEN J G, et al. Getting precise and pragmatic about the assessment of bullying：the development of the California bullying victimization scale[J]. Aggressive behavior, 2011, 37(3):112-137.

续表

		M	SD	t	非常不同意	不同意	一般	同意	非常同意	缺失
身体强壮程度	总体	2.63	1.18	**7.19*****	2344	2 055	3 820	1 356	777	130
	男生	2.71	1.12		1 013	801	1 747	720	514	56
	女生	2.54	1.23		1 331	1 254	2 072	636	263	74

注：* 表示 $p<0.05$，** 表示 $p<0.01$，*** 表示 $p<0.001$，* 越多，结果的显著性相对越强，下同。

(二)聪明程度评估

调查数据显示，学生报告的聪明程度一定程度上反映其在教育上的表现。教育表现如何是学生在学校生活中的关键且首要的方面，同时也显著影响着同伴以及教师等对学生个人的综合评价和接纳程度等。由表 4-2 可知，过半(51.32%)的学生并不赞同欺凌过他们的同伴比自己更聪明，约三分之一的学生表示中立态度(33.16%)，低于五分之一的学生认同欺凌者比自身更聪明(14.48%)。t 检验结果显示，在学业聪明程度上存在统计学意义上的显著性别差异，$t=-2.41$，$p<0.05$。男生报告的均值显著高于女生报告的均值($M_男=2.42$，$M_女=2.37$)，表明男生更倾向于认为那些施加欺凌的同伴比自己在学业表现上更好。

(三)身体强壮程度评估

研究表明，身体发育上的优势通常会增加欺凌者向瘦小同伴施加伤害行为的可能性。体质较弱、肥胖或患有残疾的学生不仅在内在心理活动中经历着更多如低自尊、低自我效能感等较低自我评价的心理痛苦，同时在人际交往中也更容易遭受更多来自同伴的诸如叫外号、嘲笑、拒绝交往和挑拨关系等语言暴力或人际伤害。相比于受欢迎程度和聪明程度，学生对欺凌者比自身身体强壮的认同度更高，超过五分之一(20.35%)的学生表示赞同欺凌者的身体更强壮。性别差异检验结果表明，男、女生在身体强壮程度上的评估有着极其显著的差异($t=7.19$，$p<0.001$)，男生报告的欺凌者比自己身体强壮所占的比例远高于女生且均值大于女生，这表明在男生群体中的欺凌现象更多与身体发育有关联。详细结果见表 4-2。

二、校园欺凌发生的时空特征及求助取向

系统调研校园欺凌事件的高发时段和场所，有助于及时了解和明确欺

凌场所和常见时间段,为预防、及时发现并制止欺凌行为的发生提供了相对客观且真实的实践依据。调查数据显示,遭受欺凌的学生之所以较容易出现内化问题行为(如社交退缩、抑郁等,部分受害者甚至涉及自残、自杀未遂等严重心理危机)和外化问题(如逃课、辍学、反向欺凌、反社会行为等),很大程度上与求助者缺失和无效求助有关。对求助取向的调查,能够有效了解学生在校园欺凌在发生后更信赖哪些方面的帮助,这对于积极开展受害者心理干预有重要参考价值。

(一)欺凌发生的时间特点

根据已有文献和以往实地调研的经验,关于欺凌发生"时间"的选项共设置为三个:"课堂上""课间休息""放学后"。该题项为多选题,其中1代表"课堂上",2代表"课间休息",3代表"放学后"。频率统计分析结果显示,选择"课堂上"的人次为1 515次,"课间休息"的人次为6 709,"放学后"的人次为6 201。由此可见,欺凌行为多集中发生在课间休息和放学后等监管真空阶段,该时间段由于缺少班级教师和相关监护人的监管,客观上为欺凌者提供了可乘之机;与此同时受害者由于缺少必要的保护机制更容易遭受来自欺凌者的伤害。

(二)欺凌发生的空间特点

此次调查中,欺凌地点的设置共提供8个选项,包括"教室""卫生间""运动场""走廊""食堂""寝室""校园中其他地方""校园外",为多选题项。频率分析结果发现:填写人次最多的地点是"教室"(6 374次),其次是"寝室"(4 305次),再次是"校园外"(3 815次)和"校园中其他地方"(3 786次);填写人次较少的地点分别是:"运动场""走廊""卫生间";填写人次最少的地点是"食堂"。与以往影视和媒体报道中展示的恶性校园欺凌事件常见发生地点不同的是,此次基于一万多名我国中学生样本的问卷调查结果显示,欺凌的常见地点并非"卫生间"或者"校园外",而是学生之间产生交集较多的"教室"和"寝室"。同时,教室和寝室的填写人次远远高于其他地点的填写人次。这些看起来并无大碍的地方,实则最容易滋生学生朋辈之间的人际冲突和矛盾,而性质恶劣甚至涉及违法犯罪的校园欺凌也多是由这些看似不起眼的摩擦累积演变而来的。

(三)受害者求助对象倾向性

学生遭受欺凌后求助对象的选项设置有"没有对任何人提起""父亲"

"母亲""老师""同学""朋友",为多选题项。其中,求助对象最多的是"朋友"(5 362次),接着是"同学"(3 800次)和"没有对任何人提起"(3 047次);"父亲"(2 426次)和"母亲"(2 792次)是求助较少的对象;"老师"(1 479次)是求助最少的对象。这再次印证了,对于中学生来说,同伴群体是其身心发展过程中最依赖的对象,父母退居其次。这一发现与青春期个体心理发育特征,尤其是自我意识的发展和依恋发展特征刚好吻合。[①] 然而,在众多求助对象中,教师竟成为青少年最不愿求助的对象。遭受同学欺凌后,受害者不倾向于认为教师能够为其伸张正义、合理惩罚欺凌者,更不愿相信教师能够有效解决自己所面临的人际冲突而使自己免遭长期、持续的欺凌和伤害。这一结果无疑引人深思,师生间的不信任关系严重制约了校园欺凌的及时防治以及恶性欺凌事件的预防。

三、欺凌与受害人口学差异分析

人口学差异的分析旨在探明校园欺凌中的欺凌者和受害者以及具有双重身份的欺凌——受害者分别具有怎样的个体差异特征,以期为早期预防校园欺凌提供相对客观的参考依据。此小节的分析方法主要是差异分析,对于分组只有两组的类别组采用独立样本 t 检验法,对于多于两组的类别组则采用 F 检验法(假设检验,也称方差比率检验)。各组别具体分析过程和结果详见下文。

(一)性别差异

性别差异是校园欺凌系列研究中不可忽视的重要生物学特征。明确校园欺凌及不同类型在男、女生群体中的各自特点,对于有针对性地进行校园欺凌的干预及防治等教育实践活动有着重要的现实指导意义。参与性别差异特征调查的被试共有10 482人,其中男生4 851人、女生5 630人、1 人未填写性别。t 检验结果显示:性别在欺凌总分、受害总分及五种类型上均存在极其显著的差异性($p < 0.001$)且男生报告在各项上报告的得分均值均显著高于女生($M_{男生} > M_{女生}$)。很显然,相比于女生,校园欺凌在男生群体中更为高发,男生不仅表现出更高的欺凌行为实施率,也更容易成为受欺凌的目标。这一发现支持了校园欺凌不应被抹掉性别差异特征、笼统划一,而应被有区分地看待和防治的结论。此外,男生通常被认为更喜欢使用直接攻击

---

① 林崇德.发展心理学[M].3 版.北京:人民教育出版社,2018.

方式,如进行肢体侵害的身体攻击,而女生更擅长使用间接攻击,如排斥、疏离和谩骂等人际破坏或语言攻击等。然而,在本次分析中,无论是直接方式的欺凌和受害,还是间接方式的欺凌和受害,男生群体中的发生率都远远多于女生群体。换言之,男生在很大程度上应成为防治校园欺凌教育活动中的重点关注对象。

（二）年级差异

从参与施测的学生群体中分层抽取初一到高三的学生,各个年级人数所占的比例相对均衡。其中,初一学生 766 人,初二学生 647 人,初三学生405 人,高一学生 596 人,高二学生 730 人,高三学生 726 人。F 检验结果显示:(1)欺凌和受害及其他五种类型在年级上的差异均极其显著(F 值均大于临界值且 $p<0.001$)。(2)两两比较结果发现,初一学生报告的欺凌和受害及各类型的均值均显著高于其他年级(均值差>0,95％置信区间不包含0),其次是初二学生(均值差>0,95％置信区间不包含 0),再次是高三学生(均值差>0,95％置信区间不包含 0),最少的是高一和高二学生(两者不存在显著差异,95％置信区间包含 0)。由于刚刚脱离小学校园环境转入全新的中学校园环境,初一新生面临着学业、人际、住宿等诸多学校适应问题且不具备有效的解决策略,初二学生正处于过渡期,人际冲突日渐增多,高三学生正在经历人生的重要转折期,巨大的学业压力下也面临着更多人际冲突和心理健康问题,因此,处在这三个阶段的学生更容易发生欺凌和受害事件。但校园欺凌频发的高峰期仍然在初一年级,其他年级大体呈现依次减少的现象。这一结果与张文新等人的研究发现相一致,支持了在中学阶段校园欺凌随着年级增加而减少的实证研究结果。

（三）身体特征差异

国内外众多研究发现,身体发育上异于常人的特征(如种族、是否残疾、体重等)更容易使学生成为受欺负的对象。虽然从日常生活经验中可推测,具有劣势发育特征的个体更容易被欺凌,但这一先验结论仍需实证证实。考虑到被试的作答情绪(如抵触情绪)、作答真实性和数据有效性等因素,此处对身体特征的调查主要选取了相对具有代表性的"是否残疾"和"体重"两个方面进行。参与残疾与否题项的被试共有4 705人。由于标准体重的考察需要客观数据(体测数据)并在结合真实身高的基础上进行算分,此部分数据的收集相对较为困难,因此参加体重题项的被试群体为小样本调查,共有270 人。

　　"是否残疾"题项设置为迫选题:"是"或"否"。被试的作答中,身体残疾的学生共有 191 人(占比 4.1%),身体正常的学生有 4 451 人(占比 94.6%),未填写 63 人(占比 1.3%)。t 检验结果显示:欺凌、受害和五种类型在残疾与否题项存在非常显著的差异($p < 0.01$)。即使身有残疾的学生人数只占抽样人数的 4.1%,但无论在欺凌总分、受害总分还是五种类型上,他们报告的分数均值都远远高于身体正常的学生($M_{残疾} > M_{非残疾}$)。由此可见,身体残疾的学生往往比其他同龄人更容易遭受校园欺凌,但出人意料的是,他们也同样比其他学生更容易发生欺凌行为,也即,他们具有欺凌—受害双重身份。这很有可能与社会学习和群体社会化有关。欺凌模式不仅成为他们反对不公平待遇、发泄负面情绪的方法,同时也在同化过程中成为他们解决人际冲突的最常用方式。

　　根据国家卫生健康委员会 2018 年最新发布的《学龄前儿童青少年超重与肥胖筛查》标准,研究者首先基于国际身体质量指数(Body Mass Index,BMI)计算方式计算所抽取被试的标准体重,其次按照年龄和性别特征将所抽取被试的体重划分不同类型的标准体重等级,包括低体重、正常、超重和肥胖。[①] 通过与施测学校的多次沟通和协商并在保证被试的知情同意权后,获取被试在新一轮国家义务教育质量监测方案(2020)中的体测数据,包括身高和体重数据。共有 270 名中学生参与了此次调查,其中,低体重学生有 30 人(占比 11.1%),正常体重学生有 155 人(占比 57.4%),超重学生有 21 人(占比 7.8%),肥胖学生有 7 人(占比 2.6%),由于各种原因未能提供体测数据的学生有 57 人(占比 21.1%)。F 检验结果显示:(1)欺凌总分和受害总分在体重等级上并不存在显著差异($p > 0.05$),分维度上仅有语言欺凌和网络受害的主效应显著($F_{语言欺凌} = 3.16, p < 0.05; F_{网络受害} = 2.69, p < 0.05$)。(2)进一步事后检验发现,正常体重学生在欺凌总分、身体欺凌和人际破坏上的得分显著高于超重学生,在网络欺凌上的得分高于低体重学生(均值差 > 0,95% 置信区间不包含 0);肥胖学生在语言欺凌上的得分高于其他类型学生(均值差 > 0,95% 置信区间不包含 0);在受害量表上,正常体重学生在网络受害上的得分高于低体重学生(均值差 > 0,95% 置信区间不包含 0);其他组别和类别的比较均不显著(95% 置信区间包含 0)。由此可见,

---

　　① 中华人民共和国国家卫生健康委员会.学龄儿童青少年超重与肥胖筛查[EB/OL].[2018-03-30]. http://www. nhc. gov. cn/wjw/pqt/201803/a7962d1ac01647b9837110bfd2d69b26.shtml.

虽然肥胖学生遭受到的语言欺凌和其他方面的欺凌与其他学生相比并无差异,但他们更倾向于对同伴施加语言欺凌。这一现象很可能与肥胖学生心理敏感性较高有关,即使面对同等程度的欺凌,他们的情绪反应往往更强烈,进而导致反向欺凌的发生。此外,正常体重的学生是欺凌和受害的主要人群,他们实施欺凌的行为和遭受欺凌的伤害的频率比肥胖和偏瘦(低体重)的学生相对更频繁。

四、家庭状况差异与欺凌、受害

(一)家庭收入水平与欺凌、受害

家庭收入在此处表示父母的月收入总额。通过参考、比较我国不同地区城镇低收入群体划分标准相关文献后,将父母月收入总额低于2 000元的情况归为低收入家庭,2 000～8 000元归为中等收入家庭,8 000元以上归为高收入家庭(注:此处的中、高收入是相对的,并非全国性划分标准)。在此项调查中,低收入家庭有3 186人(30.4%),中等收入家庭有6 589人(62.9%),高收入家庭有247人(2.4%),未报告收入460人(4.4%)。F 检验结果显示:(1)除语言欺凌(F 值均小于临界值且 $p>0.05$)外,欺凌和受害及其他五种类型在家庭收入状况上均存在极其显著的差异(F 值均大于临界值且 $p<0.001$)。(2)两两比较结果发现,高收入家庭学生在欺凌总分和五种类型上的均值最高且显著高于低收入家庭和中等收入家庭学生(均值差>0,95%置信区间不包含0)。在受害及其类型上,中等收入家庭学生报告的均值明显低于低收入家庭和高收入家庭(均值差<0,95%置信区间不包含0),但低收入和高收入家庭学生报告的均值并不存在显著差异(95%置信区间包含0)。校园欺凌中的施害者更有可能来自家庭经济状况较好的学生,同样他们也更容易遭受校园欺凌,而家庭经济状况较差的学生被欺凌的风险相对更高。

(二)父母婚姻状况与欺凌、受害

父母的婚姻状况深刻影响着其子女的身心健康发展。在本次调查中,参与父母婚姻状况调查的被试共5 777人,父母在婚的有5 066人(占比87.7%),离异的有358人(占比6.2%),丧偶的有133人(占比2.3%),再婚(改嫁或再娶)的有220人(占比3.8%)。F 检验结果显示:(1)欺凌和受害及各自五种类型在父母婚姻状况上均存在显著差异(F 值均大于临界值且 $p<0.05$)。(2)两两比较结果发现,父母再婚(改嫁或再娶)学生在欺凌总分

和五种类型上的得分最高且明显高于父母在婚的学生(均值差＞0,95％置信区间不包含0),但与父母离异学生的差异并不显著(95％置信区间包含0);同样,与父母在婚的学生相比,父母再婚(改嫁或再娶)的学生也遭受了更多来自他人的欺凌伤害(均值差＞0,95％置信区间不包含0)。这一结果表明,重组家庭使得学生在与同龄人的相处中更容易发生问题行为,卷入校园欺凌的旋涡,成为具有双重身份的欺凌—受害者。然而,以往的研究较多集中于离异家庭对子女身心健康发展的影响,而忽视了再婚家庭存在的诸多适应问题带给子女心理和行为发展的消极影响,这无疑在很大程度上妨碍了对校园欺凌真实状况的客观认识。

(三)父母关系与欺凌、受害

父母关系的题项是:"你同意下面的说法吗？我父母关系很好。"选项设置有:1"非常不同意",2"不同意",3"没有感觉",4"同意",5"非常同意"。其中,选项1、2代表父母关系好,选项3代表父母关系一般,选项4、5代表父母关系好。报告父母关系不好的学生有638人(11.1％),父母关系一般的有647人(11.2％),父母关系好的学生有3 317人(57.4％),未报告的学生有1 175人(20.3％)。F检验结果发现:(1)欺凌和受害及五种类型在父母关系程度上的差异均显著(F值均大于临界值且$p<0.05$);(2)事后比较结果显示,无论是在欺凌及其类型上,还是受害及其类型上,父母关系不好和关系一般的学生报告的均值均高于父母关系好的学生(均值差＞0,95％置信区间不包含0),父母关系不好和父母关系一般的学生间报告的均值则并无显著差异(95％置信区间包含0)。家庭中父母关系的不和谐很有可能加剧了子女在同伴群体中的人际冲突致使他们在校园欺凌中更容易成为施加者和受害者。

(四)父母教育期望与欺凌、受害

父母教育期望的题项是:"你父母对你的教育期望是",期望程度从低到高分别为:1"无所谓",2"现在就不要念了(辍学)",3"初中毕业",4"高中毕业(包括中专/技校、职业高中和普通高中毕业)",5"大学专科和本科毕业"以及6"研究生毕业(包括硕士和博士研究生)"。父母教育期望程度由低到高报告的人数分别为:220(2.1％),174(1.7％),185(1.8％),1 510(14.4％),3 358(32.0％),4 805(45.8％),未作答学生有230人(2.2％)。F检验结果发现:(1)欺凌和受害及五种类型在父母教育期望程度上的差异均显著(F值均大于临界值且$p<0.05$)。(2)事后比较结果显示,无论是在欺凌及其类

型上,还是受害及其类型上,父母对自己的学业无所谓和希望自己初中毕业的学生报告的均值远高于其他期望程度的学生(均值差>0,95%置信区间不包含0),父母希望自己初中毕业的学生报告的均值高于父母对自己学业无所谓的学生间(均值差>0,95%置信区间不包含0);除"无所谓"和"初中毕业外"外,随着父母教育期望程度的提高,欺凌和受害及具体类型的欺凌和受害都在显著减少,父母希望读到"研究生毕业"的学生报告的均值远远低于其他程度的学生(均值差<0,95%置信区间不包含0)。父母对学生的教育期望仅限于当前,甚至比当前低的期望程度,带给学生的影响是最消极的,甚至大过父母对子女教育持有无所谓态度的情况。可能的原因是,父母低于自己能力范围的教育期望在很大程度上代表着对子女学业能力的不信任和明确的否定态度,这种态度使得学生无法从家庭获取积极的支持,进而更容易在学校生活学习中消极怠慢,卷入校园欺凌在内的违纪行为中。总之,父母对子女消极的教育期望一定程度上预示了校园欺凌的发生。

自我教育期望的题项是:"你希望自己读到什么程度",期望程度从低到高分别为:1"无所谓",2"现在就不要念了(辍学)",3"初中毕业",4"高中毕业(包括中专/技校、职业高中和普通高中毕业)",5"大学专科和本科毕业"以及6"研究生毕业(包括硕士和博士研究生)"。自我教育期望程度由低到高报告的人数分别为:158(1.5%),259(2.5%),940(1.8%),1 653(9.0%),4 464(42.6%),2 387(22.8%),未作答学生有 621 人(5.9%)。F 检验结果发现:(1)欺凌和受害及五种类型在自我教育期望程度上的差异均极其显著(F 值均大于临界值且 $p<0.001$)。(2)事后比较结果显示,无论是在欺凌及其类型上,还是受害及其类型上,希望自己辍学的学生报告的均值明显高于其他期望程度的学生(均值差>0,95%置信区间不包含0);其次是无所谓和初中毕业的学生(两者均差不显著,95%置信区间包含0);随着自我教育期望由高中提高到本科再提高到研究生,学生报告的欺凌和受害及具体类型均在逐渐减少,期望自己读到研究生毕业的学生报告的值最少(均值差<0,95%置信区间不包含0)。

与父母教育期望相比,学生对自身的教育期望相对较低,其中,希望自己辍学和读完初中的占比高于父母,更多的学生(42.6%)希望自己读完大专或本科即可,对高学历(研究生,22.8%)的期待明显低于父母(45.8%)。此外,与父母教育期望分析发现不同的是,希望自己"现在就不要念了(辍学)"的学生所报告的欺凌行为和受害经历都远远高于其他期望程度的学生,无所谓和希望初中毕业的学生次之。总之,自我教育期望的提高能够预示学生卷入校园欺凌可能性的降低,而消极的自我教育期望则增加了学生卷入校园欺凌的风险。

五、校园欺凌经历与教育表现差异

教育表现是学生在校发展的重要方面。教育表现不仅限于学生在学业上的表现,也包括学生的身心发展状况等。在此小节,对学生教育表现的考察主要从学业成绩、体质健康和心理健康三个方面展开,以了解校园欺凌中的未参与者、欺凌者、受害者和欺凌—受害者(指既是欺凌者又是受害者,不涉及先后)在这些方面的表现如何,是否存在显著的差异性以及差异性集中体现在哪些方面,为促进学生全面发展、健康发展,提高学校教学质量,推动提升我国基础教育质量提供一定的借鉴依据。

此小节数据分析过程分两步进行:首先对所施测学生(共 270 人)的欺凌经历进行分类,统计结果发现,从未参加过校园欺凌的学生有 42 人(15.6%),单一欺凌者有 4 人(1.5%),单一受害者有 46 人(17.0%),欺凌—受害者有 178 人(65.9%)。经过与学业成绩、体质健康、心理健康进行匹配后,最终保留的有效被试共 213 人(有效率 78.9%),其中未参与者 24 人(11.3%),欺凌者 4 人(1.9%),受害者 37 人(17.4%),欺凌—受害者 148 人(69.5%)。其次对四种不同校园欺凌经历类型的学生在学业表现、身体素质和心理健康状况上的差异进行分析。由此可见,绝大多数的学生(84.4%)都或多或少参与过校园欺凌,同时,大部分经历过校园欺凌的学生人群(69.5%)既欺凌过他人也被他人欺凌过,实际中的校园欺凌远比现有研究中描述更为复杂。具体分析结果见下文。

(一)学业表现差异

学业表现主要由学业成绩表示。抽取施测学生在期末考试中的语文、数学、英语和物理、生物等其他小科成绩作为学业成绩的具体指标进行加总。由于各个年级、各个科目的分值并不等同,加总后的总分需要进一步转化为标准分(z 分数),以便进行比较。F 检验结果显示:(1)学业成绩在欺凌角色上的差异并不显著(F 值均小于临界值且 $p > 0.05$);(2)未参与者、欺凌者、受害者和欺凌—受害者在成绩高低上的均值比较结果也不显著(95% 置信区间包含 0)。换言之,参与校园欺凌的学生并不都是学习差的学生,未卷入校园欺凌的学生也并非学业优异的学生,无论学生的学业表现处于何种水平,都存在参与欺凌(包括施暴与受害)的潜在风险。

(二)身体素质差异

学生身体素质的评估数据来源于学校统一开展的体质健康监测项目,包括八项体测指标:身高、体重、肺活量、800 米(女)/1000 米(男)跑、立定跳远、50 米跑、一分钟仰卧起坐(女)/引体向上(男)和坐位体前屈。体测成绩总分由《学生健康标准管理系统》软件统计处理获得。F 检验结果显示:(1)体质健康在欺凌类型上的差异并不显著(F 值均小于临界值且 $p > 0.05$);(2)未参与者、欺凌者、受害者和欺凌—受害者在体质健康水平的均值比较结果也不显著(95%置信区间包含 0)。卷入或未卷入校园欺凌以及校园欺凌中的受害者或者欺凌者,他们并不存在明显的体质差异。未参加校园欺凌的学生体质并不会更健康,校园欺凌中的受害者的身体也并不会更羸弱,而欺凌者也未表现出更强的身体素质。与体重分析结果相比较可知,不仅肥胖、超重等身体外形上的特征不会导致更多校园欺凌,体质较差等身体内在机能特征也不会使个体出现更多欺凌行为或更容易遭受欺凌。与权力不平衡评估结果相比较可知,虽然少部分(约五分之一)的受害者认为欺凌者比他们身体更强壮,但客观的体测数据和分析结果证实,这一差异并不明显,这很有可能跟受害者更倾向于高估对方和低看自己的心理评估特点有关。

(三)心理健康状况差异

研究使用陶舒曼等人 2020 年基于我国四市(沈阳、新乡、广州和重庆)修订的《青少年心理健康评定简明问卷》(Brief Instrument on Psychological Health of Youth,BIPHY)对施测学生的心理健康状况进行评估。[1] 该量表来源于陶芳标等人开发编制的适用于我国青少年的《青少年亚健康评定问卷》(Multidimensional Sub-health Questionnaire of Adolescents,MSQA)。[2] 简化后的问卷共 39 个题项,划分为情绪问题、品行问题和社会适应困难三个维度,作答选项 1～6 表示由"持续三个月以上"到"没有或持续不到一个星期"。所有题项得分加总后即为心理健康总分,得分越高表明个体心理健康

---

[1] 陶舒曼,万宇辉,伍晓艳,等.《青少年心理健康评定简明问卷》的心理学评价及应用[J].中国学校卫生,2020,41(9):1331-1334.

[2] 陶芳标,邢超,袁长江,等.青少年亚健康多维评定问卷全国常模研制[J].中国学校卫生,2009,30(4):292-295.

问题越少,心理健康水平越高。经检验,《青少年心理健康评定简明问卷》具有良好的信度和效度。此次调查中,该问卷信度较好,总体和分维度的内部一致性信度 Cronbach's α 系数分别为 0.96,0.93,0.87,0.90。

F 检验结果发现:(1)心理健康总分及分维度,情绪问题、品行问题、社会适应困难,在四种校园欺凌经历上的差异均极其显著(F 值均大于临界值且 $p < 0.001$);(2)事后比较结果显示,这种差异主要体现在欺凌—受害者与未参与者和受害者的比较上,前者在心理健康总分和分维度上的得分均值均小于后两者(均值差<0,95%置信区间不包含 0)。根据以上研究可知,欺凌—受害者不仅是校园欺凌中的绝大多数角色,同时这种双重身份也使得他们面临比受害者和未参与者更多是诸如情绪、行为和社会适应方面的心理问题。结合学业表现和身体素质的差异分析结果,相比于其他学生,卷入校园欺凌的学生,尤其既是欺凌者又是受害者的学生,更有可能出现心理健康方面的问题,如反复想到怎样去实施自杀,经常有想摔东西的冲动,总是感到大多数人都不可信任等。

第三节 校园欺凌家庭特征分析

一、家庭支持水平与校园欺凌角色

按照均值法将家庭支持水平进行高、低组划分,其中,高于和等于均值得分的为高家庭支持组,低于均值得分的为低家庭支持组。此次调查中,所有学生在家庭支持上的得分均值为 18.8 分,高于和等于 18.8 分的学生有 2 497人(40.6%),低于 18.8 分的有 2 207人(46.9%),也即,高家庭支持组人数为 2 497人,低家庭支持组人数为 2 207人,组间样本量相对均衡。

(一)家庭支持差异分析

对家庭支持在性别、学校类型、家庭收入(父母月收入)上的差异进行分析,t 检验和 F 检验结果显示:(1)家庭支持存在显著性别差异($t = -5.06$,$p < 0.001$),女生获得的来自家庭内部的支持明显多于男生($M_{女生} > M_{男生}$);(2)家庭支持不存在显著的城乡差异($p > 0.05$),乡村学校学生从家庭获得的支持(尤其是情感支持)并不少于城市学校;(3)家庭支持在家庭收入上的差异显著($F=12.69,p<0.001$),中等收入家庭学生获得家庭支持的得分均值最高,高于低收入家庭学生且在统计学上显著(均值差大于 0,$p<0.001$),高于高收入家庭学生但不存在显著差异($p>0.05$),同时,低收入家庭学生的家庭支持均分均低于中等和高收入家庭学生,但与高收入家庭学生间不存在显著差异($p>0.05$)。女生和中等收入家庭学生是获得较多家庭支持的群体,男生和中等收入、高收入家庭学生的家庭提供的支持相对较少。

(二)家庭支持与校园欺凌角色相关关系

卡方检验结果显示,家庭支持的程度与校园欺凌角色存在显著相关($\chi^2=85.83,df=3,p<0.001$),高家庭支持组与更多的未参与者有关,该组未参与者角色学生(550 人,67.7%)显著多于低家庭支持组(263 人,32.2%)。此外,高家庭支持组中的受害者更少(47.3%),但欺凌者相对较多(53.8%),欺凌—受害者在高、低组中的分布中无差异,各占 50%;这一结果说明家庭支持在一定程度上降低了其子女卷入校园欺凌和成为受害者的可能性,父母在校园欺凌防治中的作用不容忽视,父母参与校园欺凌治理必不可少,但与此同时,建议在保持情感温暖的同时建立适当的行为约束机制,以降低子女出现欺凌行为的风险。

(三)家庭支持对校园欺凌角色的预测效应

多项 Logistic 回归结果发现,家庭支持对校园欺凌角色的预测效应显著($\chi^2=41.09,df=3,p<0.001$)。具体来说,当将低家庭支持组作为控制组时,高家庭支持能够显著正向预测未参与角色(B=0.74,$p<0.001$),家庭支持越多,其子女越容易避免参与校园欺凌;高家庭支持组对欺凌者和受害者的预测均不显著($p>0.05$),但对欺凌—受害者角色的预测作用显著,能够显著负向预测欺凌—受害者角色(B=−0.74,$p<0.001$),较高程度的家庭支持能够有效降低和避免子女欺凌他人和被他人欺凌的风险。这一回归结果说明,家庭支持是校园欺凌的重要保护性因子,能够有效使学生免遭欺凌伤害并减少施加欺凌行为的可能。

二、父母行为控制程度与校园欺凌角色

(一)父母行为控制差异分析

对父母行为控制在性别、学校类型、家庭收入上的差异进行分析,t 检验和 F 检验结果显示:(1)父母行为控制在显著性别差异($t=−3.27,p<$

0.01），父母对女生的行为控制多于男生（$M_男 > M_女$），绝大多数父母对女生的交友行为比较关注；（2）父母行为控制的城乡差异不显著（$p > 0.05$），城市学校和乡村学校的父母在对学生交友行为的监督上大体相一致；（3）父母行为控制存在显著的家庭收入差异（$F = 10.14, p < 0.001$），低收入家庭的父母对子女行为的监管显著少于中等和高收入家庭，中等收入家庭父母的监管最多，高收入次之（$M_{中等} > M_{高收入} > M_{低收入}$），低收入和高收入家庭父母对子女行为监管相对不到位，对其行为较为放任。

（二）父母行为控制与校园欺凌角色相关关系

卡方检验结果发现，父母行为控制程度与欺凌角色无显著相关关系（$\chi^2 = 7.71, df = 3, p > 0.05$），父母对交友行为的约束和监管的严格与宽松与子女是否是校园欺凌中的欺凌者、受害者、欺凌—受害者以及未参与者并无显著的统计学差异，这说明父母行为控制更可能直接作用于交友群体而非校园欺凌，但能够通过交友群体间接影响子女的校园欺凌表现。

（三）父母行为控制对校园欺凌角色的预测效应

虽然相关分析发现父母行为控制与校园欺凌角色的相关并不显著，但多项 Logistic 回归结果发现了部分显著结果。总体来说，父母行为控制对欺凌角色的预测作用并不显著（$\chi^2 = 7.79, df = 3, p > 0.05$），但具体回归路径存在显著结果：父母行为控制能够正向显著预测未参与者角色（$B = 0.19, p < 0.05$）且能够负向显著预测欺凌—受害者角色（$B = -0.19, p < 0.05$），父母对子女交友行为的控制能够使其避免参与校园欺凌，同时也能够有效降低遭受欺凌伤害和发生欺凌行为的风险，可见，父母行为控制在防治校园欺凌中也同样发挥着不可忽视的重要作用。

第四节　校园欺凌学校特征分析

一、学校氛围类型与校园欺凌角色

（一）校园氛围基本特征

初步描述统计分析结果显示，参与此次调查的 103 所学校在学校氛围总量表及分维度(教师支持、同伴支持和自主性)上的得分均值分别为 64.51、17.68、34.78 和 12.05。将总量表和分维度量表各自的均值分别作为划分标准,将所调查的 103 所学校进行分组——各项低于或等于均值的学校分别为消极校园氛围组(56 所)、较少教师支持组(51 所)、较少同伴支持(63 所)和较低自主性组(53 所),各项高于均值的学校分别为积极校园氛围组(47 所)、较多教师支持组(52 所)、较多同伴支持组(40 所)和较高自主性组(50 所)。

粗略分析可知,消极校园氛围的学校数量与较少教师支持、较少同伴支持、较低自主性的学校数量并不等同或一一对应,也即消极校园氛围下并不都存在较少教师、同伴支持和较低自主性的情况,如,学校编号为 41002 的学校整体校园氛围是消极的,教师、同伴支持较少,自主性较低,但同为消极校园氛围的 41101 学校则表现为较少教师支持、较多同伴支持和较低自主性。积极校园氛围组中也同样存在着类型相同但具体表现并不相同的组合模式。依据非重复按序排列组合法,校园氛围的组合模式共可以划分为八类:高教师支持—高同伴支持—高自主性,高教师支持—高同伴支持—低自主性,高教师支持—低同伴支持—高自主性,高教师支持—低同伴支持—低自主性,低教师支持—高同伴支持—高自主性,低教师支持—高同伴支持—低自主性,低教师支持—低同伴支持—高自主性,低教师支持—低同伴支持—低自主性。然而,此种分类方法过于主观,无法有效体现所抽取学校所具有的实际特征。此外,通过 Jia 等人的量表测量的校园氛围虽然为连续变量,但分维度具有较强的局部独立性,如教师支持和同伴支持之间具有明显的人物指向性区分,自主性与教师支持、同伴支持在测量内容上具有较为明确的内容指向性区分,说明校园氛围极有可能存在着一直以来都被忽视的潜在类型。因此,有必要对校园氛围进行潜在类别分析(Latent Class Analysis,LCA),以探明教师支持、同伴支持和自主性的不同组合形式下,不同类型的校园氛围对校园欺凌影响的差异性,也即校园欺凌在学校氛围上的校际差异表现。

(二)校园氛围潜在类别分析

潜在类别分析(LCA)是最初由社会学家 Lazarsfeld 提出的适用于二分类变量的统计分析方法,后随着统计分析学和测量学的不断发展,其适用范围不断拓展至多元分类变量和具有分类条件的连续变量。[①] LCA 的目的在于通过被试在不同题项(外显指标)上的作答分布,对所测量概念(潜变量)可能存在的类别进行由少到多的探索,直到找到最佳类别,进而对类别进行定义。潜在类别与概念结构和量表分维度的区别主要在于,概念结构(如师生关系、生生关系、校园活动参与性)和分维度(如教师支持、同伴支持、自主性)确定了概念(校园氛围)和量表(校园氛围量表)所包含的不同层面的内容,而潜在类别则是多个结构和分维度可能存在的不同组合模型(如高教师支持—高同伴支持—高自主性),集中反映了概念和量表的不同程度或水平(强型积极校园氛围)。LCA 的评价指标主要有 AIC、BIC、Entropy、LMR 和 BLRT,其中 AIC、BIC 越小越好,Entropy 至少应在 0.8(表明分类准确性达90%)及以上,LMR 和 BLRT 表明模型拟合的显著性,若所属 p 值小于0.05 则显著,否则不显著。[②] Entropy 为 LCA 分析结果的关键比较指标(下文简化为 E),其次是 LMR 和 BLRT,最后是 AIC 和 BIC。

使用 Mplus 8.3 对此次调查的学校中校园氛围可能存在的类别进行潜在类别分析。首先设定基础模型(1 分类,Class1)为参照,对 2 分类(Class2)模型进行检验,依次类推,对 3 分类、4 分类、5 分类、6 分类等类别进行检验,直到软件运行出最佳拟合结果为止。其次,对最佳分类模型在量表上的得分表现进行分析,确定不同类别的具体定义。基于校园氛围的 LCA 分析结果发现,在运行的 6 个分类模型中,所有模型的拟合信息皆达标;通过比较分类准确性发现,2 分类模型优于 1 分类($E_2 > E_1$),3 分类优于 2 分类($E_3 > E_2$),4 分类优于 3 分类($E_4 > E_3$),但 5 分类次于 4 分类($E_5 < E_4$),6 分类次于 5 分类($E_6 < E_5$)。因此,4 分类模型为最佳分类模型,表明学校氛围存在着 4 个不同类别。此外,类别平均归属概率分析也表明,4 分类模型中的4 个类别(C1~C4)的平均归属概率均在 0.94% 及以上,也即 4 个类别是相互独立而非混淆的,进一步表明校园氛围的 4 分类模型是可靠的。校园氛围的 LCA 详细结果见表 4-3 和表 4-4。

---

① 张洁婷,张敏强,黎光明.潜在剖面模型的后续分析:比较分类分析法改进后的偏差[J].心理学探新,2017,37(5):434-440.

② 房立艳,张大均,武丽丽,等.中学生心理素质的类别特征:基于个体中心的潜在类别分析[J].心理与行为研究,2017,15(1):20-25.

表 4-3　校园氛围不同潜在类别模型拟合信息与比较结果

	AIC	BIC	Entropy	LMR	BLRT	类别概率
Class1	305 960.60	306 281.50				
Class2	284 667.34	285 155.11	0.882	***	***	0.48/0.52
Class3	276 352.40	277 007.04	0.910	***	***	0.12/0.60/0.28
Class4	269 676.17	270 497.68	0.918	***	***	0.09/0.53/0.20/0.18
Class5	264 858.33	265 846.71	0.916	***	***	0.07/0.39/0.20/0.27/0.07
Class6	261 179.52	262 334.77	0.913	***	***	0.07/0.31/0.22/0.26/0.07/0.06

注:类别概率为不同分类模型中各个类别的占比。

表 4-4　校园氛围 4 分类模型类别归属概率

	C1％	C2％	C3％	C4％
C1	**0.96**	0.04	0.00	0.00
C2	0.01	**0.96**	0.02	0.01
C3	0.00	0.05	**0.94**	0.01
C4	0.00	0.03	0.02	**0.95**

注:加粗字体为 C1～C4 对各自所属类别的归属概率。

为了解 4 分类的 4 个类别的具体特征并进行合理定义,下文对 C1～C4 在校园氛围总量表的 25 个题项上的均值分布进行分析。如图 4-5 所示,C1 在所有题项上的得分均值几乎是最低的,此类学校具有非常低的教师支持、同伴支持和自主性,表明学校中的师生关系、生生关系和学生参与性均为最差,因此,C1 可被命名为"消极校园氛围组";C2 在各个题项上的得分均值均高于 C1,但总体又低于 C3,所以 C2 可被命名为"一般校园氛围组"(既不积极也不消极);C3 的变化曲线比较大,但又相对接近 C4,这两组可被视为积极校园氛围的不同表现形式。具体来说,C3 在自主性上的得分均值略低于 C4,在教师支持上的得分高于 C4,在同伴支持正向题项(第 15,16,20,25 题)上的得分极高,在反向题项(第 13,14,17,19,21,22,24 题)上的得分较低,也即 C3 在同伴关系上的得分是高于 C4 的,因此,C3 可被命名为"高教师同伴支持—低自主性组";整体来看,C4 在每个题项上的得分均值属于 4 个类别中最高的,且明显高于 C1、C2 和 C3,但由于同伴支持的部分题项是反向计分题,得分高反而是较少的同伴支持,因此,综合来看,C4 仅在自主性上高于 C3,因此可被命名为"低教师同伴支持—高自主性组"。

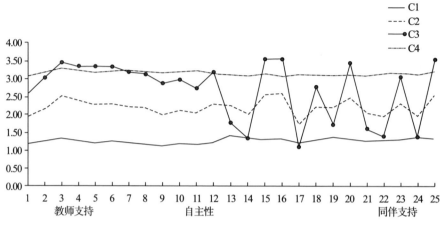

图 4-5 校园氛围 4 分类均值分布图

(三)校园氛围不同类别的差异特征分析

按照学校所属的地区划分为城市学校和乡镇学校,对四类不同校园氛围在城乡上的差异进行分析。卡方检验结果显示:校园氛围在城乡类别上存在显著差异($\chi^2 = 27.55, df = 3, p < 0.001$)。城市学校的类型分布主次和比重分别为:C2(43.5%)、C3(29.4%)、C4(15.6%)、C1(11.5%)。乡镇学校的类型分布主次和比重分别为:C2(53.9%)、C3(19.1%)、C4(18.2%)、C1(8.8%)。虽然城市学校和乡镇学校的校园氛围类型分布主次是一样的且 C2、C3 是两者普遍存在的校园氛围现状,但乡镇学校的"一般校园氛围"和"低师生同伴支持—高自主性"比城市学校多,城市学校的"高师生同伴支持—低自主性"和"消极校园氛围"比乡镇学校多。然而,此时并不十分清楚究竟哪种校园氛围与校园欺凌的联系更紧密,有待进一步分析探明其具体关系。

(四)校园氛围不同类别与校园欺凌角色的相关关系

由于校园氛围类别和欺凌角色均为类别变量,不再适用于连续变量的积差相关分析(也称列联表检验,适用于分类数据的相关性检验),此时需要使用卡方检验对两者间可能存在的相关关系进行分析。卡方检验结果发现,校园欺凌类别与欺凌角色存在显著相关($\chi^2 = 355.83, df = 9, p < 0.001$)。具体来说,"消极校园氛围组"存在着更多比例的欺凌者(7.1%)

和受害者(12.4%);与其他组相比,"高师生同伴支持—低自主性组"存在着占比最多的未参与者(34.6%);"低师生同伴支持—高自主性组"(80.7%)和"一般校园氛围组"(80.0%)则与较多的欺凌—受害者密切相关。这从一定程度上说明,校园内良好的师生关系和同伴关系与较少的校园欺凌有关联,而消极或一般校园氛围、不良师生同伴关系极有可能导致校园欺凌的发生。

(五)校园氛围不同类别对校园欺凌角色的预测效应

根据 SPSS 25.0 的默认分析设置,首先,将"低教师同伴支持—高自主性组"作为参照组比较"高教师同伴支持—低自主性组""消极校园氛围组""一般校园氛围组"在预测欺凌角色上的差异;其次,将"高教师同伴支持—低自主性组"作为参照组,比较"低教师同伴支持—高自主性组""消极校园氛围组""一般校园氛围组"在预测欺凌角色上的差异;最后,根据回归结果比较学校氛围不同组别对个体欺凌角色预测效应的差异。

多项 Logistic 回归结果发现:(1)所有模型拟合均显著($p<0.001$),"消极校园氛围组"预测了更多的校园欺凌者和受害者(B 值大于 0,$p<0.05$),但预测了较少的欺凌—受害者(B 值小于 0,$p<0.05$);(2)"一般校园氛围组"对校园欺凌四类角色的预测作用均不显著($p>0.05$);(3)"高教师同伴支持—低自主性组"预测了较多的未参与者(B 值大于 0,$p<0.05$),较少的欺凌者、受害者和欺凌—受害者(B 值小于 0,$p<0.05$);(4)"低教师同伴支持—高自主性组"预测了更多的欺凌—受害者(B 值大于 0,$p<0.05$),但对其他类型的预测作用不显著($p>0.05$)。

这一结果表明,一方面,消极校园氛围确实容易导致校园欺凌的发生,另一方面,即使是积极校园氛围,但如果学校内的师生关系、生生关系并不和谐,那么同样也极容易导致校园欺凌行为的发生。换言之,学校不良人际关系对校园欺凌的影响远远高于自主性,这种低教师同伴支持—高自主性的积极校园氛围更像是一种假象,对学生心理和行为等方面的影响都是极为有害的。结合校园氛围的城乡差异分析结果可知,具有较多"消极氛围组"的城市学校和较多"低教师同伴支持—高自主性组"的乡村学校是校园欺凌发生的主要因素场所,同时,"低教师同伴支持—高自主性组"的乡村学校是预防和治理校园欺凌应关注的重点学校。

二、学校、班级整体欺凌水平与校园欺凌角色

(一)学校与班级整体欺凌水平划分

描述统计结果显示:(1)在学校整体欺凌作答上,分别有 21.2% 和 22.4% 的学生表示完全不同意和不太同意学校有同学欺负他人,分别有 34.5% 和 20.3% 的学生表示比较同意和完全同意,1.6% 的学生放弃回答该题项;(2)在班级整体欺凌作答上,54.8% 的学生从未受到其他同学的欺凌,分别有 34.3%、5.2% 和 3.5% 的学生报告偶尔、经常和总是被他人欺凌,2.2% 的学生未回答该题项;(3)在所抽取的 103 所学校中,全部学校的整体欺凌均值为 2.55,高于整体欺凌均值 2.55 的学校共有 55 所(高学校欺凌水平),占比 53.4%,低于整体欺凌均值 2.55 的学校共有 48 所(低学校欺凌水平),占比 46.6%,高、低欺凌水平学校比例相对均衡;(4)在所抽取的 103 个班级中,全部班级的整体欺凌均值为 1.56,高于整体欺凌均值 1.56 的班级共有 53 个(高班级欺凌水平),占比 51.5%,低于整体欺凌均值 1.56 的班级共有 50 个(低班级欺凌水平),占比 48.5%,高、低欺凌水平的班级比例相对均衡。由此可见,抽取的学校和班级无论是在学校整体欺凌水平,还是在班级整体欺凌水平上均具有相对的均衡性(约为 1:1),有利于进行进一步的对比分析。

(二)学校与班级整体欺凌水平差异特征分析

研究对学校与班级整体欺凌水平在性别(男女)、学校类型(城乡)和校园欺凌角色类型(未参与者、欺凌者、受害者和欺凌受害者)上的评估差异进行分析,以了解学校和班级整体欺凌水平在不同群体中的特异性。t 检验结果发现,学校与班级整体欺凌水平的评估存在显著性别和城乡差异(t 值均大于临界值,$p < 0.001$)。具体来说,男生评估的学校和班级欺凌水平显著高于女生($M_男 > M_女$);乡镇学生评估的学校和班级欺凌水平显著高于城市学生($M_{乡镇} > M_{城市}$)。F 检验结果发现,学校与班级整体欺凌水平的评估同时也存在显著的角色差异(F 值均大于临界值,$p < 0.001$)。事后检验结果显示,受害者评估学校欺凌水平的学校欺凌水平显著高于其他角色类型(均值差 > 0,95% 置信区间不包含 0),其次是欺凌者和受害者(这两者间差异不显著,置信区间包含 0),最少的是未参与者(均值差 < 0,95% 置信区间不包含 0);受害者和欺凌—受害者评估的班级欺凌水平显著高于其他角色类型(均值差 > 0,95% 置信区间不包含 0;这两者间差异不显著,置信区间包含 0),其次是欺凌者(与未参与者的均值差 > 0,95% 置信区间不包含 0),最少

的是未参与者(均值差<0,95%置信区间不包含 0)。

这一结果支持了现有研究发现。与使用中文版欺凌量表调查的差异分析结果相呼应,由于男生更多暴露于欺凌环境中,所以对身边欺凌现象(包括学校内和班级中)的感知更强烈,这也使得他们更容易习得欺凌行为或者成为被欺凌的目标,这一结果也部分印证了张林等人的研究发现——日常环境中的暴力暴露增加了个体针对他人的身体或语言伤害等行为的发生[①]。与《中国儿童青少年心理发育特征调查项目总报告》的研究发现相一致,在城乡差异上,乡镇学校的校园欺凌现象显然更严重。[②] 研究发现,与欺凌者和未参与者相比,校园欺凌对受害者,包括单一受害者和欺凌—受害者的影响更严重,使得他们对身边欺凌现象的感知和评估都更为敏锐,针对受害者的校园欺凌防治是最关键却最容易被忽视的方面。

(三)学校与班级整体欺凌水平与校园欺凌角色的相关关系

分别将学校和班级整体欺凌水平高组和低组与四类校园欺凌角色进行卡方检验,以考察学校与班级整体欺凌水平与个体校园欺凌经历是否具有统计学上的显著相关。卡方检验结果显示:(1)学校整体欺凌水平与欺凌角色存在显著差异($\chi^2=57.93, df=3, p<0.001$),学校整体欺凌水平高组的学生多为欺凌—受害者(77.5%),学校整体欺凌水平低组的学生也多为欺凌—受害者(68.7%),但其概率略低于高组,同时,低组学生为无参与者(21.5%)的概率显著高于高组(13.5%);(2)与学校差异结果相同,班级整体欺凌水平也与欺凌角色存在显著差异($\chi^2=76.65, df=3, p<0.001$),班级整体欺凌水平高组的学生多为欺凌—受害者(78.9%),班级整体欺凌水平低组的学生也多为欺凌—受害者(68.0%),但概率低于高组,同时,低组学生为无参与者(21.4%)的概率显著高于高组(12.9%);(3)学校整体欺凌水平与班级整体欺凌水平的检验结果发现,两者也存在显著差异($\chi^2=378.09, df=1, p<0.001$),欺凌水平高组的学校有着更多欺凌水平高组的班级(62.2%),而欺凌水平低组学校有着更多的欺凌水平低组班级(66.5%)。

总之,欺凌水平高的学校衍生出了更多欺凌水平高的班级并最终导致更多学生卷入校园欺凌,成为校园欺凌的施害者和受害者,而欺凌水平低的

---

① 张林,刘燊,徐强,等.日常环境中的暴力暴露对攻击行为的长期影响:一个有调节的中介模型[J].心理学报,2017,49(1):50-59.

② 董奇,林崇德.当代中国儿童青少年心理发育特征:中国儿童青少年心理发育特征调查项目总报告[M].北京:科学出版社,2011.

学校中班级的欺凌水平也较低,未参与校园欺凌的学生也较多,一定程度上减少了校园欺凌的发生。

(四)学校与班级整体欺凌水平对校园欺凌角色的预测效应

由于校园欺凌的角色为多分类变量且为被预测变量,故采用多项Logistic回归进行预测关系分析。其中,欺凌水平低的学校和班级分别被设定为参照组进行比较。回归分析结果发现:(1)模型拟合较好($\chi^2 = 107.14$,$df = 6$,$p < 0.001$),相比于欺凌水平低的学校,欺凌水平高的学校显著预测了更多的受害者和欺凌—受害者(B=0.45,$p < 0.01$,OR=1.56,95%CI不包含0;B=0.44,$p < 0.001$,OR=1.55,95%CI不包含0),但显著预测了更少的无参与者(B=−0.44,$p < 0.001$,OR=0.65,95%CI不包含0),对欺凌者的预测作用不显著($p > 0.05$);(2)相比于欺凌水平低的班级,欺凌水平高的班级显著预测了更多的欺凌—受害者(B=0.53,$p < 0.001$,OR=1.70,95%CI不包含0)和更少的无参与者、欺凌者及受害者(B值均小于0,p值均小于0.05)。学校对班级的二元Logistic回归分析结果显示,模型拟合良好($\chi^2 = 392.91$,$df = 1$,$p < 0.001$),与欺凌水平低的学校相比,欺凌水平高的学校显著预测了更多的欺凌水平高的班级(B=1.18,$p < 0.001$,OR=3.27)。

在学校层面,高欺凌水平导致其学生中出现更多的欺凌者和受害者,卷入校园欺凌的学生更多,而未卷入校园欺凌的学生相应减少;在班级层面,高欺凌水平使班上卷入校园欺凌的学生大多具有欺凌—受害者的双重身份,同时单一欺凌者和单一受害者以及未卷入校园欺凌的学生较少。另外,与卡方检验结果相一致,欺凌水平高的学校不仅与欺凌水平高的班级有关联,甚至直接预测了后者,也即,欺凌水平高的学校确实导致了欺凌水平高的班级的产生。

三、同伴群体与校园欺凌角色

(一)同伴群体组别划分

对同伴群体的考察包括友伴数量和越轨同伴交往。此处对越轨同伴交往的考察主要指在已经交往的亲密朋友中,有越轨行为(也称违纪行为、不良行为)表现的朋友频数是多少。友伴数量和越轨同伴交往的具体题项分别为:"你有几个最好的朋友""你的好朋友有没有以下情况"。其中,友伴数量的作答选项共有5个:0表示"没有",1表示"1~2个",2表示"3~5个",3表示"6~10个",4表示"10个以上",得分越高表明友伴数量越多。描述统计分析发现:(1)在友伴数量上,没有朋友的学生占 5.6%(264 人),有 1～2 个朋友的学生占 18.4%(869 人),有 3～5 个朋友的学生占 32.2%(1 515人),有 6～10 个朋友的学生占 16.1%(756 人),有 10 个以上朋友的学生占 26.1%(1 228 人),未报告学生占 1.6%(73 人);(2)在越轨同伴交往,越轨同伴的均值为 4.76,交往的友伴中没有越轨行为的学生占 13.7%(645 人),有较少越轨同伴交往(低于或等于均值)的学生占 44.6%(2 099人),有较多越轨同伴交往的学生占 41.7%(1 961 人)。根据作答选项和均值对友伴数量和行为质量进行分组,其中没有朋友的学生为"无朋友组"(264 人,5.6%),有 1～2 个朋友的学生为"较少朋友组"(869 人,18.5%),有 3 个以上朋友的为"较多朋友组"(3 499 人,74.4%);没有越轨同伴的学生为"无越轨同伴组"(645 人,13.7%)、越轨同伴频数低于和等于均值的学生为"较少越轨同伴组"(2 099 人,44.6%),高于均值的学生为"较多越轨同伴组"(1 961 人,41.7%)。

(二)友伴数量与越轨同伴交往的差异分析

对友伴数量和行为品质在是否独生和性别上进行差异检验。由于变量间均为分类变量,不再适用于 t 检验和 F 检验,故使用列联表检验法进行差异性检验。卡方检验结果发现:(1)友伴数量存在显著的性别差异($\chi^2 = 54.63, df = 2, p < 0.001$),没有朋友的男生显著多于女生($N_{男生} = 170, N_{女生} = 94$),有朋友的女生,包括较少和较多朋友的女生均显著多于男生(较少朋友组中,$N_{男生} = 336, N_{女生} = 533$;较多朋友组中,$N_{男生} = 1609, N_{女生} = 1890$)。(2)友伴数量的独生情况差异也较为显著($\chi^2 = 47.88, df = 2, p < 0.001$),独生子女的朋友数量显著少于非独生子女(较少朋友组中,$N_{独生} = 67, N_{非独生} = 801$;较多朋友组中,$N_{独生} = 291, N_{非独生} = 3 197$),无朋友的数量也显著少于非独生子女($N_{独生} = 54, N_{非独生} = 206$),16 人未作答关于独生情况的问题;(3)越轨同伴交往存在显著的性别差异($\chi^2 = 19.39, df = 2, p < 0.001$),具体表现为,女生结交的越轨同伴更多,同时,女生未结交越轨同伴的人数比例也较多,但独生与否差异并不显著($\chi^2 = 3.33, df = 2, p > 0.05$)。这一结果表明,友伴数量与性别、是否独生有着密切关系,友伴行为品质也与性别存在着较强的关联。在同伴群体中,男生和独生子女比其他学生更缺少朋友,在学校中相对缺少同伴群体的必要支持。然而,在结交了朋友的学生中,女生比男生接触了更多越轨同伴,也更容易受到越轨同伴的影响。[①]

（三）友伴数量、越轨同伴交往与校园欺凌角色的相关关系

卡方检验结果显示:(1)友伴数量与欺凌角色存在显著相关($\chi^2 = 28.89$, $df = 6$, $p < 0.001$),较多朋友组的学生在四种类型中的分布最多,随着友伴数量的增多,无参与者、欺凌者、受害者和欺凌—受害者的数量也随之增加;(2)友伴行为品质也与欺凌角色有着显著相关关系($\chi^2 = 220.79$, $df = 6$, $p < 0.001$),较少越轨同伴组的无参与者、欺凌者和受害者的分布最多,较多越轨同伴组的欺凌—受害者最多,无越轨同伴组的四类欺凌角色都最少。由此可见,同伴群体,尤其是友伴群体与校园欺凌密不可分。

（四）友伴数量与越轨同伴交往对校园欺凌角色的预测效应

多项 Logistic 回归结果发现:(1)友伴数量对欺凌角色的预测显著($\chi^2 = 237.75$, $df = 12$, $p < 0.001$),当较多朋友组作为参考时,较少朋友组显著预测了较少的欺凌者、受害者(B 值小于 0, $p < 0.05$)和较多的欺凌—受害者(B 值大于 0, $p < 0.05$),但无朋友组的预测作用均不显著($p > 0.05$);(3)越轨同伴交往对欺凌角色的预测显著($\chi^2 = 237.75$, $df = 12$, $p < 0.001$),当控制较多越轨同伴组时,无越轨同伴组预测了更多的无参与者(B 值大于 0, $p < 0.05$)和更少的欺凌者、受害者以及欺凌—受害者(B 值小于 0, $p < 0.05$),较少越轨同伴组也预测更多的无参与者和欺凌者(B 值大于 0, $p < 0.05$),但对受害者、欺凌—受害者的预测作用则不显著($p > 0.05$)。总之,结交较多的朋友有助于防止欺凌和遭受欺凌,但需特别注意朋友的行为品质,避免结交有不良行为习惯的朋友,能够从很大程度上降低卷入校园欺凌的风险。

---

① 叶宝娟,杨强,胡竹菁.父母控制、不良同伴和感觉寻求对工读生毒品使用的影响机制[J].心理发展与教育,2012,28(6):641-650.

第五章 中学生校园欺凌发生机制
模型及跨群组验证

本章旨在揭示来自家庭和学校的变量究竟是如何具体作用于中学生校园欺凌的发生路径,也即,对基于家庭和学校场域的校园欺凌发生机制模型进行构建、检验和验证,以便明确校园欺凌发生的具体过程,为后期干预研究和防治校园欺凌的系列实践活动提供必要的指导框架。分析过程主要分三个步骤依次递进:首先,厘清变量间相关关系和因果关系,探究校园欺凌可能存在的发生机制,在理论分析基础上构建校园欺凌发生机制模型;其次,利用多种统计分析方法对构建的发生机制模型进行检验,确定从实际中获取的数据与理论假设模型间的拟合程度并确定校园欺凌发生机制的最终模型;最后,对经过检验的最终模型进行跨群组验证,比较分析该模型在各个群组中的稳定性和差异性,考察最终的发生机制模型是否能够适用于具有不同特征的群体或该发生机制在不同群体中的路径有着怎样的独特性,进而进行统一的或有针对性的干预研究或干预实践活动。

第一节 中学生校园欺凌发生机制模型构建

通过第一章文献综述以及第三章量表运用的文献可知:在家庭场域中,家庭支持既与校园欺凌有直接关系(家庭支持—校园欺凌)①,又能够通过中

---

① 朱桂琴,陈娜,宣海宁.农村寄宿制初中生同伴关系与校园欺凌实证研究:以河南省 4 乡 5 校为例[J].教育研究与实验,2019(2):68-76.

介变量间接影响校园欺凌(家庭支持—中介变量—校园欺凌)①;父母行为控制同样也能够直接和间接影响校园欺凌②。父母行为控制越多,子女越不容易发生校园欺凌或遭受校园欺凌(父母行为控制—校园欺凌)。此外,父母行为控制是越轨同伴交往的重要预测源③④,父母行为控制通过影响子女的越轨同伴交往而间接影响校园欺凌,因此,越轨同伴交往是父母行为控制作用于校园欺凌的重要中介变量(父母行为控制—越轨同伴交往—校园欺凌)。但父母行为控制受到家庭支持的影响,也即家庭支持是父母控制的预测源,能够作用于父母行为控制⑤,因此,父母行为控制极可能是家庭支持作用于校园欺凌的重要中介变量(家庭支持—父母行为控制—校园欺凌)。同时,越轨同伴交往也可能是父母行为控制的中介变量,也即中介的中介——第二阶中介变量,因此,家庭支持作用于校园欺凌的间接路径极有可能也存在第二条间接路径:先通过父母行为控制再通过越轨同伴交往,最终直接影响校园欺凌的发生(家庭支持—父母行为控制—越轨同伴交往—校园欺凌)。在家庭支持与越轨同伴交往的关系上,虽然家庭支持和越轨同伴交往都是校园欺凌的预测因子,但家庭支持实际上可以通过减少子女与越轨同伴的交往,来间接降低越轨风险⑥⑦,由此可推测,越轨同伴交往也在家庭支

① PERREN S, HORNUNG R. Bullying and delinquency in adolescence: victims' and perpetrators' family and peer relations[J]. Swiss journal of psychology, 2005, 64(1): 51-64.

② LI D, ZHANG W, WANG Y. Parental behavioral control, psychological control and Chinese adolescents' peer victimization: the mediating role of self-control[J]. Journal of child and family studies, 2015, 24(3):628-637.

③ 叶宝娟,杨强,胡竹菁.父母控制、不良同伴和感觉寻求对工读生毒品使用的影响机制[J].心理发展与教育,2012,28(6): 641-650.

④ MAIYA S, CARLO G, GÜLSEVEN Z, et al. Direct and indirect effects of parental involvement, deviant peer affiliation, and school connectedness on prosocial behaviors in U.S. Latino/a youth [J]. Journal of social and personal relationships, 2020, 37(10):2898-2917.

⑤ 焦莹莹.家庭支持、家庭控制与初中生健康危险行为的关系研究[D].重庆:重庆大学,2009.

⑥ DEUTSCH A R, CROCKETT L J, WOLFF J M, et al. Parent and peer pathways to adolescent delinquency: variations by ethnicity and neighborhood context [J]. Journal of youth adolescence, 2012, 41(8):1078-1094.

⑦ LENZI M, SHARKEY J, VIENO A, et al. Adolescent gang involvement: the role of individual, family, peer, and school factors in a multilevel perspective[J]. Aggress behavior, 2015, 41(4):386-397.

持影响校园欺凌的路径中发挥着中介作用(家庭支持—越轨同伴交往—校园欺凌)。

在学校场域,作为学校层变量,校园氛围不仅直接影响校园欺凌,而且通过中介变量间接影响校园欺凌(校园氛围—校园欺凌;校园氛围—中介变量—校园欺凌)[1][2]。学校整体欺凌水平同样也是学校层变量,既能够直接影响学生个体层的校园欺凌(学校整体欺凌水平—校园欺凌)[3],也能够通过学生层的越轨同伴交往间接影响学生个体的欺凌和受害(学校整体欺凌水平—越轨同伴交往—校园欺凌)[4]。学校整体欺凌水平因校园氛围的不同而有所差异,因此,学校整体欺凌水平和越轨同伴交往同时也是校园氛围影响校园欺凌路径的中介变量。校园氛围既能够通过学校整体欺凌水平的单一中介影响学生的欺凌行为与受害情况(校园氛围—学校整体欺凌水平—校园欺凌),也能够通过学校整体欺凌水平与越轨同伴交往的链式中介间接影响学生的欺凌与受害,即校园氛围先通过影响学校整体欺凌水平再影响学生越轨同伴交往,最终影响学生的欺凌行为或遭受校园欺凌的情况(校园氛围—学校整体欺凌水平—越轨同伴交往—校园欺凌)[5]。此外,越轨同伴交往也受到校园氛围的影响[6],在校园氛围影响校园欺凌的发生路径中发挥中介作用(校园氛围—越轨同伴交往—校园欺凌)。

基于上述变量关系探究,本书提出如下研究假设:(1)家庭支持既能够

① ZHAO Z，LIU G，NIE Q，et al. School climate and bullying victimization among adolescents：a moderated mediation model[J]. Children and youth services review，2021:106218.

② WANG C X，BERRY B，SWEARER S M.The critical role of school climate in effective bullying prevention[J].Theory into practice,2013,52(4):296-302.

③ 李锋,史东芳.校园欺凌产生成因之阐释:基于文化社会学的理论视角[J].教育科学研究,2021(1):73-78.

④ CHO S J,HONG J S,STERZING P R,et al. Parental attachment and bullying in South Korean adolescents：mediating effects of low self-control, deviant peer associations，and delinquency[J]. Crime & delinquency, 2017, 63(9):1168-1188.

⑤ ZHANG S，MULHALL P F，Flowers N，et al. Bullying reporting concerns as a mediator between school climate and bullying victimization/aggression[J]. Journal of interpersonal violence，2019，36:21-22.

⑥ BAO Z，LI D，ZHANG W，et al. School climate and delinquency among Chinese adolescents：analyses of effortful control as a moderator and deviant peer affiliation as a mediator[J]. Journal of abnormal child psychology，2015，43(1):81-93.

直接预测校园欺凌,也能够通过父母行为控制和越轨同伴交往间接预测校园欺凌;父母行为控制和越轨同伴交往是家庭场域中校园欺凌发生机制的中介变量。(2)校园氛围不仅能够直接预测校园欺凌行为,同时也能够通过学校整体欺凌水平和越轨同伴交往间接预测校园欺凌;学校整体欺凌水平和越轨同伴交往是校园场域中校园欺凌发生机制的中介变量。

根据家校场域变量与校园欺凌关系的研究假设,本书整理出如下几条校园欺凌发生机制的直接和间接路径。在家庭中有:(1)家庭支持→校园欺凌(直接);(2)家庭支持→父母行为控制→校园欺凌(间接1);(3)家庭支持→父母行为控制→越轨同伴交往→校园欺凌(间接2);(4)家庭支持→越轨同伴交往→校园欺凌(间接3)。在学校中有:(1)校园氛围→校园欺凌(直接);(2)校园氛围→学校整体欺凌水平→校园欺凌(间接1);(3)校园氛围→学校整体欺凌水平→越轨同伴交往→校园欺凌(间接2);(4)校园氛围→越轨同伴交往→校园欺凌(间接3)。在具体模型构建和分析中,还可将校园欺凌细化为欺凌和受害。此外,在路径方向性上,家庭支持、父母行为控制和校园氛围作为校园欺凌的积极保护性因子,其作用在于减少校园欺凌行为的发生,因此路径符号为负号;学校整体欺凌水平和越轨同伴交往作为刺激性因子,它们的存在引发了更多校园欺凌,因此该路径符号为正号。基于家校场域的校园欺凌发生机制模型详见图5-1。

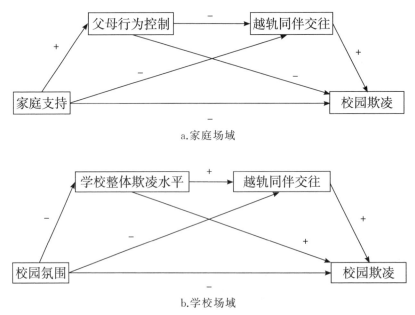

a.家庭场域

b.学校场域

图5-1　家校场域中校园欺凌发生机制模型构建图

第二节　中学生校园欺凌发生机制模型检验

对假设模型的检验过程主要包括描述统计和假设检验。描述统计是假设检验的基础和前提,目的在于初步分析变量间存在的相互关联性和关联程度如何(双向的,不区分方向),具体分析方法为皮尔逊积差相关分析(适用于成对出现的连续变量,也称双变量相关)。假设检验是模型检验的关键,其原理是使用实际数据对提出的假设模型进行拟合,以此来检验假设模型的合理性(单向的,具有方向性)。假设检验分两步走:第一步是对假设模型进行显变量模型检验,也即只考虑测量变量间的路径关系;第二步是对假设模型进行潜变量模型检验,既包括显变量,也包括由显变量模拟的潜变量。两个步骤的检验法之间呈逐次递进,不断优化和深入检验过程,其目的在于通过多种方法对假设模型的合理性和可靠性进行检验,确保假设模型具有较好的适用性和可推广性。具体统计分析方法为基于显变量的 Process 检验和基于潜变量的结构方程模型(Structural Equation Model,SEM)检验,分别使用 Process 插件和 Amos 软件完成该检验过程。[①]

一、家校变量与校园欺凌相关分析

下文及表 5-1 显示了家庭和学校变量与校园欺凌的相关分析结果。由表可知,在家庭变量与校园欺凌相关中:(1)家庭支持、父母行为控制与欺凌、受害均呈现显著负相关关系($r=-0.19\sim-0.06$,$p<0.01$),家庭给予的支持越多,父母对交友行为的干预越多,学生欺负他人或被欺负的可能性也越小;(2)家庭支持与父母行为控制间也存在显著相关关系($p<0.01$),表现正相关关系($r=0.29$),家庭支持越多,父母越有可能注意到学生的交友状况并对不良交友行为及时进行控制;(3)家庭支持、父母行为控制与越轨同伴交往均存在显著负相关($r=-0.31$,$p<0.01$;$r=-0.15$,$p<0.01$),家庭支持越多、父母行为控制越多,学生越不容易跟越轨学生产生交集。这一结果

---

① 温忠麟,侯杰泰,马什赫伯特.结构方程模型检验:拟合指数与卡方准则[J].心理学报,2004(2):186-194.

进一步说明,家庭因素,尤其是家庭支持和父母行为控制等积极因素,是校园欺凌的重要保护源,家庭系统及父母教养方式在校园欺凌的预防和干预中发挥着关键性作用。

表 5-1　主要变量间相关矩阵($N = 4\,704$)

	1	2	3	4	5	6	7	8	9
1 校园氛围	1								
2 教师支持	0.75**	1							
3 同伴支持	0.75**	0.17**	1						
4 自主性	0.68**	0.77**	0.10**	1					
5 学校欺凌	−0.15**	−0.09**	−0.13**	−0.09**	1				
6 家庭支持	0.24**	0.20**	0.15**	0.18**	−0.09**	1			
7 父母行为控制	0.18**	0.16**	0.11**	0.14**	−0.01	0.29**	1		
8 越轨同伴	−0.21**	−0.11**	−0.24**	−0.05**	0.13**	−0.31**	−0.15**	1	
9 欺凌	−0.06**	0.22**	−0.33**	0.23**	0.06**	−0.16**	−0.08**	0.40**	1
10 受害	−0.13**	0.11**	−0.32**	0.11**	0.15**	−0.19**	−0.06**	0.39**	0.73**

在学校变量与校园欺凌的相关中:(1)校园氛围总分及分维度中的同伴支持均与欺凌和受害呈显著负相关关系($r = -0.33 \sim -0.06$,$p < 0.01$),但校园氛围总分与受害的相关强度大于与欺凌的相关强度($|r|_{受害} = 0.13 > |r|_{欺凌} = 0.06$),与受害呈中等程度相关,与欺凌呈弱相关;然而,教师支持和自主性却与欺凌、受害呈显著的正相关关系($r = 0.11 \sim 0.23$,$p < 0.01$),教师支持越多、自主性越高的学生欺凌和受害的可能性也越大,这一反常结果将会在模型检验过程进行详细分析并在后文中展开深入讨论。(2)学校欺凌水平、越轨同伴交往也都与欺凌和受害呈显著正相关关系($r = 0.06 \sim 0.39$,$p < 0.01$),学校欺凌水平越高、与越轨学生交往越频繁,学生发生欺凌和遭受欺凌的概率也越大;同时,学校欺凌水平与受害的相关强度大于与欺凌相关强度($|r|_{受害} = 0.15 > |r|_{欺凌} = 0.05$),在较多学校欺凌的情况下,多数学生遭受欺凌的可能性越大,这也说明跟欺凌相比,受害的群体更广泛,欺凌行为很有可能带有泛化的特点,即欺凌行为是欺凌者的一种固定的行为模式,欺凌者在许多同学身上都施加过欺凌行为,致使受害者的人数和群体范围高于欺凌者,因此学生们报告了更多受害现象。(3)校园氛围及教师支持、

同伴支持、自主性均与学校欺凌水平呈显著负相关关系($r=-0.15\sim-0.09$,$p<0.01$),校园氛围越好、越积极,教师与学生之间、学生与学生之间的关系越和谐,而且学生参与学校事务的程度越高,学校整体的欺凌水平就越低。(4)校园氛围及教师支持、同伴支持、自主性也均与越轨同伴交往呈负相关关系($r=-0.24\sim-0.05$,$p<0.01$),校园氛围越好、越积极,教师与学生之间、学生与学生之间的关系越和谐,而且学生参与学校事务的程度越高,学校内学生结交越轨学生的可能性也越低。然而,教师支持和自主性却并非校园欺凌的显著抑制因素,反而与更多的欺凌和受害有关;但同时,教师支持和自主性的减少也与更少的学校欺凌水平有关,这说明,虽然教师支持和自主性很可能出人意料地增加了个别个体欺凌和受害的概率,但对学校整体来说,却降低了校园欺凌发生的频率以及学生与越轨学生来往的频率。变量间的具体预测关系仍需进一步检验。

二、中学生校园欺凌发生机制初步检验

(一)家庭变量模型检验

采用 Process 中的 Model 6[①] 对基于家庭变量的校园欺凌发生机制的假设模型进行初步检验。回归结果显示:在欺凌发生机制模型中,当控制学校变量的影响后,家庭支持能够直接显著预测欺凌且该预测作用为负向($\beta=-0.04$,$p<0.01$),较多的家庭支持能够有效减少学生的欺凌行为。家庭支持也通过父母行为控制和越轨同伴的中介作用间接预测欺凌,但在三条间接路径中,路径 1 并不显著(家庭支持→父母行为控制→欺凌,95%置信区间包含 0),路径 2 和路径 3(家庭支持→父母行为控制→越轨同伴交往→欺凌,家庭支持→父母行为控制→越轨同伴交往→欺凌;95%置信区间均不包含 0)显著,且路径 3 的间接效应值显著大于路径 2($\text{Effect}_3=-0.10>\text{Effect}_2=-0.01$),也即,越轨同伴交往的单独中介、父母行为控制与其链式中介作用在家庭变量对校园欺凌的抑制中发挥了显著作用且越轨同伴交往的作用相对更大。这表明,来自家庭足够的支持不仅降低了学生结识越轨学生的频率,最终减少欺凌行为,同时也使父母更在意子女交友对象的行为品质并进行监管,这两种机制共同降低了子女参与欺凌行为的风险;(3)进一步比较

---

① 由 Hyes 于 2011 创建,详见网站 http://www.afhayes.com;Bootstrap。抽样次数 5000 次,下同。

分析发现,家庭支持影响欺凌的总效应值为－0.15,直接路径的效应值为－0.04,总间接路径的效应值为－0.11(95%置信区间均不包含0),直接路径的作用强度(绝对值)小于间接路径 3 和路径 2,这表明,在家庭支持预测欺凌的过程中,家庭支持的直接作用小于越轨同伴交往的单独中介作用以及父母行为控制与越轨同伴交往的链式中介作用,家庭支持最先通过避免学生结交越轨学生从而抑制欺凌行为(间接路径 3),其次通过规范学生的交友行为使其不去结交越轨学生最终减少或遏制欺凌行为的发生(间接路径 2),最后也在一定程度上直接减少和遏制了学生欺凌行为的发生(直接路径)。这一结果说明,欺凌行为的发生与家庭因素有着必然关系,欺凌是家庭支持缺乏和父母行为监管不到位的重要结果,相反,增加家庭支持能够有效减少欺凌行为的发生。具体而言,家庭因素更多地通过越轨同伴交往和父母行为控制联合作用抑制欺凌行为的发生,同时也能够直接影响欺凌行为的发生,来自家庭环境中的家庭支持和父母行为控制能够有效阻止学生发生欺凌行为。

受害发生模型中也发现了同样的结果。家庭支持对受害的直接预测作用显著($\beta=-0.07$,$p<0.001$),充分的家庭支持能够直接使学生免遭他人欺凌;家庭支持对受害的间接预测作用显著且越轨同伴交往的单独中介作用显著大于父母行为控制与其的链式中介作用($|\text{Effect}_3|=0.09>|\text{Effect}_2|=0.01$,95%置信区间均不包含 0);在家庭支持影响受害的总效应中,间接效应大于直接效应($|\text{Effect}_{间接}|=0.10>|\text{Effect}_{直接}|=0.07$),家庭支持最先通过避免学生结交越轨学生使其免遭欺凌伤害(间接路径 3),其次通过规范学生的交友行为使其不去结交越轨学生,最终降低其被欺凌的频率,阻断被欺凌的势头(间接路径 2),最后也在一定程度上直接减少和阻断欺凌行为的发生(直接路径)。同样,受害的发生也与家庭因素密不可分,家庭支持的缺乏以及父母对交友行为的忽视是受害发生的重要原因,受害正是在这种家庭支持和监管不足的情况下发生的,而充分的家庭支持和适当的父母行为控制是防止学生在学校遭受校园欺凌的重要保护源。家庭支持能够及时阻断学生与越轨学生的频繁交往使其不被欺凌,也能够在父母对交友行为的控制下使其远离越轨群体最终避免被欺凌。家庭变量预测校园欺凌的直接和间接路径结果详见表 5-2 所示。

表 5-2　家庭支持预测校园欺凌路径分析结果

因变量	路径		Effect	SE	95%CI
欺凌	直接	家庭支持→欺凌	−0.043	0.015	[−0.07, −0.01]
	总间接	家庭支持→中介→欺凌	−0.105	0.008	[−0.12, −0.09]
	间接1	家庭支持→父母行为控制→欺凌	−0.003	0.004	[−0.01, 0.00]
	间接2	家庭支持→父母行为控制→越轨同伴交往→欺凌	−0.005	0.002	[−0.00, −0.00]
	间接3	**家庭支持→越轨同伴交往→欺凌**	**−0.097**	**0.00**	**[−0.01, −0.00]**
受害	直接	家庭支持→受害	−0.070	0.015	[−0.11, −0.08]
	总间接	家庭支持→中介→受害	−0.091	0.008	[−0.12, −0.10]
	间接1	家庭支持→父母行为控制→受害	0.004	0.004	[−0.00, 0.01]
	间接2	家庭支持→父母行为控制→越轨同伴交往→受害	−0.005	0.001	[−0.01, −0.00]
	间接3	**家庭支持→越轨同伴交往→受害**	**−0.090**	**0.01**	**[−0.10, −0.08]**

注:为方便查看,表中的效应值(Effect)保留到小数点后三位,正文中为方便表述则采取四舍五入法,保留到小数点后两位。表中加粗路径为效应最强路径,下同。

(二)学校变量模型检验

同样使用 Model 6 对基于学校变量的校园欺凌发生机制假设模型进行检验,包括对整体校园氛围下校园欺凌发生机制的检验以及分维度下教师支持、同伴支持和自主性影响校园欺凌发生的具体路径。

结果发现,控制家庭变量后,校园氛围直接显著正向预测欺凌($\beta = 0.04$,$p < 0.05$),积极的校园氛围下学生反倒有更多欺凌行为;校园氛围对欺凌的间接预测作用显著(95%置信区间均不包含 0),但该间接作用是负向的(Effect$= -0.06$),且越轨同伴交往的单独中介作用大于学校整体欺凌水平与其的链式中介作用($|\text{Effect}_3| = 0.05 > |\text{Effect}_2| = 0.01$),积极的校园氛围不仅有效阻止了校内学生结识越轨学生从而遏制欺凌的发生,而且也通过降低学校的整体欺凌水平进而制约了校内学生结交越轨同伴,最终阻止了

学生欺凌行为的发生;比较结果发现,校园氛围影响欺凌发生的间接效应大于直接效应($|\text{Effect}_{间接}|=0.06>|\text{Effect}_{直接}|=0.04$),校园氛围首先通过阻断越轨同伴交往遏制校园欺凌发生,接着也通过降低整个学校的欺凌水平阻断越轨同伴交往,最后遏制欺凌行为的发生。

受害发生模型也得到了类似的结果:校园氛围对受害的直接预测作用不显著($p<0.05$);校园氛围间接预测了较少受害($\text{Effect}=-0.063$,95%的置信区间不包含0),越轨同伴交往的单独中介作用大于学校欺凌水平的单独中介作用,大于两者的链式中介作用($|\text{Effect}_3|=0.046>|\text{Effect}_1|=0.013>|\text{Effect}_2|=0.004$);校园氛围的间接效应大于直接效应且仅通过间接路径作用于受害的发生($|\text{Effect}_{间接}|=0.06>|\text{Effect}_{直接}|=0.03$),校园氛围仅通过越轨同伴交往以及两者的联合作用间接抑制了受害的发生,但在一定程度上也直接促使了受害的发生(见表 5-3)。

这一检验结果说明,校园氛围对校园欺凌既有抑制作用也有促进作用,但抑制作用明显大于促进作用,在现实防治中需要尤其注意这一点。换言之,校园氛围在防治校园欺凌发生的实际过程中具有双重作用,一方面,良好的校园氛围能够通过降低学校整体欺凌水平以及减少越轨同伴交往抑制学生欺凌行为的发生,保护学生不被欺凌;另一方面,良好校园氛围的创建也在一定程度上引发了学生欺凌行为和受害情况的发生。因此,需要辩证看待校园氛围在防治校园欺凌中的作用,进一步深入探究校园氛围中的教师、同伴和自主性是怎样具体影响欺凌发生的,在校园欺凌发生机制中是否存在不同的路径模型。

表 5-3　学校氛围预测校园欺凌路径分析结果

因变量	路径		Effect	SE	95%CI
欺凌	直接	校园氛围→欺凌	0.035	0.014	[0.01, 0.06]
	总间接	校园氛围→中介→欺凌	−0.056	0.006	[−0.07, −0.04]
	间接 1	校园氛围→学校整体欺凌水平→欺凌	−0.001	0.001	[−0.07, 0.00]
	间接 2	校园氛围→学校整体欺凌水平→越轨同伴交往→欺凌	−0.005	0.001	[−0.01, −0.00]
	间接 3	**校园氛围→越轨同伴交往→欺凌**	**−0.050**	**0.006**	**[−0.06, −0.04]**

续表

因变量	路径		Effect	SE	95％CI
受害	直接	校园氛围→受害	−0.027	0.014	[−0.05，0.00]
	总间接	校园氛围→中介→受害	−0.063	0.006	[−0.08，−0.05]
	间接1	校园氛围→学校整体欺凌水平→受害	−0.013	0.003	[−0.02，−0.01]
	间接2	校园氛围→学校整体欺凌水平 →越轨同伴交往→受害	−0.004	0.001	[−0.01，−0.00]
	间接3	**校园氛围→越轨同伴交往→受害**	**−0.046**	**0.005**	**[−0.06，−0.04]**

对教师支持下校园欺凌发生机制模型的检验结果显示：在对家庭变量进行控制后，教师支持对欺凌和受害的直接正向预测作用显著，教师支持对欺凌的回归系数大于对受害的回归系数（$\beta_{欺凌}=0.28$，$p<0.001$；$\beta_{受害}=0.18$，$p<0.001$），较多的教师支持导致学生发生更多欺凌行为，也使得学生更容易遭受欺凌伤害，但教师支持引发的欺凌明显多于受害；教师支持对欺凌和受害的间接预测作用也均显著（95％置信区间不包含0；欺凌中的间接路径2,3显著，受害中的间接路径1,2,3均显著），但间接作用均为负向（Effect＝−0.02），且越轨同伴交往的单独中介最大，教师支持通过减少越轨同伴交往和学校整体欺凌水平进而抑制学生发生欺凌行为和避免被欺凌；比较结果发现，教师支持对欺凌和受害的直接作用大于间接作用（欺凌情况中，|Effect$_{直接}$|＝0.28＞|Effect$_{间接}$|＝0.02；受害情况中，|Effect$_{直接}$|＝0.18＞|Effect$_{间接}$|＝0.02），教师支持首先是增加了欺凌行为和受害，其次才是减少欺凌行为和受害。因此，教师支持虽然在校园欺凌的防治中发挥着一定的正面影响，但实际上它的负面影响更大且处于被忽视的状态（见表5-4）。

表5-4 教师支持预测校园欺凌路径分析结果

因变量	路径		Effect	SE	95％CI
欺凌	直接	**教师支持→欺凌**	**0.281**	**0.013**	**[0.26，0.31]**
	总间接	教师支持→中介→欺凌	−0.017	0.006	[−0.03，−0.01]
	间接1	教师支持→学校整体欺凌水平→欺凌	−0.002	0.001	[−0.00，0.00]
	间接2	教师支持→学校整体欺凌水平 →越轨同伴交往→欺凌	−0.003	0.001	[−0.01，−0.00]
	间接3	教师支持→越轨同伴交往→欺凌	−0.012	0.006	[−0.02，−0.00]

续表

因变量	路径		Effect	SE	95%CI
受害	直接	**教师支持→受害**	**0.177**	**0.014**	**[0.15, 0.20]**
	总间接	教师支持→中介→受害	−0.022	0.006	[−0.03, −0.01]
	间接1	教师支持→学校整体欺凌水平→受害	−0.008	0.002	[−0.01, −0.0]
	间接2	教师支持→学校整体欺凌水平→越轨同伴交往→受害	−0.003	0.001	[−0.00, −0.00]
	间接3	教师支持→越轨同伴交往→受害	−0.011	0.006	[−0.02, −0.00]

　　然而,同伴支持下校园欺凌发生机制假设模型的检验却得出了不一样的结果。在对家庭变量进行控制后,同伴支持能够直接显著负向预测欺凌和受害（$\beta_{欺凌}=-0.26,p<0.001;\beta_{受害}=-0.23,p<0.001$）,较多的同伴支持有效抑制了学生欺凌行为并避免了受害的发生;同伴支持对欺凌和受害的间接预测作用也均显著（欺凌中的间接路径2、路径3显著,受害中的间接路径1、路径2、路径3均显著）,越轨同伴的单独中介作用大于其他中介作用,从同伴那里获得的支持能够明显降低学校欺凌水平并阻止学生结交越轨朋友,从而遏制欺凌行为,避免受害的发生;同伴支持的直接作用大于间接作用,同伴支持首先直接遏制了欺凌和受害的发生,其次通过越轨同伴交往、学校欺凌水平间接遏制欺凌和受害的发生。因此,同伴支持是防治校园欺凌的重要保护性因素,是创建良好校园氛围的重中之重（见表5-5）。

表 5-5　同伴支持预测校园欺凌路径分析结果

因变量	路径		Effect	SE	95%CI
欺凌	直接	**同伴支持→欺凌**	**−0.256**	**0.013**	**[0.28, 0.23]**
	总间接	同伴支持→中介→欺凌	−0.061	0.006	[−0.07, −0.05]
	间接1	同伴支持→学校整体欺凌水平→欺凌	0.003	0.001	[−0.00, 0.01]
	间接2	同伴支持→学校整体欺凌水平→越轨同伴交往→欺凌	−0.003	0.001	[−0.01, −0.00]
	间接3	同伴支持→越轨同伴交往→欺凌	−0.060	0.006	[−0.07, −0.05]

续表

因变量	路径		Effect	SE	95％CI
受害	直接	**同伴支持→受害**	**−0.227**	**0.013**	**[−0.25，−0.20]**
	总间接	同伴支持→中介→受害	−0.069	0.006	[−0.08，−0.06]
	间接 1	**同伴支持→学校整体欺凌水平→受害**	**−0.009**	**0.002**	**[−0.02，−0.01]**
	间接 2	同伴支持→学校整体欺凌水平→越轨同伴交往→受害	−0.003	0.001	[−0.05，−0.00]
	间接 3	同伴支持→越轨同伴交往→受害	−0.057	0.005	[−0.06，−0.05]

自主性检验结果与教师支持检验结果一致：在对家庭变量进行控制后，自主性对欺凌和受害的直接正向预测作用显著（$\beta_{欺凌}=0.27,p<0.001;\beta_{受害}=0.15,p<0.001$），但对欺凌的回归系数大于对受害的回归系数，学生在参与学校事务时的较高自主程度引发了更多欺凌行为，也带来了更多受害情况，但引发的欺凌多于受害。自主性对欺凌和受害的间接预测显著，但也是负向的，自主性降低了学校整体欺凌水平，减少了越轨同伴交往，进而减少了欺凌和受害的发生，这一过程中，越轨同伴交往的单独中介作用最大。自主性的直接效应大于间接效应（见表 5-6），自主性引发的欺凌和受害明显多于遏制的欺凌和受害，也即，过大于功。因此，在基于防治校园欺凌的校园氛围营造中，自主性是一把双刃剑，既能够为治理校园欺凌带来一定的成效，也会成为滋生校园欺凌的隐形的、被忽视的温床。

表 5-6　自主性预测校园欺凌路径分析结果

因变量	路径		Effect	SE	95％CI
欺凌	直接	**自主性→欺凌**	**0.265**	**0.013**	**[0.24，0.29]**
	总间接	自主性→中介→欺凌	0.001	0.006	[−0.01，0.01]
	间接 1	自主性→学校整体欺凌水平→欺凌	−0.002	0.001	[−0.01，−0.00]
	间接 2	自主性→学校整体欺凌水平→越轨同伴交往→欺凌	−0.003	0.001	[−0.01，−0.00]
	间接 3	家庭支持→越轨同伴交往→欺凌	−0.007	0.006	[−0.00，0.02]

续表

因变量	路径		Effect	SE	95%CI
受害	直接	**自主性→受害**	**0.154**	**0.013**	**[0.13，0.18]**
	总间接	自主性→中介→受害	−0.006	0.006	[−0.02，0.01]
	间接1	自主性→学校整体欺凌水平→受害	−0.009	0.002	[−0.01，−0.00]
	间接2	自主性→学校整体欺凌水平→越轨同伴交往→受害	−0.003	0.001	[−0.00，−0.00]
	间接3	自主性→越轨同伴交往→受害	0.006	0.005	[−0.00，0.02]

总之，应批判性地看待校园氛围在校园欺凌发生机制中的作用。校园氛围虽然与欺凌和受害呈负相关，但教师支持和自主性却与更多的校园欺凌有关，与此相呼应，教师支持和自主性也预测了更多的欺凌和受害，这是校园氛围在防治校园欺凌过程中的负面作用的具体体现。但同时，校园氛围的确能够有效减少欺凌和受害行为的发生，这一正面作用主要由同伴支持来实现，校内学生与学生之间友善、和谐的相处氛围能够及时防止校园欺凌行为的发生。

（三）家庭与学校发生机制模型比较

由于 Process 模型检验中输出的均为标准化结果，因此可对家庭与学校发生机制中的不同路径直接进行比较分析。比较结果显示：（1）在直接路径上，家庭支持对校园欺凌的直接预测效应大于学校氛围且家庭支持的作用是负向的，校园氛围的作用是正向的（|Effect$_{家庭支持}$| = 0.04/0.07）>|Effect$_{学校氛围}$|=0.035；$\beta_{家庭支持}$=−0.04/−0.04，$\beta_{学校氛围}$=0.035）；但与校园氛围的分维度相比，家庭支持的直接作用远小于教师支持、同伴支持和自主性（|Effect$_{家庭支持}$|=0.04/0.07<|Effect$_{教师支持}$|=0.28/0.18，|Effect$_{同伴支持}$|=0.26/0.23，|Effect$_{自主性}$|=0.27/0.15），同时同伴支持与家庭支持对校园欺凌的预测均为负向的（β<0），教师支持与自主性则是正向的（β>0）；（2）在间接路径上，家庭支持与校园氛围的间接路径大于直接路径（|Effect$_{间接}$|>|Effect$_{直接}$|），更多通过越轨同伴中介作用间接预测校园欺凌，但家庭支持、同伴支持和自主性的间接路径远远小于直接路径（|Effect$_{间接}$|<|Effect$_{直接}$|），主要通过直接路径预测校园欺凌。

比较结果表明，从整体来看，家庭支持在预防和减少校园欺凌方面的作用显著优于校园氛围，这一差异与校园氛围内部结构（教师支持、同伴支持和自主性)的互斥表现密切相关。然而,在实际上,同伴支持比家庭支持的作用更强大,更能够有效防止发生欺凌和受害,这也印证了群体社会化理论的观点——同伴群体对学生个体社会化的影响大于家庭内部系统的影响[1][2];教师支持和自主性对校园欺凌的影响也强于家庭支持,但发挥的是相反作用,是校园欺凌发生的促成因素。此外,家庭支持对学生校园欺凌的保护性作用主要通过减少学生结交越轨同伴得以实现,越轨同伴是推动校园欺凌发生的另一关键因素。总而言之,家庭场域中的家庭支持、学校场域中的校园氛围和越轨同伴群体均在校园欺凌的发生中起着重要作用,然而相较而言,学校场域的因素显然比家庭因素的影响更大,虽然家庭作用不可忽视,但重点防治应首先从学校入手。

三、中学生校园欺凌发生机制最终检验

(一)校园欺凌发生机制结构方程检验

采用结构方程模型对已构建的校园欺凌发生机制模型进行第二次检验。在结构方程中,校园氛围、越轨同伴交往、欺凌和受害为潜变量,分别由各自的五个维度拟合而成。由于 Amos 软件需要编写脚本以进行链式中介以及多个间接路径的估计,暂且不支持自变量为潜变量的模式。因此,家庭和学校变量(包括家庭支持、父母行为控制、教师支持、同伴支持、自主性和学校欺凌水平)均为显变量,分别由各自的总分表示。拟合指标主要有:χ^2/df、NFI、RFI、IFI、TLI、CFI、RMSEA,其中,卡方与自由度的比值理应小于 5,但在样本量超过 200 的大样本情况下,该比值可适当大于 5,GFI~CFI 的临界值至少为 0.90,RMSEA 值应在 0.050 以下[3][4],所有检验结果均为控制学校或家庭变量后的结果。

基于家庭变量的结构方程检验结果显示:欺凌和受害发生机制模型拟

①　HARRIS J R. Where is the child's environment? a group socialization theory of development[J]. Psychological review, 1995,102(3):458-489.

②　戴维·迈尔斯.社会心理学(第 11 版)[M].侯玉波,乐国安,张智勇,等译.北京:人民邮电出版社,2016.

③　吴明隆.结构方程模型:AMOS 的操作与应用[M].2 版.重庆:重庆大学出版社,2017.

④　温忠麟,方杰,沈嘉琦,等.新世纪 20 年国内心理统计方法研究回顾[J].心理科学进展,2021,29(8):1331-1344.

合均良好,表明理论构建的校园欺凌发生机制模型与实际数据是相符合的($\chi^2/df = 7.86/9.50$,NFI$=0.99/0.99$,RFI$=0.99/0.98$,IFI$=0.99/0.99$,TLI$=0.99/0.98$,CFI$=0.99/0.99$,RMSEA$=0.038/0.043$);家庭支持负向预测欺凌和受害($\beta_{欺凌}=-0.04$,$p<0.01$;$\beta_{受害}=-0.07$,$p<0.01$);家庭支持通过越轨同伴交往的单独中介(作用最大)和父母行为控制与其的链式中介间接预测欺凌和受害(欺凌:$\text{ind}_{越轨}=-0.111$,$\text{ind}_{链式}=-0.007$,$p<0.01$,95%置信区间均不包含0;受害:$\text{ind}_{越轨}=-0.105$,$\text{ind}_{链式}=-0.007$,$p<0.01$,95%置信区间均不包含0),父母行为控制的中介作用不显著(95%置信区间包含0);家庭支持的间接效应大于直接效应(欺凌:$|\text{Effect}_{间接}|=0.12>|\text{Effect}_{直接}|=0.04$;受害:$|\text{Effect}_{间接}|=0.11>|\text{Effect}_{直接}|=0.07$)。这一结果与初步检验结果一致。

基于学校变量检验结果发现,在校园氛围模型中,校园氛围作用于校园欺凌发生机制的模型拟合均较好($\chi^2/df = 6.13/8.89$,NFI$=0.99/0.99$,RFI$=0.99/0.98$,IFI$=0.99/0.99$,TLI$=0.99/0.98$,CFI$=0.99/0.99$,RMSEA$=0.033/0.043$)。校园氛围对欺凌和受害的直接预测作用显著,能够正向预测欺凌,负向预测受害($\beta_{欺凌}=-0.04$,$p<0.01$;$\beta_{受害}=0.03$,$p<0.05$)。校园氛围对欺凌、受害的间接预测作用显著(95%置信区间不包含0),在欺凌发生机制中,越轨同伴的单独中介作用最大,链式中介次之,学校欺凌水平的单独中介作用不显著(95%置信区间包含0);在受害机制中,三条中介路径均显著,越轨同伴交往作用最大,学校欺凌水平次之,链式最小。校园氛围的间接效应均大于直接效应(欺凌:$|\text{Effect}_{间接}|=0.08>|\text{Effect}_{直接}|=0.04$;受害:$|\text{Effect}_{间接}|=0.09>|\text{Effect}_{直接}|=0.03$)。此处欺凌发生机制模型检验结果与初步检验结果一致,受害模型中除直接路径也显著外(初步不显著),也与初步检验结果一致。

在教师支持模型中,模型拟合良好($\chi^2/df = 6.55/8.89$,NFI$=0.99/0.99$,RFI$=0.98/0.97$,IFI$=0.99/0.99$,TLI$=0.99/0.98$,CFI$=0.99/0.99$,RMSEA$=0.034/0.047$)。教师支持对欺凌、受害的直接正向预测作用显著($\beta_{欺凌}=0.29$,$p<0.001$;$\beta_{受害}=0.18$,$p<0.001$)。教师支持对欺凌、受害的间接预测显著(95%置信区间不包含0),在欺凌发生机制中,越轨同伴的单独中介作用最大,链式中介次之,学校欺凌水平的单独中介作用不显著(95%置信区间包含0);在受害机制中,三条中介路径均显著,越轨同伴交往作用最大,学校欺凌水平次之,链式最小。教师支持的直接效应均大于间接效应

（欺凌：│Effect$_{直接}$│＝0.29＞│Effect$_{间接}$│＝0.04；受害：│Effect$_{直接}$│＝0.18＞│Effect$_{间接}$│＝0.05）。这一检验结果与初步检验结果相一致。

在同伴支持模型中，模型拟合良好（χ^2/df＝6.60/8.16，NFI＝0.99/0.99，RFI＝0.99/0.98，IFI＝0.99/0.99，TLI＝0.99/0.98，CFI＝0.99/0.99，RMSEA＝0.034/0.039）。同伴支持对欺凌、受害的直接负向预测作用显著（$\beta_{欺凌}$＝－0.26，p＜0.001；$\beta_{受害}$＝－0.24，p＜0.001）。同伴支持对欺凌、受害的间接预测显著（95％置信区间不包含0），在欺凌发生机制中，越轨同伴的单独中介作用最大，链式中介次之，学校欺凌水平的单独中介作用不显著（95％置信区间包含0）；在受害机制中，三条中介路径均显著，越轨同伴交往作用最大，学校欺凌水平次之，链式最小。同伴支持的直接效应均大于间接效应（欺凌：│Effect$_{直接}$│＝0.26＞│Effect$_{间接}$│＝0.08；受害：│Effect$_{直接}$│＝0.24＞│Effect$_{间接}$│＝0.09）。这一检验结果也与初步检验结果相一致。

在自主性模型中，模型拟合良好（χ^2/df＝7.00/9.35，NFI＝0.99/0.99，RFI＝0.99/0.98，IFI＝0.99/0.99，TLI＝0.99/0.98，CFI＝0.99/0.99，RMSEA＝0.036/0.042）。自主性对欺凌、受害的直接正向预测作用显著（$\beta_{欺凌}$＝0.27，p＜0.001；$\beta_{受害}$＝0.17，p＜0.001）。自主性对欺凌、受害的间接预测显著（95％置信区间不包含0），在欺凌发生机制中，越轨同伴的单独中介作用最大，链式中介次之，学校欺凌水平的单独中介作用不显著（95％置信区间包含0），在受害机制中，三条中介路径均显著，越轨同伴交往作用最大，学校欺凌水平次之，链式最小。自主性的直接效应均大于间接效应（欺凌：│Effect$_{直接}$│＝0.27＞│Effect$_{间接}$│＝0.02；受害：│Effect$_{直接}$│＝0.17＞│Effect$_{间接}$│＝0.03）。这一检验结果仍与初步检验结果相一致。

（二）校园欺凌发生机制最终模型

通过比较和汇总 Process 检验结果和本节 SEM 检验结果，可以发现家庭支持是校园欺凌的积极保护因子，虽然家庭支持能够显著减少欺凌和受害的发生，但这一作用路径明显弱于间接路径，它实际上主要通过减少学生的越轨同伴交往进而减少校园欺凌；同时，父母行为控制的中介作用以及父母行为控制与越轨同伴交往的链式中介作用也发挥了一定的作用，但非常微弱。学校氛围对欺凌和受害的直接预测为正向的，但其间接预测为正向的且间接作用大于直接作用，因此在校园氛围的营造实践中应找出校园氛围中的异常方面所在；进一步分解检验发现，教师支持和自主性正是校园氛围中起作用的因素，两者对欺凌和受害的直接正向作用显著且大于越轨同伴交往的间接作用,但同伴支持则是其中的保护性因素,同伴支持能够直接减少欺凌和受害的发生且大于越轨同伴交往间接作用。在家庭场域,家庭支持的目标点应锚定在减少越轨同伴交往方面,家庭防治的重点应落在减少学生接触和结交越轨同伴上,通过提供足够的家庭支持,使学生获取来自家庭的充足的爱与关怀,从而减少对越轨群体的需求,最终避免卷入校园欺凌。然而,在学校场域,同伴支持是学校防治的重点,良好的同伴关系有助于避免学生之间出现大量人际矛盾,从而从源头上减少校园欺凌行为的发生。由此可见,家庭对校园欺凌的影响侧重于让学生远离越轨同伴(消极的同伴关系),而学校的影响则侧重于为学生提供充分的同伴支持(积极的同伴关系)。通过对家校场域校园欺凌发生机制模型的两步检验,本书基于Process 检验和 SEM 结果确定最终模型如图 5-2。

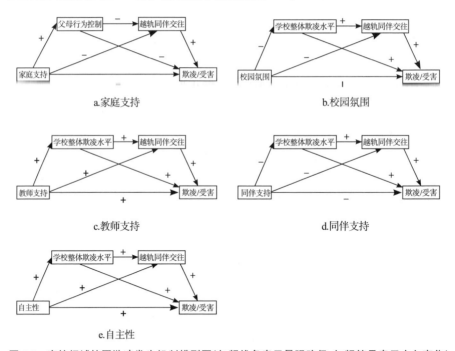

图 5-2　家校场域校园欺凌发生机制模型图(加粗线条表示最强路径,加粗符号表示方向变化)

第三节　中学生校园欺凌发生机制跨群组验证

跨群组验证(Multi-group Model)的目的在于对基于学校特征的校园欺凌发生机制最优模型(最终模型)的跨群组一致性进行深入统计检验。[①] 跨群组验证具有很强的必要性,一方面,能够增强模型的外部效度,保证该模型在不同群体中的通用性;另一方面,通过比较已经构建和形成的机制模型在不同特征群体中的差异和区别,能够深入精细化既定模型,形成模型的不同变式,从而就不同群体开展有针对性的有效干预活动或项目,提供相对科学、规范的指导建议。

跨群组验证与多层线性模型分析的区别在于,跨群组验证是对个体所在群体特征的考察,群组既包括来自不同物理空间上的国家、地区、学校等总体群,也包括不同文化、经济发展特征下的总体群,还包括如性别、民族、职业等来自个体差异的个体群;多层线性模型分析是对变量特征的考察,如个体层变量、学校层变量、家庭层变量、地区层变量或国家层变量等。换言之,跨群组验证是基于被试个体特征的考虑,更关注变量间有相同特征的个体所在的群体具有怎样的相关或因果关系或组合模型,而多层线性模型分析则默认个体层的个体被试具有同质性,个体之间不存在明显的差异,更侧重变量的归属性或来源性问题并据此考察环境变量对相同个体的影响如何。总之,可以粗略理解为,多层线性模型分析是对构建模型的横向考察,而跨群组验证是对最优模型的纵向考察。显然,跨群组验证是对多层线性模型分析的重要补充,从个体特征差异视角考察模型的适用性问题。

基于校园欺凌相关文献梳理和理论研习,本书中对最优模型的跨群组验证从小到大排列,主要包括:性别群组、独生群组、寄宿群组、城乡群组和民族群组。性别群组分为男生、女生群,独生群组分为独生、非独生群,其中,寄宿群组分为寄宿、非寄宿群,城乡群组分为城市、乡村群,民族群组分为汉族、壮族群。跨群组验证的前提是,个体在除要验证的群体特征外,在

---

① 王济川,王小倩,姜宝法.结构方程模型:方法与应用[M].北京:高等教育出版社,2011.

其他特征上均应不存在显著差异,以避免抽样偏差或选择性偏误(selection bias)影响到最终分析结果和研究发现的普适性。倾向值匹配(Propensity Score Matching,PSM),也叫倾向值分析(Propensity Score Analysis,PSA)是解决这一问题的重要统计方法。[①] 因此,跨群组验证的具体分析方法可分为两步:第一步,对所要研究的群组进行 PSM,确定保留的最终样本;第二步,使用跨群组模型分析,对模型进行验证并探究群组中的一致性和差异性结果。为避免模型的选择偏差,跨群组检验的模型选定为包含最优模型(只包含间接路径)在内的初步模型(既包含直接路径也包含间接路径),从而深入了解最优模型在群组间的适用性和局限性问题,提出校园欺凌防治基于不同群体的针对性指导建议。

一、跨性别与独生群组验证

(一)性别群组验证

在 PSM 操作界面将男生设置为倾向组,女生设置为匹配组(1＝男生,0＝女生),年龄、户口(农业—非农业)、民族(汉族—其他民族)、学校地区(城市—乡村)、寄宿情况(寄宿—非寄宿)、是否残疾(残疾—健全)、是否独生(独生—非独生)、家庭收入(连续变量)、父母关系(连续变量)和父母教育期望(连续变量)等人口学变量作为平衡指标,进行匹配容差性为 0(取值范围在 0～1,值越小,匹配条件越严苛,成对数据间的差异越接近于无)的 PSM 分析。结果显示,共精准匹配出 830 对性别数据,男生 830 人(50％),女生 830 人(50％),共 1660 人。由于人口学变量多为二分变量(虚拟处理为连续变量)和连续变量,可将统一进行独立样本 t 检验,以确定最终筛选出的 1660 个群组数据在这些方面的均衡性。t 检验结果发现,男生组样本和女生组样本在年龄、户口、民族、学校地区、寄宿、残疾、独生、家庭收入、父母关系和父母教育期望上的差异全部不显著($p > 0.05$),性别群组数据十分均衡,适合进行跨群组模型检验。

男生群组模型验证结果发现,在家庭场域,家庭支持仅通过越轨同伴交往的单独中介间接预测欺凌和受害(Effect＝－0.07/－0.05;95％置信区间不包含 0),直接作用和其他间接路径均不显著($p > 0.05$,95％置信区间均包

---

① 郭申阳,弗雷泽. 倾向值分析:统计方式与应用[M].郭志刚,巫锡炜,等译.重庆:重庆大学出版社,2012.

含 0)。在学校场域,同总模型检验结果相一致,校园氛围对欺凌的直接预测显著且为正向($\beta = 0.12$,$p < 0.01$),对受害的直接预测不显著($p > 0.05$),但越轨同伴交往的中介效应小于校园氛围的直接效应(Effect = -0.05,95%置信区间不包含 0);教师支持、同伴支持和自主性的校园欺凌的直接预测作用均显著且直接效应最大,其中教师支持和自主性为正向作用($\beta_{教师支持} = 0.35/0.25$,$p < 0.001$;$\beta_{自主性} = 0.34/0.24$,$p < 0.001$),同伴支持为负向作用($\beta = -0.27/0.26$,$p < 0.001$)。这一验证结果说明,对男生来说,学校因素(校园氛围及分维度)对其自身的欺凌行为和受害遭遇的影响比家庭因素(家庭支持、父母行为控制)的影响更直接且重要,在校园欺凌的防治实践中应更加关注校园氛围的营造对男生群体的具体影响,同时,这一结果整体上支持了前文检验后的校园欺凌发生机制最终模型。

　　女生群组模型验证结果发现,同男生组验证结果相似,女生组家庭支持仅通过越轨同伴交往的中介间接预测欺凌(Effect = -0.04,95%置信区间不包含 0),但家庭支持对受害的直接预测显著且大于越轨同伴交往的中介作用($\beta = -0.07$,$p < 0.01$;Effect = -0.05,95%置信区间不包含 0)。校园氛围对女生欺凌和受害的直接作用显著且是负向的($\beta = -0.09$,$p < 0.01$),直接作用也大于间接作用(Effect = -0.03,95%置信区间包含 0);教师支持对欺凌和受害的直接正向预测作用均显著且大于间接作用($\beta = 0.12/0.09$,$p < 0.01$);自主性对欺凌的直接正向预测作用显著,但对受害的直接预测不显著($\beta_{欺凌} = -0.12$,$p < 0.001$;$\beta_{受害} = -0.05$,$p > 0.05$);同伴支持对欺凌和受害的直接负向预测作用显著且效应最大($\beta = -0.20/-0.17$,$p < 0.001$)。这一验证结果表明,一方面,家庭支持在保护女生的受害中发挥着直接作用;另一方面,学校支持对女生校园欺凌的影响也大于家庭,同伴支持有效避免女生卷入校园欺凌。此外,这一结果绝大部分支持了最终模型。

　　通过男女组对比分析发现,最终模型在性别群组得到了支持,无论是家庭因素还是学校因素,男生群组中的预测效应值都大于女生群组,对男生群体的校园欺凌的影响都更强,这也与男生群体的校园欺凌多发现象有关,由此可知,男生更容易卷入校园欺凌,家庭和学校的保护性因子更能减少男生的欺凌行为和受害遭遇。因此,在校园欺凌防治中,应从家校两方面入手,以学校干预为主、家庭干预为辅,着重营造以同伴支持为重点的校园氛围,通过加强家庭支持,减少高风险男生与越轨同伴的交往,切实加强对男生群体欺凌行为和遭遇欺凌的预防。

（二）独生群组验证

分别设置独生—非独生为倾向组和匹配组，其他人口学信息为平衡指标，容差性为0，进行PSM分析。结果显示，共精确匹配出133对独生与非独生群组数据，独生133人（50%），非独生133人（50%）；两组数据在各个平衡指标上的差异均不显著（$p > 0.05$），匹配数据十分平衡。

Process群组模型验证结果发现，在独生子女群组中，家庭支持对校园欺凌的直接负向预测不显著（$\beta = -0.11/-0.08, p > 0.05$），仅通过父母行为控制和越轨同伴交往的链式中介间接预测欺凌和受害（Effect=0.01/0.02，95%置信区间不包含0）。在学校场域，校园氛围对欺凌的直接正向预测不显著（$\beta = 0.10, p > 0.05$），仅通过越轨同伴交往的单独中介间接预测欺凌（Effect=-0.05，95%置信区间不包含0），但校园氛围能够显著正向预测受害（$\beta = 0.17, p < 0.05$）且直接作用大于越轨同伴交往的中介作用（Effect=-0.07，95%置信区间不包含0）；教师支持和自主性对欺凌和受害的正向直接预测均显著（$\beta = 0.29/0.35, p < 0.001$）且是唯一显著路径。同伴支持对欺凌和受害的负向预测显著（$\beta = -0.22/-0.17, p < 0.001$）且大于越轨同伴交往的单独中介（Effect=$-0.06/-0.08$，95%置信区间不包含0）。这一结果表明，对独生子女学生来说，家庭的影响主要通过间接路径实现，但学校的影响（家庭支持、同伴支持和自主性）是最直接且最有效的；通过家庭和学校的协同努力，帮助独生子女学生远离越轨同伴并建立良好的同伴关系，是避免其卷入校园欺凌的重要途径。这一结果同时也支持了最终模型。

在非独生子女群组，家庭支持的直接和间接路径均不显著（$p > 0.05$，95%置信区间包含0）；校园氛围对欺凌预测仅通过越轨同伴交往的间接路径得以实现（Effect=-0.07，95%置信区间不包含0），但校园氛围对受害的直接和间接路径均不显著（$p > 0.05$，95%置信区间包含0）。进一步分解验证发现，教师支持仅通过越轨同伴交往的中介间接预测欺凌和受害（Effect=$-0.11/-0.07$，95%置信区间不包含0），自主性对欺凌的直接正向预测和间接预测显著（$\beta = 0.24, p < 0.001$；Effect=-0.06，95%置信区间不包含0），但对受害的直接和间接预测均不显著（$p > 0.05$，95%置信区间包含0）；同伴支持的结果与总模型相比，则未发生改变，同伴支持对欺凌和受害的直接负向预测作用显著且大于越轨同伴交往的单独中介作用（$\beta = -0.44/-0.44$，$p < 0.001$；Effect=$-0.04/-0.02$，95%置信区间不包含0）。由此可见，对于非独生子女学生而言，同伴支持在减少和阻止校园欺凌发生的实践中尤为

重要。因此营造以同伴支持为重点的校园氛围对非独生子女的校园欺凌防治更为有效。同时,这也部分支持了最终模型。

比较两组结果可知,最终模型在独生群组整体上相对稳定,但仍存在一定的变化。对独生子女学生来说,家庭和学校在阻断校园欺凌中都发挥着重要作用,家校联合是防治独生子女群体校园欺凌的有效途径。然而,对非独生子女学生来说,跟学校相比,家庭的影响相对有限,难以发挥实际作用,因此,以学校场域为主,创建和营造以良好同伴关系为主的学校氛围是非独生子女群体校园欺凌方式的最佳路径。

二、跨寄宿与城乡群组验证

(一)寄宿群组验证

寄宿群组 PSM 分析结果表明,设置寄宿生为倾向组、非寄宿生为匹配组,容差性为 0 后,精准匹配的数据共有 306 对,寄宿生 306 人(50%),非寄宿生(走读生)306 人(50%);人口学差异 t 检验结果均不显著($p > 0.05$),该组匹配数据十分平衡。

寄宿组模型验证结果发现:(1)家庭支持的直接预测作用均不显著($p > 0.05$),仅通过越轨同伴交往的中介间接预测欺凌和受害(Effect = $-0.03/-0.03$,95%置信区间不包含 0)。(2)校园氛围对欺凌和受害的预测仅通过越轨同伴交往的单独中介实现(Effect = $-0.05/-0.05$,95%置信区间不包含 0);教师支持对欺凌和受害的直接正向预测作用显著且大于越轨同伴交往的间接作用($\beta = 0.24/0.18$,$p < 0.001$;Effect = $-0.05/-0.05$,95%置信区间不包含 0);同样,自主性对欺凌和受害的直接正向预测也显著且大于越轨同伴交往的间接作用($\beta = 0.20/0.14$,$p < 0.001$;Effect = $-0.03/-0.03$,95%置信区间不包含 0);同伴支持对欺凌和受害的直接负向预测显著且大于越轨同伴交往的间接作用($\beta = -0.27/-0.26$,$p < 0.001$;Effect = $-0.03/-0.03$,95%置信区间不包含 0)。对寄宿生来说,家庭和学校都会影响校园欺凌行为的发生,但学校的作用比家庭更显著,影响也更直接。这一验证结果整体上支持最终模型。

非寄宿组模型验证结果发现,家庭支持对校园欺凌的直接预测作用均不显著($p > 0.05$),仅通过越轨同伴交往的中介间接预测欺凌和受害(Effect = $-0.08/-0.05$,95%置信区间不包含 0)。校园氛围主要通过越轨同伴交往的单独中介间接预测欺凌和受害(Effect = $-0.03/-0.02$,95%置信区间不包含 0);教师支持对欺凌和受害的直接正向预测显著($\beta = 0.26/0.17$, $p < 0.001$)且是唯一显著路径;自主性能够直接正向预测欺凌($\beta = 0.20$, $p < 0.001$),但对受害的预测路径均不显著($p > 0.05$,95% 置信区间包含 0);同伴支持对欺凌和受害的直接负向预测均显著($\beta = -0.26/-0.31$, $p < 0.001$)且大于间接路径(Effect$_{越轨同伴交往} = -0.03/-0.02$, Effect$_{链式中介} = -0.01/-0.004$,95% 置信区间不包含 0)。由此可见,对非寄宿的走读生来说,家校的协同作用依然显著,家庭和学校均能够有效预防和减少校园欺凌的发生,但同其他群组(女生群、独生子女群等)一样,学校的影响始终是最主要、最直接的,因此,营造以同伴支持为核心的校园氛围是预防非寄宿学生发生欺凌行为和遭受他人欺凌的最佳实践途径。这一验证结果同样也支持最终模型。

通过比较寄宿与非寄宿组验证结果可知,最终模型在寄宿群组相对稳定,无论是寄宿生群体还是非寄宿生群体,家庭支持和学校同伴支持都是预防校园欺凌的重要保护因素,家庭和学校都是校园欺凌防治的重要环境系统,缺一不可,但学校应首先担负起主要责任,家庭应积极协助配合学校的治理工作,共同推动校园欺凌防治进展。

(二)城乡群组验证

城乡群组中,设置城市学校学生组为倾向组,乡村学校学生组设置为匹配组。PSM 分析结果发现,模糊匹配(fuzzy matches,该匹配模式允许群组间存在一定的差异性)的结果共有 308 个,也即存在 308 个与城市学校学生在人口学信息上相对均衡的乡村学校学生。在群组总样本中,城市学校学生共 350 人,占比 53.2%,乡村学校学生共 308 人,占比 46.8%;城市组和乡村组学生在人口学信息上的差异检验上存在部分显著结果($p < 0.05$),主要表现在,户口、是否独生子女和家庭收入方面。然而,户口、是否独生子女以及家庭收入是区分城市和乡村的重要标志特征,无法在统计上进行完全均衡化处理,且完全均衡的匹配是不符合实际情况的,因此,综合来看,PSM 匹配出的城乡群组数据相对均衡,可用于进行模型检验。

模型验证结果表明,在城市组,家庭支持仅通过越轨同伴交往的中介间接预测欺凌和受害(Effect $= -0.08/-0.06$,95% 置信区间不包含 0)。校园氛围也仅通过越轨同伴交往的中介间接预测欺凌和受害(Effect $= -0.08/-0.07$,95% 置信区间不包含 0);家庭支持和自主性对欺凌和受害的直接正向预测显著且大于间接预测($\beta_{教师支持} = 0.16/0.12$, $p < 0.001$;$\beta_{自主性} = 0.20/$

0.11, $p < 0.001$);同伴支持对欺凌和受害的直接负向预测显著且大于间接预测($\beta = -0.30/-0.34$, $p < 0.001$)。这一研究结果表明,家校因素在校园欺凌的发生中必不可少,家庭和学校的协同防治是实现校园欺凌防治的有效途径,同时这一结论也进一步验证了最终模型的可靠性。在乡村组,家庭支持仅通过越轨同伴交往的中介间接预测欺凌和受害(Effect = $-0.12/-0.09$, 95%置信区间不包含 0)。校园氛围对欺凌和受害的直接和间接预测均不显著($p > 0.05$, 95%置信区间包含 0);但同之前群组结果一致,教师支持和自主性对欺凌和受害的直接正向预测均显著且是唯一显著路径($\beta_{教师支持} = 0.30/0.31$, $p < 0.001$;$\beta_{自主性} = 0.20/0.11$, $p < 0.001$);同伴支持对欺凌和受害的直接负向预测均显著且是唯一显著路径($\beta = -0.30/-0.34$, $p < 0.001$)。因此,对于乡村学校的学生来说,良好的同伴关系氛围和充分的家庭支持是预防其参与欺凌或遭受欺凌的重要因素,这一结果整体上也支持了最终模型。

总之,最终模型在城乡组中相对稳定,无论是城市学校的学生还是乡村学校的学生,家庭因素和学校因素在校园欺凌的发生过程中都发挥着显著作用且两者的验证结果较为一致,因此,家庭和学校的共同防治,尤其是家庭支持的提供和校园氛围中良好同伴关系的构建对城乡学校学生校园欺凌来说都不可缺少,在防治实践中并不存在显著城乡的差异。

三、跨民族群组验证

由于抽样地区少数民族多为壮族,因此在民族群组匹配设置上将壮族学生设置为倾向组,汉族学生设置为匹配组。PSM 分析结果表明,共模糊匹配出 536 个与壮族学生在均衡指标上大体相一致的汉族学生,壮族学生632 人(54.1%),汉族学生 536 人(45.9%);人口学差异 t 检验存在部分不显著结果($p > 0.05$,性别、是否独生子女、父母教育期望)和部分显著结果($p < 0.05$,年龄、残疾、户口、寄宿与否、家庭收入、父母关系)。同城乡群组PSM 匹配结果相似,民族群组的学生存在着文化和生活背景不同导致的差异,对这些差异的完全均衡化处理是非常不合理的,因此,该组匹配数据达到相对均衡水平,可进行进一步检验。

模型验证结果发现,在壮族学生组,与之前其他群体结果相一致,家庭支持对欺凌和受害的直接负向预测作用不显著($p > 0.05$),仅通过越轨同伴交往的单独中介间接预测校园欺凌(Effect = $-0.12/-0.09$, 95%置信区间不包含 0);校园氛围对欺凌的直接和间接预测均不显著($p>0.05$,95％置信区间包含 0),但能够通过学校整体欺凌水平的中介间接预测受害(Effect＝－0.01,95％置信区间不包含 0);教师支持与自主性对欺凌和受害的直接正向预测均显著且是唯一显著路径($\beta_{教师支持}=0.33/0.19$,$p<0.001$;$\beta_{自主性}=0.29/0.14$,$p<0.001$);同伴支持对欺凌和受害的直接负向预测均显著且大于越轨同伴交往的间接路径($\beta=-0.31/-0.34$,$p<0.001$;Effect＝－0.09/－0.08,95％置信区间不包含 0)。这一验证结果同城乡组一致且整体支持了最终模型。在汉族学生组,家庭支持对欺凌和受害的直接预测也不显著($p>0.05$)且仅通过越轨同伴交往间接预测欺凌和受害(Effect＝－0.08/－0.02,95％置信区间不包含 0);学校氛围也仅通过越轨同伴交往间接预测欺凌和受害(Effect＝－0.04/－0.03,95％置信区间不包含 0);教师支持与自主性均能直接正向预测欺凌和受害且大于间接路径($\beta_{教师支持}=0.20/0.16$,$p<0.001$;$\beta_{自主性}=0.17/0.12$,$p<0.001$);同伴支持对欺凌和受害的直接负向预测作用显著且大于间接路径($\beta=-0.31/-0.29$,$p<0.001$)。该验证结果同样支持了最终模型

比较分析发现,壮族学生群组与汉族学生群组的验证结果整体相一致,最终模型在民族群组相对稳定,并未表现出明显的民族差异。在针对壮族学生与汉族学生的校园欺凌防治中,家校因素同样不可或缺,家庭的积极参与以及以学校为主体的校园欺凌防治实践是实现校园欺凌治理的有效方式,是健全我国校园欺凌长效防治机制,保证学生安全成长、健康成长和全面发展的实现途径。

第六章 中学生校园欺凌防治存在的
关键问题及教育反思

在上一章节,本书通过实际数据对理论构建的校园欺凌发生机制进行了检验和多群组验证,形成了校园欺凌发生机制的最终模型,由实证研究证实了家校协同治理的必要性以及两者分工内容。然而,在校园欺凌实际防治中,校长、教师、家长以及学生等真正的防治实践者或许并未充分认识到校园欺凌发生的实质问题所在,这种理论与实践相脱节的现象极有可能是导致校园欺凌防治成效不佳的根本原因所在。因此,本章旨在通过质性研究方法(如开放式问卷、访谈、个案)解释当前校园欺凌家校协同治理中的关键问题,进行教育反思。首先,针对国内和国外校园欺凌的典型治理项目和研究及其效果、问题进行比较分析,初步探究校园欺凌家校协同治理中可能存在的不足。其次,通过与学校领导者、管理者、教师、家长以及学生本人等进行面对面的交流,获取当前校园欺凌防治实践中相对真实、全面的第一手资料和信息,通过汇总分析揭示当前我国校园欺凌家校协同治理中存在的关键问题。最后,在与实证研究结果进行比较的基础上,明晰家校协同治理关键问题中所反映的教育问题,为进一步有效治理校园欺凌提供必要的理论指导。

第一节 中学生校园欺凌防治实践中的关键问题

研究者采用自上而下的研究路径,综合运用开放式问卷调查、访谈法和个案研究等方法,对教育部门管理人员、法制部门工作人员、学校系统中的领导管理层(校长、副校长等)、教师群体(班主任、任课教师等)、学生群体及家长等多元主体进行实地调研。访谈对象涉及上述所有人员,问卷调查对象主要为学校领导及教职工群体,个案研究对象主要为校园欺凌中的受害学生个人,在具体研究中,三种方法穿插进行以有效收集质性研究资料。

开放式问题调查通过预先拟定的开放式问卷对 5 所中学的校长等高层领导、安全办主任等中层管理以及年级组长、班主任和任课教师等学校在职人员进行提问。在被抽取的 5 所学校中,城市学校有 2 所,乡镇学校有 3 所;高层领导(校长)共 5 人,均为男性,年龄范围在 37～46 岁(平均年龄 41 岁),教龄范围在 13～25 年(平均教龄 19 年);中层管理共 93 人,男性 59 人,女性 34 人,年龄范围在 23～54 岁(平均年龄 36 岁),教龄范围在 6～30 年(平均教龄 20 年);教师层共 601 人,班主任 63 人,任课教师 538 人,男性 206 人,女性 395 人,年龄范围在 20～63 岁(平均年龄 45 岁),教龄范围在 0～35 年(平均教龄 16 年)。

此外,访谈法也用以揭示家校协同治理中的关键问题,具体内容与分析将于下文详细展开。

一、学校管理层:缺乏足够认识

(一)学校领导管理层视角分析

1.校长等问卷调查结果分析

校长负责制是当前我国中小学学校管理的基本制度,校长(尤其是正校长)及其领导的高层管理者们对校园欺凌的认识和看法等很大程度上直接影响到其所管理学校校园欺凌发生及防治状况。[①] 对包括校长在内的校内高层领导的问卷调查有助于了解学校上层管理者在校园欺凌治理工作中所具有的真实认知和态度,及时发现校园治理与上层管理中存在的主要问题。问卷具体题项及调查结果如表 6-1 所示。用于学校管理和教学人员的开放式问卷共包含 10 个问题,问卷问题涉及对校园欺凌内涵及外延的认识(第 1、2 题),校园欺凌防治培训(第 3～5 题),如何评价欺凌者、受害者及欺凌受害者(第 6～8 题),对校园欺凌起因的认识(第 9 题)以及防治对策(第 10 题)。

---

① 兰婷.我国中小学校园欺凌问题研究及薄弱环节:基于 CNKI 文献关键词的共词分析[J].教师教育学报,2019,6(2):92-99.

表 6-1　校园欺凌开放式问卷

题项	内容
t1	您如何看待学生之间的欺凌现象？
t2	您认为欺凌包含哪些行为或现象？
t3	您所在的学校是否为教师举办过关于防治校园欺凌的培训，培训方式有哪些？
t4	您是否参加过上述培训？如何评价这些培训活动？
t5	您是如何处理学生欺凌事件的？
t6	您觉得应该如何评价经常欺凌他人的学生？
t7	您认为应该如何看待经常受欺负的学生？
t8	在您看来，那些既欺负他人又被他人欺负的学生都具有哪些特点？
t9	您觉得校园欺凌的发生，谁应该负主要责任？原因是？
t10	为有效防治校园欺凌的发生，您觉得还应该在哪些方面进行完善？

对高层管理者的分析结果，以校长作答结果为主，具体结果见表 6-2。通过分析发现：

（1）在对校园欺凌的定义上，除校长 B 未有效回答问题外，其他校长对校园欺凌的认识相对较为客观，认为应对学生进行及时教育。其中，校长 A 和校长 D 提到了校园欺凌中的双方学生，也即欺凌者和受害者，校长 C 则认为校园欺凌是学生认知失调（价值观问题），太过于以自我为中心以致欺凌他人，也即学生个人认知问题。

（2）在校园欺凌的形式上，只有校长 E 意识到校园欺凌形式不仅是身体攻击，还包括心理上的侵害，其他校长均认为校园欺凌是简单的身体欺凌，如殴打、索要财物等。

（3）5 所学校均进行过校园欺凌的相关培训，主要形式为举办讲座和开班会，其中，校长 C 认为开班会的形式并未能取得良好的防治效果。5 位校长都处理过校园欺凌事件，但均以批评教育为主。

（4）在对校园欺凌角色的看法上，5 位校长对欺凌者的态度相对宽容，认为其本质并不恶劣，具有教育转化的可能，而对受害者则倾向归因于自身性格特质、家庭教育缺失或同伴群体影响等因素。

（5）当对校园欺凌追究责任时，只有校长 B 认为是家、校共同责任，校长 C 更强调校长的责任，也即学校管理的责任，校长 A、D、E 则更倾向于认为

表 6-2 校长问卷调查结果

问题	t1	t2	t3	t4	t5
校长 A	对学生进行教育,同学之间应和睦相处	大欺小、强欺弱	讲座、案例展示分析等	参加过、培训活动很好	及时进行批评教育,分析根源
校长 B	以强欺弱、以大欺小	恶意伤人	经常举办、请人过来校内培训	参加、效果好	思想教育为主
校长 C	价值观出现问题,学生以自己为中心	打饭、买东西、打人等	举办过例会、班主任会	参加、效果不是很好	把情况调查清楚、分清责任、相互道歉,杜绝再次发生
校长 D	在学校是很正常的,教师要对双方进行正确教育	精神和肉体	有	参加了	双方都教育、找缺点和弱点对症下药
校长 E	不正常、必须教育引导	殴打他人、强行向他人索要财物等等	举办过讲座	参加过、好	了解原因、教育引导学生

续表

问题	t6	t7	t8	t9	t10
校长 A	加强教育，多沟通	可怜之人必有可恨之处，自身存在问题	多动、好强、好斗、性格怪异等	学校做好各项工作后，不应该是学校或教师的责任	在完善学校管理等方面的同时，上级部门要有惩戒制度，且不要推责给学校，教师不是万能的
校长 B	未必是坏学生	多沟通	欺弱怕强	家长和老师	多说教，多警示
校长 C	谁人无过，杜绝再犯	把自己变强大，正当防卫，保护好自己	两面人	学校，校长负责。学校是校长负责制，校长要加强管理，教育管理的主责	校长重视，班主任落实，全体教师共同努力
校长 D	胆小自卑	树立信心和勇气	家庭教育差	父母、家庭	无
校长 E	有他们的优势，但表现的方式不恰当	价值观出问题	想和调皮的学生混，又在这个圈子里属于底层的人	家长是孩子的第一任老师	帮助学生树立辨别是非的能力

是家庭、父母的责任。

(6)当谈及如何完善校园欺凌防治工作时,校长 A 认为学校管理者和教师在校园欺凌防治中的作用是有限的,上级部门应完善奖惩制度,校长 B 认为常规教育(批评、警示)应继续加强,校长 C 觉得全校职工应由上至下(校长、班主任和全体教师)一致努力,校长 D 持保留意见,校长 E 则更看重学生道德教育,倡导学生拥有正确的价值观,帮助学生明辨是非。

由此可见,即使是在校长等管理层群体,校园欺凌的定义和形式也并未有效普及,大部分校长更倾向于认为学生间的肢体冲突即是校园欺凌,校园欺凌的发生是学生自身的问题,且应由家长对校园欺凌现象负主要责任。

2.校长等访谈结果分析

在访谈中,受访者为来自同一所初中学校的 2 位校长。本次访谈为面对面的半结构化访谈。访谈者在预先拟定的访谈提纲的基础上,与受访校长就校园欺凌的防治工作进行直接交流。部分访谈内容梳理后大致如下:

访谈者:最近学校学生中有没有发生过比较棘手的问题?

受访者(校长):有。疫情返校后有学生闹过自杀。我被吓出一身冷汗,穿上鞋就冲出去了,之后几个晚上都睡不好,头疼得厉害。

访谈者:是男生还是女生?

受访者(校长):男生。

访谈者:最后结果怎么样?

受访者(校长):劝好了。学生不想上学,想跟着辍学的人出去打工,打工能挣钱,能买名牌衣服。

访谈者:那为什么强制要求该学生返校上课?

受访者(校长):没办法呀,上面有控辍保学任务。开学领导要检查,每个学生都必须在校,我们也不想逼迫他们。

访谈者:后来怎么把学生劝下来的?

受访者(校长):问学生想要啥,给他买。他说想要电脑,学校答应给他一台电脑(把计算机室的一台电脑给他了),才算劝住了,几个老师把他拉住让父母带回家了。学生后面都在家里,上面检查的时候来学校待几天。

访谈者:有没有了解过学生为什么要自杀?

受访者(校长):有。详细问了才知道,因为其他学生在学校欺负他，他不想来学校，想跟着校门口的小混混出去打工，再回来在其他学生面前炫耀，报复下欺负他的学生。

访谈者：为什么有学生欺负他？他平时表现怎么样？

受访者（校长）：因为这学生之前也欺负过其他人，他先欺负人家，人家才欺负他。他受欺负了就受不了了，就要闹。平常也爱闹事儿。

访谈者：他父母对此是什么态度？

受访者（校长）：父母不管不问，就跟不是自己孩子一样。说句实话，我们这的孩子，心理健康问题亟待解决。以前这里因为有金属矿业，经济发展挺好的，后来国家（为了）环保，限制开采，大大小小的厂子都关闭了。当地人的经济来源断了，都去城里打工了，很多人打工后不愿回来，离婚的离婚，孩子扔给老人的扔给老人，家里没人的就孩子自己一个人在家。离异家庭和留守学生很多，父母关爱缺失，很容易出问题，老师也只能适当多注意下他们，代替不了父母。

访谈者：针对学生之间的欺负现象，学校有没有采取过相应的防治措施？

受访者（校长）：有过。前阵子上面开过校园欺凌的会，我们也开始重视防治校园欺凌，请当地公安局的人来学校开过大会，全校师生都参加了。我们了解了校园欺凌是什么，都有什么表现，但效果不太理想，都是听听，没办法用到学校实际管理上。我觉得，这些会议确实在思想上引起重视了，但没有结合学校的实际情况提出具体的实施方案，我们只能根据以前的经验管理，防了约等于没防。学校也有法制校长，也是公安局的人，负责处理一些校园欺凌事件。我们学校的学生太不好管了。

访谈者：学生主要来自哪些学校和地方？

受访者（校长）：百分之八九十都是下面（地理位置）小学毕业的学生，大部分都是附近乡镇的。小学里学习好的都考到区里学校了，也有一部分是易地搬迁跟着爸妈去区、县上学了。上这个学校不用考试，来了都能上初中，国家规定的九年义务教育，不能拒收学生。很多学生在小学就不学好，没养成好的习惯，到了初中就改不了了。一部分学生从小学就开始寄宿，这些孩子心理很难健康。不过，来我们学校上学的学生许多人也只想着混个初中学历就去打工，他们父母对他们也没太大期望，初中毕业就行了。

访谈者：学校有心理咨询室和心理咨询老师吗？

受访者（校长）：有解压室，学生可以找老师聊聊天。没有专门的心理老师，我们也争取过，但是心理老师太少了，名额都会优先给城区的学校，我们这里没有名额。

访谈者：您是否系统了解过反校园欺凌方案？

受访者（校长）：没有，只听说过，还是以说教为主。现在的学生，不能打，只能批评教育。我挺希望能够系统了解反校园欺凌的方法的。

通过上段访谈内容可看出，校园欺凌现象在乡镇学校尤为突出，由社会变迁引发的留守、父母离异等家庭关怀和支持缺失的情况导致更多学生在融入学校生活，尤其是与同学相处的过程中出现了适应困难。值得注意的是，校园欺凌中的受害者往往同时也是欺凌者，且其行为明显受到越轨同伴群体的影响。学校领导和教师在面对校园欺凌时往往处于被动状态，未能接受专业、有效的培训和指导，在校园欺凌的防治中仅能依靠教学实践经验摸索，虽然能够在一定程度上缓解问题，但难以从根本上有效解决校园欺凌问题。

通过观察该学校校园文化和氛围建设发现，该校在走廊处和校门口处都有张贴安全提示和宣传语，但多为教给学生如何保护生命安全的内容，如介绍毒品的危害，上下楼梯和上学、放学路上的行走安全，假期防溺水、防泥石流，以及女生寝室楼张贴的防性侵等。关于校园欺凌和心理、行为健康的内容约等于无。学校的解压室实则是一间空荡荡的办公室，没有老师值班，也没有沙盘、解压器具等设备，墙上也未粘贴任何标语，看起来更像是一间学生矛盾调解室。男、女生宿舍楼均配有一名生活老师，也即宿舍管理人员，通常对学生的宿舍卫生和就寝规范进行管理。此外，在学校大门口设有金属检测仪器，学生每次进入校园都必须从检测门内通过，目的是防止学生带管制刀具等危险器具进入校内，并由专门的安保人员监督学生检测，逐一检查学生是否带有烟、酒等违规物品进入学校。访谈者与主要负责校务的校长进行访谈，得知了这一规定的来由。部分访谈内容梳理后大致如下：

访谈者：为何学生入校要进行金属检测和包裹检查？

受访者（校长）：不让学生带刀、棍棒进学校。

访谈者：以前发生过性质恶劣的校园欺凌事件吗？

受访者（校长）：对。一两年前，有高年级的学生伤害过低年级的学生。

访谈者：什么原因？

受访者（校长）：早恋。低年级的男生跟同年级的一个女生走得近，刚好这个女生是高年级男生的女朋友，高年级男生觉得受到了挑衅，两个人就有了矛盾。低年级的学生不怕高年级的，受到威胁后继续跟女生来往，后面不知道怎么的，高年级学生就喊了一帮人打了低年级学生。

访谈者：发生在哪个时间段，哪个地方？

受访者（校长）：课间的时候，在厕所。学校里不好好学的男生就喜欢课间、课后在厕所抽烟，打人也在那儿。那个高年级的学生就是趁低年级学生上厕所的时间，叫了其他人一起打了他。

访谈者：打人的学生怎么处理的？

受访者（校长）：报警了。

访谈者：当时有学生围观吗？怎么处理参与打架的其他学生的？

受访者（校长）：让班主任看管好班上的学生，不让出教室。打架的同伙让家长领回去了。

在青春期早期，学生的同伴群体打破性别隔离，开始尝试在异性群体中建立友谊或"爱情"，此时学生之间面临的人际冲突相对更多，也更容易发生欺凌现象。发生在该校的恶性欺凌事件，已经上升到校园暴力乃至刑事案件的性质。教育部门、学校、家庭和学生个人在这起悲剧中都负有相应的责任，不单单是学生个人和家庭的管教问题，也不仅仅是学校和教师的教育问题。校园欺凌事件若未能被及时发现和有效干预，极可能升级为暴力事件，这将给家庭、学校和社会带来严重后果。校园欺凌的预防与治理刻不容缓。此外，越轨同伴群体在校园欺凌的发生和发展中发挥着催化剂的作用，时刻助长着恶霸们的气焰，打击越轨学生小团体在防治校园欺凌中必不可少。

事后在实地调研期间，该校发生一起学生（均为男生）殴打事件，由副校长亲自处理。于是研究者与受访者进行第二次访谈，部分内容梳理后大致如下：

访谈者：双方因为什么原因发生肢体冲突？

受访者（校长）：学生 A 以前打了学生 B，人家这次找机会打回来了。

访谈者：学生 A 经常欺负 B 吗？

受访者（校长）：不是经常欺负 B，是经常欺负班上同学，爱动手打人。B 不是好受气的，这次就打了他（未透露具体打架原因）。

访谈者：听说学生 A 的家长来了，有处理好吗？

受访者（校长）：唉。A 的家长（妈妈）一听说自己孩子被欺负了，就气冲冲地来了。一来就拉着 B 吼，后面也吼劝导的老师，总之就是她家孩子被打了，他们有理，就该再打 B。家长非常不配合。

访谈者：那 B 的家长来了吗？

受访者（校长）：没有，家里离学校远，来不了。

访谈者：是班主任打电话通知家长的吗？

受访者（校长）：对。学生 A 的家长来了后，双方学生、A 的家长、班主任、德育主任和我就来调节室了。

访谈者：为什么不隔离开 A 的家长和学生 B？看样子学生 B 像是在被家长 A 训斥？这样会不会对学生 B 不公正，影响到他的心理？

受访者（校长）：没办法，没想到 A 的家长这么护着自己孩子，还这么不讲理。刚开始老师们都拉开了，她非要继续谩骂 B。之后就坐在桌子上闹，让老师们赔偿、道歉。

访谈者：最后怎么结果怎样？

受访者（校长）：拿 A 的家长没办法，哄着她让学生 B 道歉了才了事。

家长的教育方式（养育方式、行为监管、教育卷入等）在校园欺凌防治中具有重要影响，家长纵容或消极的教育态度不仅会助长子女的欺凌行为，更可能使其在成长为施暴者的同时，遭受被欺凌者的反扑，成为新一轮的受害者。

此外，校园欺凌也涉及城乡均衡发展、教育资源分配及法律法规等教育与立法问题。从与城区学校校长、教育部门管理人员以及法院工作人员的访谈中了解到：城区学校分配有专职的心理健康教师 3 名，每学年也会给各年级的学生开设心理健康课程，在学生课间、就餐、就寝以及往返学校等校园欺凌的高发时段或地点均有老师进行巡查，学校也设有校长信箱供学生反馈意见；校园欺凌的防治工作主要由各个学校全体教职工落实，上级管理部门会不定期进行实地考察;由校园欺凌引发的刑事案件相对较少,但民事纠纷较多,这类事件通常由学校和涉事家长协商处理。由此可知,在校园欺凌防治实践中,对校园欺凌的认识、学生心理健康教师师资分配等存在较大的校际差异;学校依然是当前校园欺凌防治实践的主体;大多数校园欺凌事件的性质相对较轻,尚未达到法律规制的程度,因此法律在防治校园欺凌方面的约束力较为有限。

(二)中层管理视角分析

对学校中层管理者的调查结果显示,在看待校园欺凌的问题(t1)中,64.4%(共60人,总人数93)的管理者认为应该高度重视校园欺凌现象(39人,占41.9%),正确引导学生处理问题(21人,占22.6%);有12位管理者(占12.9%)则认为校园欺凌是一种正常现象,无法避免;也有6位管理者(占6.5%)认为应该具体问题具体分析,了解学生的内在想法;有5位管理者(占5.4%)认为校园欺凌是学生的心理或思想出了问题,性格偏激,缺少关注和心理教育,其中1位管理者提出"(学生)思想上(精神上、心理上)的欺凌比行为上的欺凌更可怕,要重视学生的思想动态";有3位管理者(占3.2%)则谈到了校园欺凌的社会性本质,认为"校园欺凌是社会性的","学校是个小社会,小环境,教师要优化环境,不断为减少校园欺凌事件而努力",或认为校园欺凌是"社会问题,需要社会教育青少年";此外,还有3位管理者(占3.2%)指出,校园欺凌防治应"家庭教育、社会教育、学校教育"相结合以及通过法律手段保护自己。然而,其中也有1位管理者认为其所在学校"基本不存在(欺凌现象)"。其余4位管理者(占4.3%)持保留态度。由此可见,虽然部分中层管理者对校园欺凌的认识较为充分,如校园欺凌的社会性、家校共同责任等,但总体来说,中层管理者们对校园欺凌的重视仍有待加强,"零容忍"的态度还未完全形成。(见图6-1)

在校园欺凌形式(t2)的问答中,33位管理者(占35.4%)认为校园欺凌包括语言欺凌和身体欺凌以及身体和精神的伤害,如"辱骂、暴力、恐吓、排挤""歧视、殴打、起外号、谩骂""要钱、强行要物、强行借东西"等;32位管理者(占34.4%)觉得欺凌形式主要是以大欺小,恃强凌弱,强迫别人做事,也即欺凌与受害者双方之间的权力的不平衡性,如"大同学欺负小同学,家庭背景好和家庭富裕的部分学生欺负家庭背景不好和家庭困难的同学","强刷饭卡、索要钱财等","让弱小的同学给买东西","让别人帮自己做事,强行索要他人物品等";16位管理者(占17.2%)将校园欺凌归结为打架斗殴;6位管理者(占6.5%)认为欺凌主要是恐吓同学;6位管理者(占6.5%)对此持保留意见。据此可知,中层管理者们对校园欺凌形式的认识较多集中在常见的身体欺凌和语言欺凌上,也有部分管理者意识到人际欺凌(如排挤、孤立等)和财物方面(索要财物),但几乎未有管理者意识到网络欺凌这种新型的欺凌形式。网络欺凌形式有待深入普及。(见图6-2)

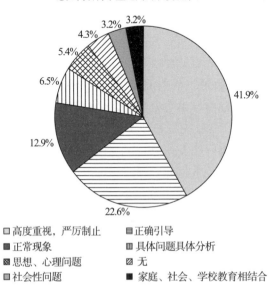

1.您如何看待学生之间的欺凌现象?

- □ 高度重视,严厉制止
- ▤ 正确引导
- ■ 正常现象
- ▥ 具体问题具体分析
- ▨ 思想、心理问题
- ▧ 无
- ▨ 社会性问题
- ■ 家庭、社会、学校教育相结合

图 6-1 t1 作答情况分布(中层管理者)

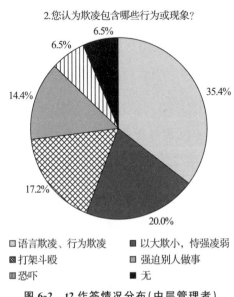

2.您认为欺凌包含哪些行为或现象?

- □ 语言欺凌、行为欺凌
- ■ 以大欺小,恃强凌弱
- ▨ 打架斗殴
- ▦ 强迫别人做事
- ▥ 恐吓
- ■ 无

图 6-2 t2 作答情况分布(中层管理者)

　　在校园欺凌培训与处理上(t3～t5),82位管理者(占88.17%)报告其所在学校举办过校园欺凌的相关培训并且亲自参加过,培训的形式多为讲座和主题班会;其中有6位管理者认为培训的效果一般,未能解决实际问题,也有管理者提出"(培训)都是校级的,应该请一些专家从心理方面对学生进行开导","(培训)应当形成常规化活动","(学校)对学生管理力度难以把握,需借助政府法律才可以真正做到";11位管理者(占11.83%)认为所在学校未曾举行过培训,自己也未曾参加相关培训。约有一半的管理者(47人,占50.5%)采用批评教育的方式对欺凌双方学生进行处理,如"对欺负的同学给与批评,让被欺负同学及时求助老师";有14位管理者(占15.1%)在问清缘由的前提下,能够做到公正处理,如"充分了解情况,弄清原因,确定划分责任,据规定进行教育及处罚";有10位管理者(占10.8%)以思想教育为主,如"晓之以理,动之以情";有7位管理者(占7.5%)采用家校共同教育的方式,如"安抚受欺凌学生,家校联合共同解决","家校结合协商处理为主,偶尔请派出所,村公所,镇政府共同处理";有4位管理者(占4.3%)注重心理疏导,如"和学生谈心,安慰被欺凌学生,告诫实施欺凌的学生,找双方家长共同教育","跟踪处理,心理疏导";另有11位管理者(占11.8%)未曾处理过校园欺凌事件。这一调查结果说明,校园欺凌相关培训在绝大多数学校中都有举办,但同时也反映出大多数管理层在处理校园欺凌事件方法上的单一性,无法从根本上有效防治校园欺凌的反复发生及恶性发展。(见图6-3,图6-4,图6-5)

3.您所在学校是否举办过校园欺凌防治培训,培训方式有哪些?

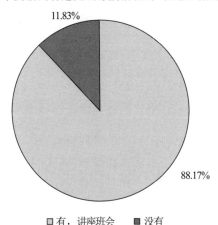

图 6-3　t3 作答情况分布(中层管理者)

4.您是否参加过上述培训？如何评价这些培训活动？

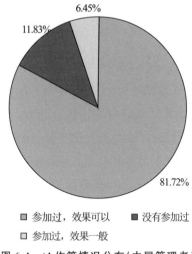

图 6-4　t4 作答情况分布（中层管理者）

5.您是如何处理学生欺凌事件的？

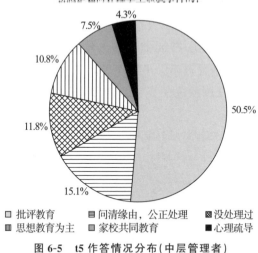

图 6-5　t5 作答情况分布（中层管理者）

在看待校园欺凌角色（t6～t8）上，对于欺凌者，26 位管理者（占 28.0%）认为欺凌者存在心理问题，"可能存在被欺负，心灵上有缺失"，或"心里（理）有问题，偏激和以自我为中心"，"在某种程度上希望得到老师、同学、家长的关注"，是"缺爱的人，可怜的人，有待帮助的人"，"缺失爱和归属感"；24 位管理者（占 25.8%）认为应该客观看待欺凌者，他们并非就是坏学生，应"全面公正评价，不能全盘否定，以教育为主"；20 位（21.5%）管理者觉得出现欺凌行为的学生品行不好,"冲动,思想不成熟,不顾后果","行为习惯差","道德意识,法律意识淡薄";13位管理者(占14.0%)认为是环境因素导致学生发生欺凌行为,如"学生受社会环境,特别是家庭教育环境,父母教育方式影响很大,需要全面考虑处理好","这样的学生并不是故意想欺凌同学,而是因为家庭因素、生活习惯、学习习惯的差异导致学生歪曲个人行为",需要"家校共同教育";3位管理者(占3.2%)认为欺凌者们思想有问题,"这样的学生没有树立正确的人生观,价值观","人生观价值观扭曲";7位管理者(占7.5%)持保留态度。(见图6-6)

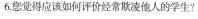

6.您觉得应该如何评价经常欺凌他人的学生?

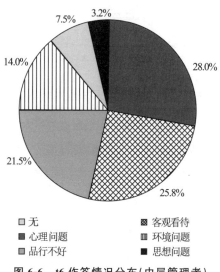

图6-6　t6作答情况分布(中层管理者)

对于受害者,43位管理者(占46.2%)从人本主义视角提出,需要多鼓励、关心受害者并加强其心理疏导,"给予爱的关怀,消除心理阴影,进行知识讲解,传授反欺凌方法,重视家庭教育","学校和社会、家庭要多关注、关心这一类孩子,同时,要教育这些孩子,自强自立才没有人欺凌";31位管理者(占33.3%)认为受害者普遍存在性格缺陷,如"胆小懦弱""自卑""性格内向、不爱说话","长时间处在恐惧中,对他们的成长非常不利,要把这个事情告诉家长和老师";9位管理者(占9.7%)提到需要家校共同教育,"思想上教育,并联系家长";5位管理者(占5.4%)认为受害者自身存在一定问题,"可怜之人必有可恨之处";5位管理者(占5.4%)持保留态度。(见图6-7)

对于欺凌—受害者,47位管理者(占50.6%)觉得这类学生主要存在性

7.您认为应该如何看待经常受欺负的学生?

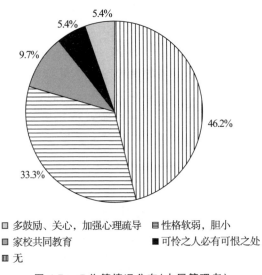

多鼓励、关心,加强心理疏导　　性格软弱,胆小
家校共同教育　　可怜之人必有可恨之处
无

图6-7　t7 作答情况分布(中层管理者)

格缺陷,包括"人格矛盾""意志力不坚定,容易受人摆布""性格偏激和性格内向""欺软怕硬","可能一部分这类学生没有健全的人格或是没有一个温暖的家庭,例如是孤儿、留守儿童,来自单亲家庭、离异家庭等";16位管理者(占17.2%)认为他们是心理失衡,"有报复心理,容易攻击弱小别人","争强好胜",有"同逆心理","喜欢被关注","自己想找存在感";11位管理者(占11.8%)认为是家庭教育缺失导致学生既欺负他人又容易被欺负,如"缺乏关爱""霸道,无理,父母不讲礼";也有管理者认为欺凌—受害者是价值观取向有问题(5人,占5.4%,如"三观不正,没有精神支柱,不能管理好自己")、行为习惯较差(3人,占3.2%,如"行为习惯较差,说话难听")或者处理同学关系方法不恰当(3人,占3.2%,如"不能很好地与身边的人相处,用一些行动掩饰内心自卑");另有1位管理者(占1.1%)也提出,"受处罚的成本低"进而导致学生之间相互欺凌;7位管理者(占7.5%)持保留态度。(见图6-8)

在校园欺凌主要责任主体认定时(t9),29位管理者(占31.2%)认为家庭、学校和社会应该共同负责;22位管理者(占23.6%)认为学生家长和监护人应该负主要责任,"好的家庭教育引导才能促进学生的身心健康发展","家庭教育缺失,父母榜样树立不足,爷爷奶奶溺爱过度",往往更容易导致欺凌行为的发生;17位管理者(占18.3%)认为当事人(学生)应该负主要责任,是"学生自己,无视父母和老师的教育";16位管理者(占17.2%)认为学

8.在您看来，那些既欺负他人又被他人欺负的学生都具有哪些特点?

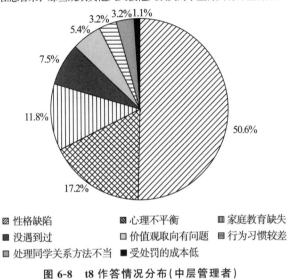

图 6-8　t8 作答情况分布(中层管理者)

校和教师应负主要责任,认为"学校负主责,主要是学校教育管理不到位",或认为班主任应负主要责任,因"班主任接触学生时间多,更了解学生","班主任缺乏与学生和家长的沟通交流"导致校园欺凌现象恶化;也有 1 位管理者(占 1.1%)认为国家应是校园欺凌的责任主体;8 位管理者(占 8.6%)对此持保留态度。(见图 6-9)

9.您觉得校园欺凌的发生,谁应该负主要责任? 原因是?

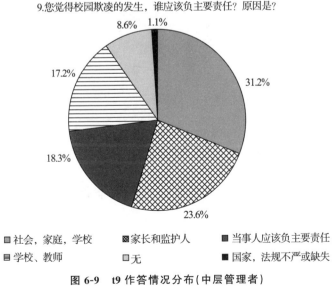

图 6-9　t9 作答情况分布(中层管理者)

就防治完善建议而言(t10),53 位管理者(占 57.0%)认为,校园欺凌防治的完善应从学校入手,加强安全教育、德育和心理健康教育,如"成立专项治理办公室,加强学生思政教育和学生日常行为规范管理""经常进行校园欺凌专项教育活动""设举报箱,从学生中了解""安全教育体系,专门制定相应惩罚细则并实施""教育应该是多元化,除了学知识,更多的应该关注孩子的身心健康""了解各个时期出生的学生的心理特点和兴趣爱好等";16 位管理者(占 17.2%)认为国家应采取措施,健全法律法规制度等,如"法律方面,德育方面,双管齐下;预防为主,防治结合""加大社会对未成年人的管理力度""加强司法介入和公安机关介入";10 位管理者(占 10.8%)提出应家庭教育和学校教育两手抓;少数管理者认为应加强家庭教育(6 人,占 6.4%,如"监护人的法律责任应认真执行"),同时净化社会环境(3 人,占 3.2%);5 位管理者(占 5.4%)持保留态度。(见图 6-10)

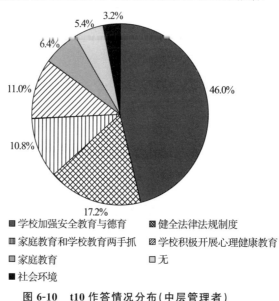

10.为有效防治校园欺凌的发生,您觉得还应该在哪些方面进行完善?

图 6-10　t10 作答情况分布(中层管理者)

二、年级班级教师层:缺乏惩戒权与专业性

(一)班主任视角分析

1.问卷调查结果分析

开放式问卷调查结果发现,在参与调查的 63 位班主任中,涉及如何看待

校园欺凌(t1)时,33 位班主任(占 52％)认为,看待校园欺凌应严惩不贷,坚决杜绝,"不能容忍","应尽最大努力杜绝";近五分之一的班主任(11 人,占 18％)认为校园欺凌是发生在学生之间的正常现象(如"有人的地方就或多或少地存在欺凌现象,但是我们要进行监控,保证不出大的安全事故""校园欺凌的发生体现了人性,弱肉强食");近六分之一的班主任(10 人,占 16％)认为应及时发现问题,正确引导(如"需要恰当处理,及时处理","及时发现,及时调解,正确地化解矛盾");有超过十分之一的班主任(7 人,占 11％)提到,校园欺凌主要是由家庭和个人因素导致的,如"有些是家庭教育的缺失,有些是学生心理不健康","小事斤斤计较";极少数班主任(2 人,占 3％)对此持保留意见。(见图 6-11)

　　谈及校园欺凌形式(t2)时,超过一半的班主任(35 人,占 56％)认为,校园欺凌包括语言侮辱、肢体侵犯、歧视、孤立等多种类型,也即语言欺凌、身体欺凌、人际破坏,如"起绰号、起哄、说脏话、打架斗殴、抽烟等",或"长期孤立同学,或者直接暴力欺负同学";另有超过三分之一的班主任(23 人,占 36％)认为以大欺小、恐吓是校园欺凌的主要表现形式,如"指使别人为自己做事等""索要财物、欺负弱小等";也有少数班主任(4 人,占 6％)认为打架斗殴就是校园欺凌,极少数班主任(1 人,占 2％)并未回答该问题。总体而言,相较于高层和中层领导者,负责学生日常学习与生活事务的班主任对校园欺凌的认识更为客观和全面,对校园欺凌的防治态度较为坚决,对欺凌形式的认识更为具体,但也同样未注意到网络欺凌这种更为隐蔽、传播更广泛且负面影响更严重的新型欺凌形式。(见图 6-12)

　　在校园欺凌培训(t3～t4)与处理(t5)上,几乎所有学校都进行过相关培训(占 94％),培训形式多为开讲座(占 53％)、开校会班会(14％)以及多种结合(占 27％),也有少数学校未举办过培训(占 6％);绝大多数班主任(59 人,占 94％)都参加过该培训,但参加过的班主任中有十分之一(6 人,占 10％)认为培训的实效不大,未能有效指导实践,也有非常少数的班主任(4 人,占 6％)未参加过该培训。同时,绝大多数班主任(占 95％)也曾亲自处理过校园欺凌事件,多采用批评教育的方式(43 人,占 65％,如"了解情况,沟通,教育欺凌者,安慰被欺凌者","正确引导,达到理解、包容、愉快相处"的效果),也有一些班主任以家校结合处理为主(15 人,占 24％,如"先私下找学生说服教育,必要时找家长来处理","视情况报相关部门"),仅有 4 位班主任(占 6％)对学生进行了心理疏导,极少数班主任(3 人,占 5％)未曾处理过校园欺

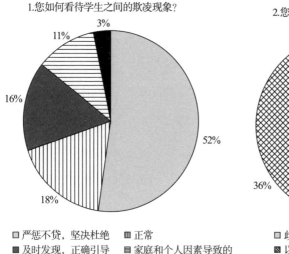

1.您如何看待学生之间的欺凌现象？

3%
11%
16%
18%
52%

□ 严惩不贷，坚决杜绝   Ⅲ 正常
■ 及时发现，正确引导   ▨ 家庭和个人因素导致的
■ 无

图 6-11　t1 作答情况分布（班主任）

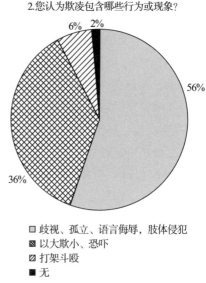

2.您认为欺凌包含哪些行为或现象？

6%　2%
56%
36%

□ 歧视、孤立、语言侮辱，肢体侵犯
▨ 以大欺小、恐吓
▨ 打架斗殴
■ 无

图 6-12　t2 作答情况分布（班主任）

凌事件。由此可知，校园欺凌相关培训几乎覆盖了绝大部分的学校，但在指导校园欺凌的实践中，仍需要加大监管力度，大部分老师仍是以批评教育为主，并不能从本质上减少和防止校园欺凌行为的发生，校园欺凌培训在教授专业知识技能的基础上，应以指导实践为主，以解决实际欺凌事件为主，坚决杜绝形式主义。（见图 6-13，图 6-14，图 6-15）

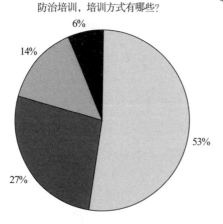

3.您所在学校是否举办过校园欺凌
防治培训，培训方式有哪些？

6%
14%
53%
27%

□ 开讲座   ■ 多种结合   □ 开校会班会   ■ 没有

图 6-13　t3 作答情况分布（班主任）

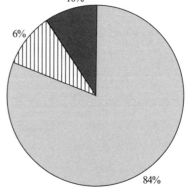

4.您是否参加过上述培训？如何评价这些培训活动？

10%
6%
84%

□ 效果不错   Ⅲ 没有   ■ 有，实效不大

图 6-14　t4 作答情况分布（班主任）

5.您是如何处理学生欺凌事件的?

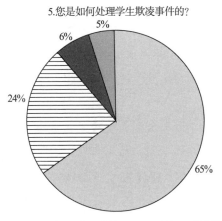

图 6-15　t5 作答情况分布(班主任)

　　在看待校园欺凌角色(t6～t8)上,对于欺凌者,分别各有约三分之一的班主任认为,应客观评价欺凌者(19 人,占 30％,如"要加强引导,他并不一定是坏人",要"理性评价"),欺凌者多在思想、性格和行为上存在问题(17 人,占 27％,如"人品或教育缺失","人格障碍、冲动、自控力差","行为习惯差,缺乏正确引导,家庭教育有弱化")以及心理上存在问题(15 人,占 24％,如"正处于青春期叛逆状态","希望得到别人关注,用错了方式,时间长了就形成自己很强可以支配别人的假象","不会与人相处","大多都是为了引起别人的注意");也有部分班主任(6 人,占 10％)认为是家庭教育问题,"一般都是问题家庭带来的问题学生","家长没有引导好";少数班主任(4 人,占 6％)保持中立态度,认为多方面原因共同导致学生发生了欺凌行为,不好下定论;极少数班主任(2 人,占 3％)对此表示不清楚。对于受害者,过半班主任(32 人,占 51％)提出,应多关心和鼓励受害者;近半数班主任(27 人,占 43％)认为受害者多存在性格问题,受欺负时不敢反抗,事后也不敢告知老师和家长等,使得其自身成为被频繁欺凌的对象,如"胆小怕事,自卑心强,不知如何处理好同学间的关系","可能某方面存在问题,性格孤僻";也有班主任(1 人,占 1％)认为受欺负者的存在是社会问题的映射,"(是)社会畸形的结果";少数班主任(3 人,占 5％)持保留态度。对于欺凌—受害者,多数班主任(40 人,占 64％)认为,性格缺陷是导致学生成为欺凌—受害者的主要原因,如"自制力差,盲目跟风,寻求刺激","好斗,不团结同学,脾气暴躁,反复无常","意志力不坚定,容易受他人指使","性格软弱,但又没有目标没有理想,无所事事";其次是心理问题(9人,占14%),"心智不成熟,没有担当","缺乏安全感,缺乏管教","得不到关注";也有超过十分之一的班主任(8人,占13%)认为家教环境差(如"父母离异或家庭特殊""父母离异或家庭特殊""父母管教少"等)致使学生既欺负别人也容易被人欺负;少数班主任认为品德不好(2人,占3%,如"在同学间人品不行","缺乏正确处理问题的能力和与他人友好正常交往的能力")和行为习惯差(2人,占3%,如"行为习惯不好,对学习不感兴趣,往往家庭存在问题")是欺凌—受害者的典型特点;少数班主任(2人,占3%)对此持保留态度。由此可见,在日常与学生直接接触的班主任看来,性格问题和家庭问题是导致学生容易卷入校园欺凌,成为欺凌者、受害者以及欺凌—受害者的主要风险因素,但很少有班主任注意到校园欺凌参与者的群体问题。(见图6-16,图6-17,图6-18)

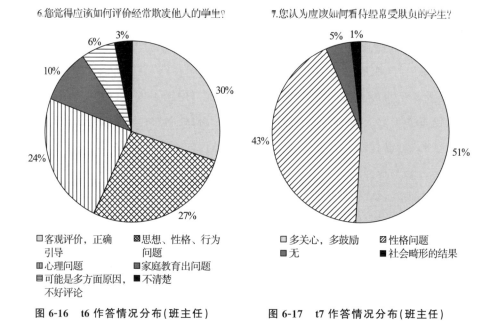

图 6-16　t6 作答情况分布(班主任)　　图 6-17　t7 作答情况分布(班主任)

在校园欺凌主要责任主体(t9)和防治完善建议(t10)上,超过三分之一的班主任(24人,占38%)认为家庭、学校、社会和当事人都应为校园欺凌的发生负责,如"家庭教育占主导地位,其次是学校管理及教育引导","家长是

8.在您看来,那些既欺负他人又被他人欺负的学生都具有哪些特点?

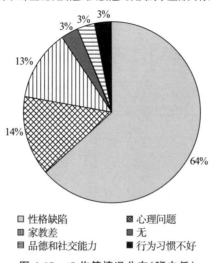

图 6-18 t8 作答情况分布(班主任)

学生问题思想的根源,老师监控更正行为,学生本人应该要有改过之心和行动";分别约五分之一的班主任认为欺凌者本人(14 人,占 22%)、家长(12 人,占 19%)和学校(9 人,占 14%)应为校园欺凌行为负责;也有 1 位(占1%)的班主任提出,政府部门应在校园欺凌中承担主要责任,目前"(政府部门)没有有效的强制手段"进行防治;少数班主任(3 人,占 5%)对此并未表态。此外,当谈及完善校园欺凌防治建议时,约三分之一的班主任倡议加强学校制度管理和监管(21 人,占 34%),及时对学生进行教育(17 人,占27%);部分班主任提出应加强家校合作(14 人,占 22%)和法律约束力(9人,占 14%);也有极少数班主任(2 人,占 3%)并不知道如何有效防治校园欺凌。整体来说,大多数班主任意识到多种环境系统,如家庭、学校和社会以及个人的共同影响均应在校园欺凌的发生中负相关责任,同样,校园欺凌的进一步防治也离不开学校监管、教育、父母参与以及国家政府和教育部门等的共同努力。(见图 6-19,图 6-20)

2.访谈结果分析

时值秋季新学期(9 月中旬),在跟校长沟通后,调研者对负责带七年级新生的班主任(教授英语课程,女性)进行访谈。在正式访谈前,访谈者在获得许可后进入该教师所在课堂听了一节课,并对班上学生的互动模式等进

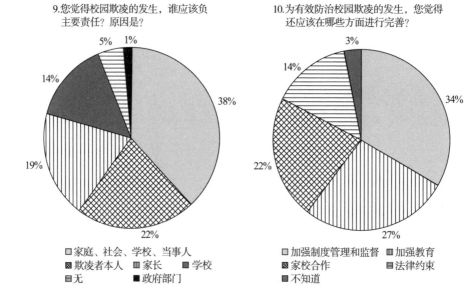

9.您觉得校园欺凌的发生,谁应该负主要责任?原因是?

10.为有效防治校园欺凌的发生,您觉得还应该在哪些方面进行完善?

图例(图6-19):
□ 家庭、社会、学校、当事人　▨ 欺凌者本人　▥ 家长　▨ 学校　▤ 无　■ 政府部门

图例(图6-20):
□ 加强制度管理和监督　▨ 加强教育　▨ 家校合作　▥ 法律约束　▨ 不知道

图 6-19　t9 作答情况分布(班主任)　　图 6-20　t10 作答情况分布(班主任)

行了观察,发现在师生互动环节中,回答问题和在黑板上做演示的机会都给了坐在第一排和第二排位置的学生。课间学生的互动较少,主要为前排学生聚在一起讨论。在班级座位安排上,男生和女生基本分开就座,基本遵循男生与男生同桌,女生与女生同桌的原则。对七年级班主任的访谈如下:

访谈者:班上学生之间相处情况怎么样?

受访者(班主任1):一般吧。好学生(学习成绩好的学生)喜欢跟好学生一起,主要是讨论学习问题。差学生(学习成绩差的学生)跟差学生一起玩,上课爱说话,不守纪律。

访谈者:学习成绩好的学生座位都是安排在一起的吗?

受访者(班主任1):是的。后排的学生上课不听课,爱打瞌睡,说了也不听,扰乱正常教学秩序,影响前排学生学习。学生的英语学习基础太差了,有些之前小学期末考试成绩都是个位数,上这个学校没有入学考试,学生英语水平参差不齐。不好好学的学生没办法了,说了也不听,父母也不管不问。学生的学习进度有点两极分化,有的学生好学,学得踏实,学得快,有的学生一点儿也不学,我们老师也没有更好的办法教他们了,只能紧着愿意学的学生教。

访谈者：其他学科老师的课堂也是这种两极分化的情况吗？

受访者（班主任1）：差不多。学习差的学生学习态度和学习习惯不好，小学的时候没教好，现在改太难了，不容易纠正。

访谈者：男生和女生的座位也是分开的吗？

受访者（班主任1）：是的。男生太调皮了，爱捉弄女生，有家长跟老师反映了。刚上初中的男、女生也都喜欢跟同性同学交朋友，跟高年级学生不太一样。

访谈者：班上有出现过欺负同学的情况吗？

受访者（班主任1）：暂时还没有明显的情况，都刚入学，还互相不怎么认识。欺负同学的情况在下学期和高年级可能会比较多。

通过访谈内容可知，学生之间团体的形成在很大程度上跟学业成绩有关，老师的注意力也更多地放在学习好的学生身上，这也从侧面反映出该校在师生关系、生生关系上的营造上并未采取积极措施。同时，正如该教师所提到的，校园欺凌多发生在学生之间矛盾冲突激烈的阶段，如七年级下学期（班级内已经建立起小规模同伴群体和班级地位）以及处于过渡阶段的八年级。访谈结果也表明，包括校长在内的教职工群体在处理学生与学生之间关系时，尤其当面对校园欺凌时，均表现出一定程度的无可奈何，只能由着学生和家长来。学校在校园欺凌防治上出现了防治专业性缺失、实践经验不足等问题。

在校调研期间，有一位八年级的班主任主动向调研者反映，其班上有一位女学生出现了问题，希望能帮助她解决。后续分别对该教师和该学生进行了单独访谈和个案研究。与八年级班主任访谈内容梳理后大致如下：

访谈者：这位学生现在状况怎么样？

受访者（班主任2）：最近没来学校了，在家里。

访谈者：不需要来学校上课吗？

受访者（班主任2）：跟学校领导说了她的情况了，允许她回家。一周能来一次学校就行。

访谈者：能谈谈她的情况吗？

受访者（班主任2）：她有心理问题。学校里谁跟她说话都不吭声。

她小学和七年级的时候,学习成绩还挺好的。七年级下学期就开始不学了,现在也是,不学习,不跟人说话,时刻躲着人,精神状态很差。

访谈者:跟班上同学相处得怎么样?

受访者(班主任2):不太好,总是独来独往,不跟其他同学一起吃饭,也不爱说话。

访谈者:班上学生之间的关系怎么样?

受访者(班主任2):还行。没人欺负这个学生。

访谈者:班上有爱欺负其他同学的学生吗?

受访者(班主任2):有。有一个男生(学生C),经常跟九年级的学生一起玩,爱欺负七年级学生和同年级、同班同学。他也没来学校了。想来的时候才来。

访谈者:他平时表现怎么样?

受访者(班主任2):不学习,来了就趴着睡觉,没事儿就找其他班、其他年级的学生一起违纪,逃课、打架之类的。

访谈者:班上有跟他关系比较好的学生吗?

受访者(班主任2):大概有四五个,好几个也没来学校,是他的"小弟",他们都是一伙的,经常一起打其他看不顺眼的学生。之前他们七年级的时候跟一些现在九年级的学生关系好,他们就一起去打架,不守纪律。现在九年级的学生安分了,班上的学生打架的也少了。

访谈者:班上学生对这些学生是什么态度?

受访者(班主任2):不太喜欢他们。这些学生爱说脏话,爱嘲笑人,爱捣乱,也爱打人。班上同学也特别怕学生C,不敢惹他。

访谈者:班上学生了解校园欺凌吗?

受访者(班主任2):有开过关于校园欺凌的班会。专门讲了校园欺凌是什么,哪些是欺凌行为,应该怎么杜绝。

访谈者:你处理过欺凌事件吗?

受访者(班主任2):处理过,主要是批评教育,尽量让学生下次不再发生同样的行为。

访谈者:对于被欺负的学生通常是怎么处理的?

受访者(班主任2):安抚吧,再有就是让他们及时告诉老师,不要怕。

访谈者:学校有给学生安排心理健康教育课程吗?

受访者(班主任2):有的。在德育课上会讲,主要是我讲,学校没有专门的心理健康老师。

从这段访谈内容可看出,班上的"恶霸"通常有成形的同伴群体并具有一定群体地位和权威,能够获得群体成员的支持并对成员发号施令,他们的同伴成员并非只有同班同学,也包括其他班级、其他年级的学生。通过缺勤情况可知,这些霸凌者们通常会相互影响,意识和行为上较为趋同。这一结果进一步也支持了越轨同伴在校园欺凌发生中的关键作用。要想有效防治校园欺凌,首先就要打压和管制越轨同伴群体的形成,将校园欺凌扼杀在萌芽阶段。另一方面,乡镇学校的心理健康教育情况尤其不容乐观,专业师资的缺乏以及对学生心理健康教育的重视不够,无法保证学生在遭受欺凌后及时缓解心理压力和创伤,无形中增加二次伤害的可能性,极其不利于学生形成健全人格,危害其心理健康发展。

(二)任课教师视角分析

1.问卷调查结果分析

表6-3 任课教师问卷调查结果汇总

开放式问题	回答(人数/占比)
t1 看待欺凌	①坚决制止(371/68.9%) ②正常现象(68/12.6%) ③心理教育缺失(23/4.3%) ④家校共管(15/2.8%) ⑤社会缩影(12/2.2%) ⑥学生自身问题(10/1.9%) ⑦人际冲突(8/1.5%) ⑧无(31/5.8%)
t2 欺凌类型	①殴打、辱骂、孤立、索要财物(494/92.0%) ②打架斗殴(39/7.2%) ③网络欺凌(3/0.5%) ④无(2/0.3%)
t3 欺凌培训	①举办过(463/86.0%) ②没有(75/14.0%)
t4 培训效果	①较好(436/80.5%) ②一般(29/5.4%) ③无(73/14.1%)
t5 欺凌处理	①说服教育(452/84.0%) ②家校共管(58/11.0%) ③预防为主(11/2.0%) ④心理疏导(9/1.6%) ⑤法德结合(8/1.4%)

续表

开放式问题	回答(人数/占比)
t6 欺凌者	①心理不健康(106/19.7%) ②正确引导(102/19%) ③客观评价(96/17.8%) ④品德问题(93/17.2%) ⑤家教问题(54/10.1%) ⑥性格问题(25/4.6%) ⑦行为习惯差(24/4.5%) ⑧社会影响(9/1.7%) ⑨无(29/5.4%)
t7 受害者	①教师多关心、鼓励(278/51.7%) ②性格问题(113/21%) ③具体分析(48/8.9%) ④心理问题(41/7.6%) ⑤自我保护意识弱(20/3.7%) ⑥家庭、社会因素(10/1.9%) ⑦人际交往能力弱(6/1.1%) ⑧无(22/4.1%)
t8 欺凌—受害者	①存在性格、行为问题(388/72.1%) ②心理问题(103/19.1%) ③家庭因素(42/7.8%) ④社会影响(4/0.8%) ⑤无(1/0.2%)
t9 责任主体	①家长及监护人主责(122/22.7%) ②家校共责(105/19.5%) ③学生本人(102/19.0%) ④家校社会共责(79/14.7%) ⑤学校主责(75/14.0%) ⑥视情况而定(17/3.1%) ⑦无(38/7.0%)
t10 如何改善	①加强学校监督与管理(351/65.2%) ②加强家校联系(94/17.4%) ③加强社会管理(67/12.5%) ④无(26/4.9%)

由表 6-3 可知,538 名任课教师的问卷调查结果显示,在校园欺凌认知层面,68.9%的教师认为对待校园欺凌应持严苛的态度,坚决制止欺凌行为的发生;12.6%的教师则认为校园欺凌是一种正常现象,"学生之间的欺凌现象是不可避免的,主要是教育引导学生,减少类似情况发生","教师要善于发现,并用恰当的方法处理好问题","引导学生树立正确的价值观";4.3%的教师谈到校园欺凌是学校心理教育缺失的表现,如一位教师提到,"主要的原因可能是因为学校缺乏心理教育。现实生活中部分中小学生往往会在交往需要与善恶是非面前产生迷茫,引起心理冲突,或在升学压力与学习压力之间产生心理对抗",也有教师提到应"了解学生心理特点和心理健康,做相应的工作";2.2%的教师认为校园欺凌是社会不良现象在学校场域的缩影,如"校园欺凌是曾经一段时间内社会黑恶势力渗透进校园的恶果,要真正杜绝需要很长一段时间,需要全社会共同努力",是"孩子受网络信息的不良影响产生的不良行为"以及"贫富差距"带来的学生间人际冲突加剧;也有少数教师提到校园欺凌是由学生自身问题导致的(占 1.9%),需要家校共同管理

（占 2.8%），仅有极少数教师（占 1.5%）提到了学生人际冲突，认为校园欺凌是"学生无法正常处理矛盾的体现"，"当矛盾无法化解的时候弱势一方往往会成为被欺凌对象，所以应教育学生正确处理与同学的分歧的方法"，"应该加强同学关系方面的指导和帮助"；少数教师（占 5.8%）对此保留回答。

然而，在问及校园欺凌类型时，几乎所有的教师（占 92%）都谈到了包含身体欺凌、语言欺凌、人际关系破坏和财物损坏在内的四种具体欺凌（如"殴打""辱骂""孤立""索要财物"），但也有少数老师（占 7.2%）认为欺凌只限于学生间的打架斗殴等身体欺凌；此外，有 3 位老师意识到了网络欺凌这种新型欺凌形式；另有 2 位老师未回答该问题。在校园欺凌培训相关问题上，绝大多数学校（占 86%）举办过讲座和会议等形式的培训，少数参加过培训的教师（占 5.4%）认为培训效果并不理想，"有益处，但根本问题得不到解决"。参与调查的教师都亲自处理过欺凌事件，说服教育仍是大多数教师（占 84%）普遍采用的处理方法，教师们对此似乎并不满意但也别无他法，如有教师提到，"说实话，除了和平解决问题，没有别的方法"；少数教师（占 11%）通过跟家长联系共同处理学生欺凌问题；仅有个别老师在日常管理中以预防为主（占 2%），对学生进行心理疏导（占 1.6%），或法德结合共同教导参与欺凌的学生（占 1.4%）。

谈及如何看待校园欺凌不同角色时，心理不健康（如"缺爱""缺少关注""正处于青春期叛逆状态"）是教师们认为欺凌者存在的主要问题（占 19.7%），应对其进行客观评价和正确引导；同时，品德（占 17.2%）和家教问题（占 10.1%）也是欺凌者身上存在的明显问题。对受害者而言，过半教师（51.7%）认为应多关心、鼓励这类学生。性格问题（占 21%，如"孤僻""胆小懦弱""过于内向"）和心理问题（占 7.6%，如"自卑""缺爱""内心脆弱"）是受害学生存在的主要问题，也有少数教师提到受欺负的学生自我保护意识比较薄弱（占 3.7%），受家庭和社会影响（占 1.9%）或存在一定的人际交往能力缺陷（占 1.1%）。72.1% 的教师认为，性格和行为问题（如"缺乏自制力、不太守纪律、不自信、不善于与同学交流的人"，"嚣张跋扈又懦弱无能"，"自身性格软弱，趋炎附势"，"自制力差，盲目跟风，寻求刺激"）是欺凌—受害者存在的典型问题，19.1% 的教师认为主要原因是心理问题（如"逆反、报复心理""嫉妒他人，心理扭曲""表现欲强烈，缺乏关爱"），少数教师（占 7.8%）认为家庭因素至关重要，极少数教师（占 0.8%）提到了社会环境（如"法律意识淡薄"，"受不良风气影响，想当霸王，实力又不允许，只有找软柿子捏"，"对社会的认知错误,不能正确处理问题")对此类学生的影响。

谈及校园欺凌责任主体时,分别有 22.7%、19.5%、19% 的教师认为,家长及监护人、家校、学生本人是应对校园欺凌负责任的主要群体;也有少数教师(占 14.7%)认为应是家、校、社会共责,因为"家长和学校不会教学生欺凌他人,多数是学生模仿社会人员","家庭和社会也不应该把学生交给学校就什么也不管,必须配合好学校,实行三者互动";14% 教师认为学校主责,理由是"(欺凌)发生于校园内,学校应采取措施,防范此类事件的发生"。

在如何改善校园欺凌治理方面,多数教师(占 65.2%)认为学校应加强监督和管理,如"精细管理,划分区域责任人,做好区域监控","加强对全体学生的监控管理,加强思政课,注重对学生品行的培养","定期开展防校园欺凌讲座,多开展课余娱乐活动","完善制度,加大惩戒力度","加强对学生的心理健康教育";同时也有教师认为应加强家校联系(占 17.4%)以及与社会管理(占 12.5%),如"国家政府应重视家庭对子女的教育管理法律力度,后果严重的重处","加强学生自身的素质和认知,加强校方监管力度,家校合作管理学生,净化社会环境,加入司法警力介入力度","制定法律法规,完善管理制度,先进的管理技术,加强学生心理健康教育"。

总之,对广大任课教师的问卷调查结果表明,教师群体对校园欺凌的态度相对严肃,对欺凌表现形式(类型)的认识相对全面,这在一定程度上得益于一系列校园欺凌培训活动的落实。但对校园欺凌"零容忍"的态度仍需继续保持和加强,网络欺凌形式的存在亟须引起重视。在对卷入校园欺凌的学生的认识上,学生的品行问题和心理健康问题尤为突出,德育、心理健康教育以及家庭教育亟待进一步推进。在校园欺凌防治问题上,家长责无旁贷,家校共管、社会协助方能有效预防校园欺凌行为的发生并降低欺凌事件对当事人双方以及旁观学生产生的不良影响,防止校园欺凌再次发生。值得注意的是,学生心理问题以及教师对心理健康教育的呼吁贯穿整个调查结果,从如何看待校园欺凌到如何有效改善校园欺凌,都有教师提及心理健康问题,这表明学生心理健康教育也亟须加以重视和积极落实。

2.访谈结果分析

小组访谈涉及 4 位任课老师,男、女教师各 2 位,教授八、九年级课程。以下为梳理后的部分访谈片段:

访谈者:老师们最近有什么压力?

受访者(教师 A):刚开学,除了备课忙点,其他都还好,跟之前差不多。

受访者(教师 B):要说压力,学生太难管应该算是一方面吧。

受访者(教师 C):现在学校的学生,说不得。哪一句不合他们心意,就直接闹,他们不怕老师,也不听老师的。

受访者(教师 B):对。现在是老师处处怕学生。学生一生气,就不来上学了,家长听了就来学校告老师,不让他家孩子上学了,伤害他们孩子了。

受访者(教师 C):何止家长,领导们也来指责老师。学生一出问题便是老师没处理好,老师能力不行。看起来管理权力都在老师身上,实际上老师才是最弱势的群体。

受访者(教师 D):深有同感。学生"欺",家长"欺",领导"欺",现在的老师其实很难当,中学老师更难当,遇上学生们青春期、叛逆期,拿他们没一点办法。

受访者(教师 A):这个也没办法。现在的学生大多心理脆弱,承受能力差,又都是家长的宝贝儿,说不得。家长也没以前那么尊重老师,有啥问题就直接来学校闹。老师没什么实际的权力,跟普通"打工人"没什么区别。

受访者(教师 B):确实。但是,老师的工资、福利也没跟上,经济压力也是有的。

访谈者:国家现在是不是提高乡村(山村)教师待遇了?

受访者(教师 B):确实每个月比之前多了一些补助。但跟现在的消费水平相比,教师的工资还是太低了。我现在是普通教师,还好点,不用带早、晚自习,不用查寝,也不用处理班上的琐事。以前当班主任的时候,每天的时间几乎都用在了学生身上,班主任津贴每个月也才多一点(一百多元人民币),现在的津贴也没高多少。太累了。

受访者(教师 C):是的,老师太难当了。说句实在的,当老师是个良心职业,看着学生们的处境这么不好,真的想帮他们一把,不想让他们重复父辈的路。他们能好好学,考上高中,走出大山,我们看着也欣慰。但是学校的学生自己都放弃自己了,他们从进这个学校起,就知道自己来这里只是混个初中文凭,上完了学就去外面打工,走爸妈的老路。

受访者(教师 A):现在天天说学生心理不健康,其实老师们的心理也快不健康了。总之,学生一有事,就怪老师。家长来闹,也直接找老师。领导也给老师们布置了很多任务,做好了也不算自己的功劳。老师夹在中间太难受了,活像个"替罪羊"。谁来考虑考虑老师们的感受,别让老师们这么被动。

访谈者:对于欺凌现象,老师们一般怎么处理?

受访者(教师D):我们任课老师顶多在自己的课堂上口头教育一下学生,没有太多干涉的权力,学生们也不听我们的。杜绝校园欺凌,还得班主任多在班上讲,校领导多完善管理和监督制度。

由上述内容可知,从教师群体视角来说,教师在管理学生,尤其是学生违纪行为方面(欺凌、违纪等),存在一定的局限性。教师的管理和惩戒权力受到校领导、家长群体甚至学生个人的制约,教师无法正常使用自身的权力对学生行为等进行干预,不敢管、不愿管,这非常不利于发挥教师在防治校园欺凌中的重要作用。而教师惩戒权力的实际缺失在一定意义上也意味着教师群体地位的下降,不仅进一步纵容了学生违纪行为的出现、助长了校园欺凌者们的欺人气焰,同时也使得受害学生们的处境更加危险,不利于学生身心健康成长和学校正常教学秩序的维护。[①] 同时,值得注意的是,教师群体的待遇、心理健康等问题也应受到教育部门的重视,防止教师出现职业倦怠、职业认同感低以及心理健康水平低等不良现象。

三、家长与学生个人层面:家庭教育缺失严重

(一)家长访谈结果分析

在调研期间,调研者参与了一次家长会。家长会一般一个月开一次。为照顾家校距离较远的学生,本次家长会于国庆假期前的周五上午10点左右开始,家长会结束也意味着国庆假期的开始。各班班主任负责主持本次家长会,由任课教师代表作部分发言,会议的主题为学生假期安全以及学生在校问题汇总(包括不爱学习、上课总睡觉、同学矛盾等,较少涉及校园欺凌)。会议结束后,经过班主任老师、学生和家长本人的同意后,调研者对班上一位学生的家长进行了访谈。本次访谈对象为一名八年级女学生的父

---

① 胡劲松,张晓伟.教师惩戒行为及其规制[J].华东师范大学学报(教育科学版),2020,38(3):25-31.

亲。该生平常在班上寡言少语，不跟同学们聊天，时常一个人独来独往。访谈内容梳理后大致如下：

访谈者：小红（化名）最近在学校表现怎么样？

受访者（家长）：应该挺好的吧，具体不知道。店里平时比较忙，我管得少。

访谈者：她有跟您提过她在学校的经历吗？

受访者（家长）：很少。我也没时间问她。我在山下开了一个维修店，平常靠这点收入支撑生活。娃娃很早就没妈妈了（去世了），我一个人在店里走不开，没有人好好照顾她。

访谈者：平时周末她在哪里？

受访者（家长）：她自己在家里。她会做饭，能自己做着吃。我给她买了一个手机，有事可以联系我。

访谈者：她在家的朋友多吗？

受访者（家长）：不多吧，附近跟她同龄的比较少。平常放假就她自己在家待着，看看电视，写写作业，有时候也来店里帮帮忙。

访谈者：您了解校园欺凌吗？

受访者（家长）：听过，知道点儿。有些不学好的学生在学校没什么事做，就喜欢打架斗殴，有的严重的还打死人了（听说的）。家里爸妈没教好，管不住他们，学校老师也管不住。也在手机上看到过一群学生欺负一个学生的，确实很过分，还是家里教训得少了。不过话说回来，现在的娃娃，也管不了了，他们有自己的想法了，爸妈也不能时刻看着他们了，一切都看他们自己了。

访谈者：您的孩子在学校有受过欺负吗？

受访者（家长）：她不太爱说话，以前我也担心她会被其他人欺负。因为没有妈妈，在学校多少可能会被同学们看不起。唉。他们班主任之前也给我打过电话，说过她在学校的情况，让我多关心关心。我也是有心无力，条件不好，只能看她自己了。

访谈者：如果她在学校受欺负了，您会怎么办？

受访者（家长）：学生间有点矛盾很正常，老师帮忙说教一下就可以了。我离学校太远了，每次上来要（骑摩托约）两个小时，赶过来也不合适，学生的问题就让学生自己解决吧。不过，我家的娃娃懂事，小时候也管她管得多,应该不会欺负别人,除非别人先欺负她。

跟家长的访谈内容表明,一方面,结合校长、班主任访谈以及中层领导、班主任问卷调查结果可知,家庭支持缺失的情况在该校较为普遍。父母未能为青春期的孩子提供足够的关注和支持,除了物质投入外(近年来,国家对基础教育的财政倾斜很大程度上减少了家庭的经济压力,物质投入其实也相对较少),关乎孩子心理成长的精神上的教育投入(如陪伴、分享等)十分缺乏,不利于学生心理健康成长,很容易导致学生出现诸如社交退缩、社交焦虑(小红的典型表现)等消极行为表现,形成胆怯、内向、自卑的性格特征,最终成为校园欺凌受害者的高危群体。另一方面,父母对校园欺凌的认识存在很大的局限性,仅限于打架斗殴,对校园欺凌的危险认识不充分,认为是同学间很正常的小矛盾、小摩擦,因而交由学生自己解决,使得学生即使受到欺负也不愿意告知父母,导致校园欺凌越演越烈,最终造成严重的后果。

(二)学生访谈结果分析

1.小组访谈

此次小组访谈共有两组,访谈对象为本校的八、九年级学生,卷入或未卷入校园欺凌的学生均包含在内,由班主任确定人选并征得学生本人同意后带入访谈室进行面对面访谈。

小组访谈1:受访者为九年级男生,来自同一个班级,共4人。以下为梳理后的部分访谈片段:

> 访谈者:你们班上同学之间的关系怎么样?
>
> 受访者(男生甲):还好吧,没什么大的矛盾。
>
> 访谈者:班上有爱欺负别人的同学吗。
>
> 受访者(男生甲):很少。
>
> 受访者(男生乙、丙、丁):没有。
>
> 访谈者:你们有没有被其他同学欺负过?
>
> 受访者(男生甲):有过。以前有个经常打架的同学也打了我,我就也把他打了。
>
> 访谈者:因为什么打你,你又为什么打他呢?
>
> 受访者(男生甲):他让我给他刷饭卡,我不想刷,他就打我了。我

不怕他,也打回去了,要不然他会继续欺负我。

受访者(男生乙):我被同学取笑过,还恶意给我起外号。

受访者(男生丙):以前他们嫌弃我身上有味儿,故意不理我。

受访者(男生丁):我家不是这儿的,离学校有点远,刚开始来的时候他们也不跟我一块玩。

访谈者:你们班上有经常受欺负的学生吗?

受访者(男生甲、乙、丙、丁):有。

受访者(男生甲):有一个男生(学生D),大家都很烦他,以前班上同学总会笑话他,我们也笑话他。

访谈者:为什么笑话他?

受访者(男生甲):因为他太"娘"了(女性化表现明显),经常跟女生们一起玩儿,还喜欢到处表现,就很烦人。

访谈者:现在也会继续取笑他吗?

受访者(男生甲):现在不了。八年级的时候会。后来班主任经常开班会讲同学之间要相互尊重,也单独给我们讲过他的不幸遭遇(父母离异弃养),慢慢就理解他了。他也自残过,说要自杀,当时我们以为他作秀,博人眼球。

访谈者:他有自杀过吗?

受访者(男生甲):没有,他就说说。

与量化研究结果以及前人研究结果相一致,九年级学生之间的欺凌现象相对较少。在欺凌角色中,欺凌—受害者角色较为普遍,既有先欺负了他人后被欺负的,也有先被欺负,出于自我保护或报复进而欺负他人的。欺凌—受害者角色的存在很大程度上是导致校园欺凌"久治不愈"、不断复发的内在原因。单一的受害者被欺凌的原因大多是个人的特异性所致,即具有区别于群体他人的独特性,且通常这一特性不被群体接受,如访谈中的男生D便是由于跟女生们的关系比较好,表现出了女性化特征而被欺负,同时其爱表现的特点也招致了男生群体的厌恶,继而被取笑和孤立,甚至在有自伤等行为时仍不被理解和接受。此外,班主任的教育以及班级良好风气(保护弱小群体,同学之间相互理解和尊重等)的营造在减少和防止校园欺凌的发生中发挥了重要的作用。

小组访谈2:受访者均为八年级女生,来自同一个班级,共4人。以下为梳理后的部分访谈片段：

访谈者：最近有没有遇到什么烦心事？

受访者（女生甲、乙、丙、丁）：（摇头）没有。

访谈者：说说最喜欢的颜色吧。我们按顺序来，你（女生甲）先来。你喜欢什么颜色？

受访者（女生甲）：蓝色。

受访者（女生乙）：黑色。

受访者（女生丙）：白色。

受访者（女生丁）：白色。

访谈者：（转向女生乙）能说说为什么喜欢黑色吗？

受访者（女生乙）：因为我的世界就是黑色的。

访谈者：可以跟我们大家说一说吗？

受访者（女生乙）：我爸经常打我妹妹，我妈对我们不好。我在班上也没有朋友。感觉世界就是黑暗的，看不到希望。

访谈者：爸爸为什么打人？

受访者（女生乙）：（哭泣）我妈让他打的，我和我妹妹不是她生的，她不喜欢我们。我爸听她的话，总是无缘无故就打骂妹妹，也骂我，但没打过我。他们只对我妈生的弟弟好。

访谈者：（用手安抚）为什么在班上没有朋友？有同学欺负你吗？

受访者（女生乙）：我爱哭，他们就笑话我，做什么都不跟我一起，他们不喜欢我，没有人喜欢我。

访谈者：有告诉过老师吗？

受访者（女生乙）：没有。老师是不可信的，我不想跟他们说，他们不会帮我的。

待安抚好女生乙情绪后，继续访谈。

访谈者：（转向学生甲）能说说为什么喜欢蓝色吗？

受访者（女生甲）：好看，很治愈。

访谈者：你在学校有过哪些不愉快的经历？

受访者（女生甲）：（低下头，眼神回避）没有。

访谈者：你们为什么喜欢白色？

女生丙沉默。

受访者(女生丁):好看。

访谈者:可以详细说说吗？白色会让你想到什么？

受访者(女生丁):(笑)白色很纯洁,像云朵,让我想到了奶奶。

访谈者:可以说说奶奶吗？

受访者(女生丁):我奶奶头发也是白的。我是她从小带到大的,我爸妈不要我了,不愿意养我,我奶奶就一直照顾我。我现在不想上学,希望能早点去打工,养活我奶奶。

访谈者:在学校朋友多吗？

受访者(女生丁):不多。我学习不好,不聪明,别人都说我智力有问题,同学会经常嘲笑我。不过,我不怕,我不理他们就是了。我知道奶奶很爱我。

受访者(女生乙):她很乐观,性格好,爱笑,也喜欢帮助同学。其实,我们很喜欢她。男生们爱欺负人。

受访者(女生丁):(笑)我觉得班上同学都挺好的。

女生甲和丙在访谈过程中相对保持沉默,经过询问后得知,她们是被班主任老师点名叫来的,班主任觉得她们需要访谈者进行疏导。从班主任那里得知,她们在班上就不爱说话,经常被其他同学孤立,状态不太正常。这些学生自小学阶段起便长期住校,父母疏于管教,长期缺乏家庭关爱。

2.个人访谈

小组访谈后又对经常遭受同学欺负的学生 D 进行单独访谈,梳理后的访谈片段内容如下:

访谈者:你最近心情怎么样？

受访者(学生 D):很好呀。我想考音乐学院,我查了考音乐分不高,我可以上,我喜欢架子鼓,很酷……(此处省略其余若干题外话)

访谈者:跟同学相处得怎么样？

受访者(学生 D):挺好的。我们班的女生特别喜欢我,我能逗她们开心。

访谈者:跟班上男生关系怎么样？

受访者(学生 D):男生不太喜欢我。以前他们总欺负我。我是转校过来的,爸妈都不要我了,没有人在乎我。我很想跟他们交朋友,但他们总是不喜欢我,觉得我太情绪化,太爱哭,总会嘲笑我,他们还给我起外号,叫我小胖,我一点儿都不喜欢别人这样叫我,我觉得我并不胖,属于正常体重。但是,我们班女生对我很好,我喜欢跟她们一起玩儿,我会给她们买东西,讲一些有趣的事。

访谈者:被欺负后有告诉老师吗?

受访者(学生D):有。之前我会跟班主任说,但没什么太大的效果,他们还是会欺负我,不跟我玩。我以前割腕过,特别痛苦,别人都不理解我,都不在乎我。我想过自杀,后面害怕了,没再想了。

访谈者:最近还有同学欺负你吗?

受访者(学生D):应该没有了。不知道为什么,他们也愿意跟我说话,跟我一起玩儿了。

访谈者:班上的老师对你怎么样?

受访者(学生D):我跟老师的关系可好了,我也很喜欢跟老师聊天,我不怕生。

从学生D的经历可以看出,家庭支持的缺失是学生D寻求同伴和教师支持的重要原因,渴望被群体接纳和认同是这一时期学生心理发展的典型表现。被欺凌后寻求帮助途径的缺失也是受害者反复遭受欺凌并出现严重心理问题的重要原因之一。此次访谈中的学生D由于较为外向、表达欲强,能够主动向老师反映受害经历并寻求帮助,然而,在更广泛的受害者群体中,大多数学生由于种种原因并不愿意把受欺负经历告诉老师、家长以及同伴,只能默默忍受施暴者的持续伤害。

(三)学生个案分析

个案研究的对象为在八年级班主任访谈中提及的学生,开展调研时该生为刚升入八年级的学生(学生E),已经有约两周没来校上课。班主任向研究者说明,该生升入八年级后学业成绩一落千丈,并且经常独来独往,不跟人说话,不来上课,不知道遇到什么情况,是否被同学欺负,担心她出现心理问题,经过她本人同意后特地带她进行面对面交谈。针对该生的个案研究以追踪访谈为主,班主任代为观察为辅,时间跨度约一个学期。

初次访谈的片段内容如下:

访谈者:你现在心情怎么样?

受访者(学生E):(沉默,点头)

访谈者:你希望跟我倾诉你的烦恼吗?

受访者(学生E):(点头)

访谈者:你觉得你当前遇到的最大困扰是什么?

受访者(学生E):(沉默后)总是会想到死,不知道为了什么活着。

访谈者:伤害过自己吗? 比如划伤。

受访者(学生E):有(随后展示手腕、小臂处被划伤的疤痕)。

访谈者:可以告诉我因为什么伤害自己吗?

受访者(学生E):觉得自己活着是爸妈的负担,不想让他们因为我过得不好。

访谈者:为什么说自己是爸妈的负担?

受访者(学生E):我什么都做不好,只会拖累他们。

访谈者:爸爸妈妈的关系怎么样?

受访者(学生E):他们关系很好,妈妈是我后妈,但她和弟弟(后妈生的)都对我很好。

访谈者:活着没价值这种感觉持续多久了?

受访者(学生E):从七年级下学期开始有的。

访谈者:遇到什么令人苦恼的事情了吗?

受访者(学生E):我在学校看见了以前同一个小学的几个同学,知道她们也在这个学校上学,让我很烦躁。

访谈者:她们以前对你不好?

受访者(学生E):对。我以前(小学六年级)在班里学习很好,老师很喜欢我。她们几个学习不好,总叫我跟她们一起玩儿,我拒绝了,她们就来欺负我。她们在我校服上写骂我的话,在同学们面前讲我的坏话,说我清高,说我各种不好,还在课间揪我头发、打我。

访谈者:你有没有反抗过?

受访者(学生E):我发过火,没用。她们人多,在学校就会拿我出气。

访谈者:有没有跟父母或者老师讲过。

受访者(学生E):没有,不知道怎么说,感觉也不是什么大事儿。

访谈者:你家离现在的学校远吗?

受访者(学生E):不远,就在学校旁边的小区。

访谈者:现在她们还欺负你吗?

受访者(学生 E):没有了,但看到她们会想起之前的经历,很不舒服。

访谈者:手腕上的划痕跟知道她们跟你又在同一所学校有关系吗?

受访者(学生 E):嗯。其实我还服过安眠药,过量的,被一个以前关系比较好的同学发现了,抢救过来了,现在胃里还经常不舒服。

访谈者:(安抚)你知道校园欺凌吗?

受访者(学生 E):知道,我就是校园欺凌的受害者,可是她们并没有错,是我自己不好。

访谈者:你觉得自己哪里不好?

受访者(学生 E):我很小的时候妈妈就走了,我性格很内向,不招人喜欢。

访谈者:所以你觉得这些都是自己的错?

受访者(学生 E):嗯。

由上述访谈内容可知,这名学生来自经济状况稍好的重组家庭,不仅是校园欺凌的受害者,同时伴有强烈的自杀意念,有过自杀未遂史,在成长过程中因生母离去而形成了强烈的自卑心理。通过初步访谈了解学生基本情况后,采用理性情绪疗法①②(rational-emotive therapy,又称合理情绪疗法)对该生就遭受校园欺凌的不合理认知(如不合理的归因方法,将被欺凌问题归为内在的、能力方面的原因,认为是自己性格原因导致的,详见归因理论③)进行矫正,形成正确认知,缓解情绪问题,矫正行为障碍。同时,访谈者为这位学生布置了记录任务,要求对自己每天的心情状态进行评估、回想,记录当天发生的让自己感觉心情比较好的一件事情(比如早起、吃了热乎乎的早餐、看到自己喜欢的颜色、跟同学或老师目光对视一次)。经过为期一个月的心理治疗与辅导,班主任反馈该生已经能够按时来学校,老师找她聊天时她也愿意主动说话了,较之前有了很大改变。

---

① 刘宣文,郑洁.高中生理性情绪教育与课程设计[J].课程·教材·教法,2001(12):64-67.

② 段兴华,张星杰,侯再芳.理性情绪疗法的理论及应用[J].内蒙古农业大学学报(社会科学版),2003(3):100-102.

③ 张爱卿.归因理论研究的新进展[J].教育研究与实验,2003(1):38-41.

　　后续访谈主要采用线上交谈的方式,目的在于了解该学生的后续发展情况并巩固初次访谈的心理辅导效果,帮助该生顺利度过心理危机,恢复正常学习生活。第二次访谈由访谈者主动引导,访谈内容涉及学生 E 最近的情绪、睡眠、认知以及行为等方面。从访谈中了解到,该生最近出现了严重的睡眠障碍,整夜失眠,并伴有晨起食欲不振及呕吐等生理反应,当其回忆起过往遭受的校园欺凌的经历时,情绪状态会明显低落。通过跟学生 E 共同分析问题,尝试多种有助于睡眠的方法,该生的睡眠问题得到了明显改善。第三次访谈源自学生 E 主动寻求帮助,起因是该生父母自主决定带她去医院精神科检查,她本人并不想去,后经引导该生正确看待检查后,该生同意在父母陪同下主动接受检查。检查结果为中度抑郁,需要配合药物治疗。经过精神科医师药物治疗以及心理咨询辅助治疗,该生的心理问题逐渐得以解决,情绪相对稳定、积极,社交行为恢复到相对正常的水平。根据反馈,该生有了自己的兴趣爱好和志趣相投的朋友,看到以前欺负自己的学生时也能坦然面对,学习和生活逐步回归正轨。

　　由此可见,校园欺凌对受害者的影响是深刻、长久的,严重的还会危及生命安全。早期遭受的欺凌即使在当时看起来并无大碍,却还是在受害者内心造成了巨大的心理阴影,当刺激情境再现时,很容易导致受害者出现严重的应激反应(也称创伤后应激障碍)①,影响正常的社交生活及学习等。此外,即使是看似寻常的语言攻击和暴力,也极有可能导致受害者对自身产生错误认知,陷入否定自我的怪圈,出现抑郁、焦虑以及自杀意念或行为等严重心理危机。总之,欺凌无小事,及时防范、精准防范是重中之重。

第二节　中学生校园欺凌防治实践引发的教育反思

一、家庭教育缺失是校园欺凌防治的绊脚石

　　质性研究分析结果发现,家庭教育的缺失是学校在预防校园欺凌和处

---

　　①　刘笑晗,陈明隆,郭静.机器学习在儿童创伤后应激障碍识别及转归预测中的应用[J].心理科学进展,2022,30(4):851-862.

理校园欺凌事件中面临的主要阻碍,家庭教育缺失带来的消极影响贯穿校园欺凌防治的全过程。一方面,在预防校园欺凌发生中,家庭教育的缺失滋生了更多校园欺凌。父母放任不管、对子女情感上的关怀和忽视以及消极的教养方式(如放任型,一味宠溺、放纵子女)极容易使得学生出现思想、德行、性格、行为和心理问题而最终成为校园欺凌的高风险群体。家庭教育给学生发展带来不良影响,仅仅依靠学校开展德育和心理健康教育等进行弥补和纠正,无异于"亡羊补牢",为时已晚。首先,学校教育晚于家庭教育而出现,"父母是孩子的第一任老师",家庭中的亲子关系直接影响着学生在学校的同伴关系①②,亲子依恋类型也影响学生的同伴依恋类型。③④ 学生从原始家庭父母那里习得的情感价值观和对人与人关系的认知以及养成的行为习惯很大程度上直接关乎学生在校期间与其同学的相处模式,较差的家庭互动很容易导致学生在与同龄人的相处中出现冲突,最终卷入校园欺凌中。其次,学校教育无法修复家庭带给学生的心理创伤。"解铃还须系铃人",父母在子女成长过程中的角色和父母角色的重要性是学校教师无法有效补偿和替代的,父母对子女的忽视或情感虐待等导致的心理伤害以及学生缺爱、自卑、社交恐惧等心理问题更是学校教育所无法完全治愈的。⑤⑥ 另一方面,家庭教育的缺失也妨碍了事后对校园欺凌事件的合理处理,容易

---

① 郝心怡. 亲子关系、同伴关系与寄宿制高中生心理韧性的关系[D].兰州:西北师范大学,2020.

② 张兴旭,郭海英,林丹华.亲子、同伴、师生关系与青少年主观幸福感关系的研究[J].心理发展与教育,2019,35(4):458-466.

③ 马茜芝,张志杰.高中生亲子依恋与生命意义感的关系:同伴依恋和时间洞察力的中介作用[J].心理发展与教育,2020,36(2):168-174.

④ BAE S M. Association among parent-child relationship, peer relationship, material-oriented attitude and problem behavior of early adolescent[J]. Korean journal of youth studies,2016, 23(3):503-519.

⑤ BAEG S, LEE B, PARK H J, et al. The effect of supervisory neglect on adolescent peer victimization: mediating role of self-esteem and internalizing problems[J]. Children and youth services review,2020, 111:501-521.

⑥ LEE Y A, JIN A C. The mediating effect of self-esteem in the relation between parental abuse, neglect and school life adjustment in adolescent[J]. Human ecology research,2015,3(1):1-20.

导致后续校园欺凌的反复出现。①②　父母不配合学校教育工作甚至恶意干预学校对校园欺凌事件的处理,不仅不能使学生反思自身行为,改正欺凌恶习,反而会助长其欺凌习气。同时,父母单方面袒护其子女也进一步激化了欺凌双方学生的矛盾,不但无法有效预防其子女遭受他人的报复性欺凌,还可能加剧事态的恶性发展,引发情节和性质更恶劣的校园欺凌事件。

二、教师惩戒"示弱"是校园欺凌防治的难关

在校园欺凌防治实践中,原本肩负教书育人重任的教师群体却处于相对弱势地位,对欺凌他人的学生通常也任其胡作非为,表现出"不敢管""不愿管"的消极现状,这一发现的背后是教师惩戒权在校园欺凌预防与治理中的落实问题,也即校园欺凌防治实践中教师惩戒权的理性回归问题。③　教师惩戒权的流失是教育系统外部与内部系统等多方面原因造成的。④　当前,教师的社会地位已今非昔比,许多家长对教师职业的认同感和信任感较低,甚至错误地将教师视为其个人和子女的服务者,当教师处理学生问题的方式令其不满意时,轻者扰乱学校教师正常教学秩序,重者则向教育有关部门恶意举报,这种现状导致许多教师产生职业畏惧心理,最终为了免受其苦而选择放弃对其子女的正常管理和教育,出现"不敢管""不愿管"的现象。⑤　此外,教师监管途径的拓展和过程公开、透明化的目的在于发动社会全员监督教师不符合教学规范的违规行为,提升教师整体质量等,却被部分学生用以报复教师对自身的管束和教育。即使是学生无中生有或恶意曲解的举报,对教师来说都有着消极的影响乃至影响到自身的职业生涯。这也在一定程度上对教师正常行使惩戒权产生了严重的不良影响,妨碍教师,尤其是班主任对班级秩序的管理,成为校园欺凌防治实践的难点。⑥⑦

———————————

①　邹红军,柳海民,王运豪.概念·成因·治策:我国校园欺凌研究的三维构景:基于相关文献的述评[J].教育科学研究,2019(7):40-47.

②　尹力.我国校园欺凌治理的制度缺失与完善[J].清华大学教育研究,2017,38(4):101-107.

③　张茂聪,李玉蛟.校园欺凌惩戒权的理性回归[J].教育科学研究,2020(1):60-65.

④　白雅娟,李峰.教师惩戒权的流失与救赎[J].教育探索,2016(4):144-148.

⑤　张茂聪,李玉蛟.校园欺凌惩戒权的理性回归[J].教育科学研究,2020(1):60-65.

⑥　徐雅男.初中教师惩戒权认识现状调查研究[D].武汉:华中师范大学,2020.

⑦　白雅娟,李峰.教师惩戒权的流失与救赎[J].教育探索,2016(4):144-148.

三、心理健康教育专业性匮乏是校园欺凌防治的重点

开放式问卷和访谈结果均发现,校园欺凌中的欺凌者、受害者和欺凌—受害者都面临着心理健康问题。然而,学生心理健康问题既是校园欺凌发生的前因,也是校园欺凌导致的不良后果。[1][2][3] 正如前文所述,家庭教育的缺失给学生造成的心理创伤是学校教育难以完全弥补的,这些来自原生家庭的心理伤害致使学生在与同龄人相处时面临重重困难,在寻求同伴接纳和认同的过程中也难免时时碰壁,甚至加入越轨同伴群体,最终增加卷入校园欺凌的风险。虽然,处于心理亚健康或不健康状态的学生能够通过获取同伴群体的认同以及教师的支持和关怀等一定程度上补偿家庭支持的缺失,但学生与家庭的血缘关联是时刻存在的,来自家庭的伤害也在时刻增加,这并不能从根本上解决问题。与此同时,即使是心理健康的学生,在遭受同伴的欺凌伤害后,也很容易产生对自我的怀疑或形成悲观的世界观、人生观,导致出现自卑、焦虑、抑郁、社交退缩等心理问题,甚至产生自杀倾向等严重心理危机。[4] 此外,虽然近年来心理健康教育越来越受到社会的重视,但在校园欺凌防治实践中,着实解决专业心理健康教师短缺的问题仍迫在眉睫。总之,心理健康教育是有效防治校园欺凌的内在需求,加强学生心理健康教育刻不容缓。

① ALBALADEJO-BLÁZQUEZ N, FERRER-CASCALES R, RUIZ-ROBLEDILLO N, et al. Health-related quality of life and mental health of adolescents involved in school bullying and homophobic verbal content bullying[J]. International journal of environmental research and public health, 2019, 16(14):2622-2641.

② ARSLAN G, ALLEN K A, TANHAN A. School bullying, mental health, and wellbeing in adolescents: mediating impact of positive psychological orientations[J]. Child indicators research, 2021, 14(3):1007-1026.

③ RUCK M D, TENENBAUM H R, AZNAR A. Bullying of religious minorities and asylum seekers[M]//COWIE H, MEYERS C. School bullying and mental health: risks, intervention and prevention. London: Routledge, 2017:67-78.

④ CHOU W J, WANG P W, HSIAO R C, et al. Role of school bullying involvement in depression, anxiety, suicidality, and low self-esteem among adolescents with high-functioning autism spectrum disorder[J]. Frontiers in psychiatry, 2020, 11:1-9.

第七章　总结、局限与展望

第一节　主要研究成果概述

一、中学生校园欺凌存在显著类型差异和群体异质性

(一)语言欺凌是校园欺凌常见类型

本书发现,无论是在施加的欺凌行为中,还是曾遭受的欺凌受害经历中,以叫侮辱性外号为典型表现的语言欺凌(受害)均是学生报告最多、最频繁的欺凌类型,远高于身体欺凌(受害)、人际破坏(受害)、财物损坏(受损)和网络欺凌(受害)。正如《未成年人保护规定》中定义的那样,"辱骂、讥讽、嘲弄、挖苦、起侮辱性绰号等方式"是侵犯他人人格尊严的表现,应被及时制止。[①] 然而,语言欺凌在现实中往往最容易被家长、教师忽视,也通常会被认为是学生之间正常的口角之争,但对于学生的心理发展来说却是至关重要的。侮辱性外号、辱骂、嘲讽等行为一定程度上代表了同伴对自身较低的认同和接纳程度,以及在同伴群体中较低的地位[②],甚至是遭受同伴拒绝的表现之一。同时,这种语言上的羞辱极容易在同伴群体中传播,对受害者造成

---

① 中华人民共和国教育部. 未成年人学校保护规定[EB/OL]. [2021-06-01]. http://www.moe.gov.cn/srcsite/A02/s5911/moe_621/202106/t20210601_534640.html.

② BRUYN E H, CILLESSEN A H N, WISSINK I B. Associations of peer acceptance and perceived popularity with bullying and victimization in early adolescence [J]. The journal of early adolescence, 2010, 30(4), 543-566.

的负面影响尤为严重。此外,语言欺凌的频发也表明德育在当前校园欺凌防治中的重要性,加强学生思想道德教育,培养学生正确的世界观、人生观和价值观,实现学生德智体美劳全面发展刻不容缓。①②

(二)同伴群体是受害者普遍求助对象

对求助倾向的调查结果发现,同伴群体(包括同龄的朋友和同学)是校园欺凌受害者最愿意求助的对象,同时调查也发现,即使受害者对自身被欺凌的遭遇隐忍不言,也不愿主动将遭受欺凌的情况告知父母或教师。这不难理解,对于青春期的中学生来说,同伴群体对其发展的影响可谓是举足轻重③④⑤,他们对同龄人的认同需求⑥、归属感、依赖和信任更多时候远远多于父母、教师等成年人⑦⑧⑨。群体社会化理论也指出,随着年龄增长,学校系统中的同伴群体逐渐替代家庭系统中的父母和其他家庭成员从而成为儿童(6~18岁)社会化发展的重要场所。⑩⑪ 家长和教师如何取得学生的信任,让学生勇敢地倾诉受害经历,为受欺凌的学生提供有效支持以防止学生长期、反复遭受欺凌显得尤为重要。

---

① 李长伟.德育的古今之变:从强健到柔弱:兼论校园欺凌现象[J].教育理论与实践,2017,37(31):45-48.

② 刘珂,杨启光.校园欺凌的道德教育影响因素与环境重构:关怀伦理的视角[J].教育科学研究,2018(3):12-17.

③ 陈万芬,刘俊升,李丹,等.新时代青少年早期文化价值观的发展轨迹:同伴接纳的作用[J].心理科学,2018,41(6):1302-1309.

④ 张云运,牛丽丽,任萍,等.同伴地位对青少年早期不同类型攻击行为发展的影响:性别与班级规范的调节作用[J].心理发展与教育,2018,34(1):38-48.

⑤ 王伊雯,叶晓梅.近朱者赤,近墨者黑?同伴对青少年非认知能力的影响:基于CEPS数据的实证分析[J].教育与经济,2021,37(6):62-70.

⑥ 石艳.基于身份认同的校园欺凌的表现形态与发生机制研究[J].教育科学研究,2017(10):24-30.

⑦ 张玮玮,朱莉琪.同伴对青少年冒险行为的影响及其作用机制[J].心理科学进展,2021,29(8):1462-1471.

⑧ 周珮.同伴接纳、社会价值取向对青少年亲社会行为的影响[D].武汉:华中师范大学,2019.

⑨ 杨晨,连帅磊,陈春宇,等.同伴依恋与初中生手机成瘾的关系:有调节的中介效应分析[J].心理发展与教育,2022(4):538-545.

⑩ HARRIS J R. Where is the child's environment? a group socialization theory of development[J]. Psychological review, 1995,102(3):458-489.

⑪ 陈会昌,叶子.群体社会化发展理论述评[J].教育理论与实践,1997(4):48-52.

(三)男生群体成为校园欺凌的主要参与者

同以往研究发现相一致①②③,本书中,无论是实施欺凌行为还是遭受欺凌,男生的报告率均显著高于女生,这表明男生群体是校园欺凌的主要参与者。虽然该结果与大多数现有研究发现并无差异,但这一结果也恰恰验证了两个事实:其一,男生欺凌行为和遭受欺凌伤害的概率远高于女生,是校园欺凌中防治的重点群体。包括本书在内的众多校园欺凌研究中所使用的测量工具以及所施测的被试均不同甚至存在较大的文化差异,却依然得出了相同的结果,这使得校园欺凌的性别差异表现更加稳定。其二,对我国超过一万名学生的较大规模测试同样得出了与前人研究相似的结果,这也侧面说明本书中的测量工具——中文版校园欺凌和受害量表是切实可靠的,能够被进一步推广使用。

(四)七、八年级学生群体成为校园欺凌主要施加者和受害者

通过对初一至高三年级学生在校园欺凌和受害中的差异进行检验,本书发现,初一学生更容易发生校园欺凌,其次是初二学生,之后校园欺凌整体随着年级的增加而逐渐减少,这一结果支持了现有研究发现。④⑤ 究其原因是新入学的初一学生正处于小学到中学的关键转折期,其人际适应问题成为学校日常生活的重要活动之一,更容易面临同伴群体不适应或无法融入其中等问题,进而引发校园欺凌。同时,同伴的接纳或拒绝以及同伴群体地位的确立也以新生阶段为关键期,特别在入学后的一个月内尤为关键,若新生未能在该关键期获得同伴的接纳和认可,则极可能沦为被排挤和孤立的对象,甚至影响整个青春期的学业及身心等方面的发展。对于心理发展

---

① WANG J, IANNOTTI R J, LUK J W. Bullying victimization among underweight and overweight U. S. youth: differential associations for boys and girls [J]. Journal of adolescent health, 2010, 47(1), 99-101.

② 李佳哲,胡咏梅.如何精准防治校园欺凌:不同性别小学生校园欺凌的影响机制研究[J].教育学报,2020,16(3):55-69.

③ UNESCO. Behind the numbers: Ending school violence and bullying. France: the United Nations Educational, Scientific and Cultural Organization, 2019. [2019-1-22]. https://www.unicef.org/media/66496/file/Behind-the-Numbers.pdf.

④ 张文新.中小学生欺负/受欺负的普遍性与基本特点[J].心理学报,2002(4):387-394.

⑤ 朱桂琴,陈娜,宣海宁.农村寄宿制初中生同伴关系与校园欺凌实证研究:以河南省4乡5校为例[J].教育研究与实验,2019(2):68-76.

处于过渡期的八年级学生而言,此阶段其自我意识发展需求较多且发展速度较快。[①] 学生在追求个性、彰显自我的过程中产生的人际冲突也日渐增多,极容易因日常琐事而与同龄人发生矛盾,但又因缺乏成熟的人际关系交往策略而采用不当处理方式解决矛盾,如通过结交越轨同伴来增强自身"气势",进而报复他人等。

(五)重组家庭学生更容易卷入校园欺凌

对父母婚姻状况的分析结果发现,父母再婚(改嫁或再娶,也即重组家庭)学生报告的欺凌和受害多于父母在婚、离异、丧偶学生,同时父母再婚学生报告的既欺凌他人又被他人欺凌的频次也多于其他家庭学生。相比于其他父母婚姻情况,重组家庭中人际关系的重大变动更容易导致学生产生心理压力,继而引发系列适应障碍。这些问题不仅影响到学生的身心健康发展以及在校的学习生活状况和人际相处状况,还会对其产生负面影响,进而增加其既成为欺凌实施者又沦为受害者的双重风险。然而,以往的研究较多集中于离异家庭对子女身心健康发展的影响,而忽视了再婚家庭存在的诸多适应问题带给子女心理和行为发展的消极影响,这无疑在很大程度上妨碍了对校园欺凌真实状况的客观认识。因此,关注重组家庭学生的思想、行为和心理等发展状况,及时发现可能出现的校园欺凌行为和被欺凌情况并进行制止和引导,是预防欺凌发生的前提所在。

二、家庭在阻断中学生校园欺凌发生中的作用不可或缺

(一)家庭支持是避免中学生卷入校园欺凌的重要保护源

基于家庭变量的校园欺凌发生机制模型检验结果发现,在控制学校变量的影响后,家庭支持不仅能够直接减少学生的欺凌和受害,也能够通过父母行为控制和越轨同伴交往的中介作用间接减少欺凌和受害,但更多通过间接形式减少校园欺凌行为的发生。家庭中父母对子女的充分支持,尤其是情感上的支持和理解,是避免学生卷入校园欺凌,成为欺凌者或受害者的重要保护因素。一方面,家庭的充分支持能够使子女从父母那里获取足够

---

① 程乐华,曾细花.青少年学生自我意识发展的研究[J].心理发展与教育,2000(1):12-18.

的爱和关照,避免因缺爱或缺少关注而影响其与同伴群体的正常人际交往[1],减少与他人矛盾和冲突的发生,从而避免欺凌他人或被他人欺凌。另一方面,给予子女家庭支持较多的父母对子女包括交友行为在内的在校表现也更关注,能够及时阻止其结交具有不良行为表现(越轨行为)的朋友,避免受到他们的消极影响,最终降低子女卷入校园欺凌的风险。[2]

（二）父母行为控制是家庭场域校园欺凌发生机制的重要中介者

本书也发现,父母行为控制在家庭支持预测校园欺凌的发生过程中发挥着显著的中介作用,家庭支持通过促进父母对学生交友行为的控制而减少学生与越轨同伴的交往,最终减少欺凌他人行为的发生或降低遭受他人欺凌的可能。这一结果强调,父母对学生交友行为的约束是有前提根据的——对子女提供充分的(情感)支持,而非满足自身的控制欲,只有如此,才能有效减少学生卷入校园欺凌的可能。[3] 在具体的干预实践中,也可从加强父母对子女交友行为的关注和监管角度出发,防止或减少学生接触经常违纪、违法的越轨同龄人[4][5],实现有效防止校园欺凌发生或重复上演的干预目的。

三、校园氛围在中学生校园欺凌发生机制中具有双重作用

（一）校园氛围在校园欺凌中的双重作用

与 Wang 等人的研究结果[6]相一致,本书发现应批判性地看待校园氛围在校园欺凌发生机制中的作用,这是因为,校园欺凌氛围既可能减少校园欺

① 潘彦谷,张大均,李知洋.亲子和同伴依恋对初中生心理素质发展的影响:个人中心分析视角[J].心理发展与教育,2021,37(4):558-567.
② 汪倩倩,夏雨欣,范翠英.父母冲突、越轨同伴交往与青少年网络欺负的关系[C]//中国心理学会.第二十一届全国心理学学术会议摘要集,2018:939-940.
③ 苏春景,徐淑慧,杨虎民.家庭教育视角下中小学校园欺凌成因及对策分析[J].中国教育学刊,2016(11):18-23.
④ LIU F, CHUI H, MAN C C. The effect of parent-adolescent relationship quality on deviant peer affiliation: The mediating role of self-control and friendship quality [J]. Journal of social and personal relationships, 2020, 37(1):2714-2736.
⑤ 许阳,苏萍,甄霜菊,等.青少年网络游戏成瘾:学校、同伴以及父母的影响[J].教育测量与评价,2017(6):52-58.
⑥ WANG C X, BERRY B, SWEARER S M. The critical role of school climate in effective bullying prevention[J].Theory into practice,2013,52(4):296-302.

凌,又可能增加校园欺凌,在防治工作中,这种氛围同时也产生着积极和消极的双重作用。与常规认知相反的是,校园氛围对校园欺凌的直接作用是正向的,间接作用是负向的,即校园氛围越良好,学生欺凌他人的情况反而越频繁,但另一方面,整体良好的校园氛围下,教师支持、自主性和同伴支持的整体状况,又能够有效降低学校整体的欺凌水平,进而制约了校内学生结交越轨同伴并最终减少了学生欺凌行为的发生或使学生免遭被欺凌。但是,比较分析结果表明,校园氛围主要通过间接作用预测校园欺凌的发生,总体而言,校园氛围在抑制校园欺凌的发生过程中是发挥积极作用的,但其潜在的消极影响同样不容忽视,这一双重效应仍需深入研究和系统分析。

(二)提供教师支持和发挥学生自主性应坚持客观原则

进一步分解检验发现,校园氛围中的教师支持和自主性是导致校园氛围无法有效防治校园欺凌发生的主要原因所在——教师较多的支持以及学生行使的较多参与学校事务的自主权直接或间接导致了更多的欺凌和受害。比较分析结果发现,教师支持与学生自主性对校园欺凌产生的直接促进作用大于其间接抑制作用,也就是说,教师支持度较高和学生自主性较强的学校环境中,虽然校园氛围整体上是良好的,但仍导致了较多的校园欺凌,甚至出现校园欺凌"越防越多""越治越难"的窘境。究其原因,这一现象与获得学校教师支持和自主性的学生群体存在较大偏差有关。那些容易获得老师认可和支持的学生很有可能是那些家境优渥、父母善于与教师打交道、学业优异、有某些突出表现的群体,他们既可能成为"恃宠而骄"的欺凌者(如影视剧《少年的你》中家境雄厚的优等生魏莱[①]),也可能因"凤毛麟角"而遭到同伴排斥、孤立,成为校园欺凌的受害者(如本书个案研究中学业优良、家庭较好的受害者)。同样,那些能够参与学校事务或班级事务以及管理学生事务的学生通常是身负要职的部分学生会干部、班干部等群体,通过职权滥用对其他学生进行打压、报复等欺凌行为也多因此类学生而起[②③],但同时,有些学生干部的身份和权力也会使得部分学生在管理其他学生的过程中因"得罪人"而被报复、诽谤、孤立等。因此,无论是教师支持还是自

① 李瑞.《少年的你》:青春片中的成长蜕变抒写[J].电影文学,2020(11):62-64.

② 赵冬冬.制度公正、审议民主抑或个人权威:中小学班级管理的政治哲学探讨[J].教育学术月刊,2019(1):36-43.

③ 管素叶,袁秋红.学生干部微腐败现象的特点、成因与预防研究:基于青少年廉洁教育视角[J].中国青年研究,2019(6):108-112.

主性,在营造良好校园氛围的实践中,都应坚持客观原则,教师对学生做到不偏不倚,学校对学生做到学生全员参与管理,唯有此,才能切实保证校园氛围处于真正意义上的良好状态,才能有效预防校园欺凌的发生,防止校园欺凌屡禁不止。

（三）同伴支持是营造良好校园氛围的关键

本书也发现,校园氛围对防止校园欺凌发生的积极作用主要来源于同伴支持——同伴支持能够直接和间接减少学生的欺凌和受害,同学之间相互帮扶、尊重和理解是营造校园积极人际氛围和建设积极校园文化的关键。此发现再次印证了同伴群体对青少年社会化的重要性[1],也为群体社会化理论在中国校园环境中的适用性提供了实证证据[2]。同时这一发现也在一定程度上回应了校园欺凌定义的社会学特征,即校园欺凌不是单个学生的个人问题,而是学生与其所在人际关系环境的互动结果,校园欺凌防治应从群体视角出发,构建学生同龄人之间良好的人际互动氛围,从根本上解决校园欺凌现象,而不是针对学生个人的"治标不治本"行动。[3][4]

四、越轨同伴群体交往是导致中学生校园欺凌发生的直观因素

本书进一步发现,无论是在家庭场域还是学校场域,越轨同伴交往的中介作用总是最显著、最稳定且效应最强的中介变量。这说明,无论是基于家庭系统的校园欺凌防治,还是学校系统的校园欺凌防治,防范越轨同伴群体形成,避免更多学生加入越轨同伴小团体或小"帮派"是减少和防止校园欺

---

[1]　王伊雯,叶晓梅.近朱者赤,近墨者黑? 同伴对青少年非认知能力的影响:基于CEPS 数据的实证分析[J].教育与经济,2021,37(6):62-70.

[2]　HARRIS J R. Where is the child's environment? a group socialization theory of development[J]. Psychological review, 1995,102(3):458-489.

[3]　魏叶美,范国睿.社会学理论视域下的校园欺凌现象分析[J].教育科学研究,2016(2):20-23.

[4]　张倩,孟繁华,刘电.校园欺凌的综合治理何以实现:来自现代校园欺凌研究发源地挪威的探索[J].教育研究,2020,41 (11):70-82.

凌发生乃至发展为严重校园暴力的关键。[①][②] 所谓"近朱者赤,近墨者黑",越轨同伴的存在像是校园欺凌的"靠山",时刻为欺凌行为提供坚实的情感、价值观支持,使得参与其中的学生不得不接受和认同校园欺凌的合理性,导致校园欺凌现象在该群体以及该群体所在的校园中肆意猖獗。[③] 在实际防治实践中,家庭支持的提供、父母对行为的管控和监督、学校良好校园氛围的营建和学校整体欺凌水平的降低都应首先作用于阻止越轨同伴群体的发展壮大,达到对全体学生的警示作用,铲除校园欺凌形成的关键链条和温床,从而实现杜绝校园欺凌现象的教育目标。[④]

第二节 主要研究成果的成因探讨

一、校园欺凌角色的家校群组差异

(一)家庭支持群组与校园欺凌角色

本书群组差异分析结果表明,家庭支持水平的高低与校园欺凌角色存在显著相关且对校园欺凌角色的预测效应显著,高家庭支持组预测了较少的受害者和较多的欺凌者,表明父母为子女提供的支持是使其免遭校园欺凌的重要保护因子,但同时也应防止父母的过度支持导致子女养成骄横跋扈、欺软怕硬的不良习性而成为欺凌者。正如在本书访谈结果中发现的那样,家长对其子女的一味纵容和袒护往往导致子女在校期间频繁实施欺凌

---

① WANG X C, YANG J P, WANG P C et al. Deviant peer affiliation and bullying perpetration in adolescents: the mediating role of moral disengagement and the moderating role of moral identity[J]. The journal of psychology, 2019,154(3),199-213.

② CHO S J, HONG J S, STERZING P R, et,al. Parental attachment and bullying in South Korean adolescents: mediating effects of low self-control, deviant peer associations, and delinquency[J]. Crime & delinquency,2017, 63(9):1168-1188.

③ 石艳.基于身份认同的校园欺凌的表现形态与发生机制研究[J].教育科学研究,2017(10):24-30.

④ GAO L, LIU J D, HUA S Q, et al. Teacher-student relationship and adolescents' bullying perpetration: a moderated mediation model of deviant peer affiliation and peer pressure[J].Journal of social and personal relationships,2022,39(7):2003-2021.

行为,而后在其子女被他人反向欺凌后不但没有客观、理性配合学校处理问题,反倒将其子女先前的欺凌行为合理化,同时单方面指责其他学生的欺凌行为。

　　在本书中,虽然教师支持也一反常态,成为引发校园的消极因素,但父母支持的消极作用显然是更微弱的,在后续发生机制模型检验结果中被证实其积极作用占绝大多数,并不如教师支持的消极作用强烈。这是因为,父母供给支持的对象是其自身的子女,一般是一个孩子或两三个孩子,即使养育出的子女具有欺凌他人的可能,其影响也被限定在非常小的范围中,而教师提供支持的对象是其所管理班级的学生甚至整个学校的学生,涉及学生的人数远远多于父母。教师若无法合理平衡对所负责学生提供的支持与关爱等,导致学生感知到自身或其他同学受到差别化、不公平的对待,那么则会在很大范围内引发学生内部的冲突与矛盾,导致校园欺凌在众多学生中发生,最终使欺凌文化在全校范围内扩散蔓延。①② 此外,父母对子女的支持和理解是父母积极教养方式的重要体现③④,对子女的心理、行为等方面发展都有着积极的促进作用⑤⑥,能够使子女形成健康的心理和健全的人格,进而避免受到校园欺凌等反校园文化、反社会文化等的影响⑦⑧,同时也能够有效防止子女因"缺爱""求关注"等心理问题结交越轨同伴,寻求心理

　　① 黄亮.我国15岁在校学生遭受校园欺凌的情况及影响因素:基于PISA2015我国四省市数据的分析[J].教育科学研究,2017(11):36-42.

　　② 李蓓蕾,高婷,张莉莉,等.学生感知的教师欺凌态度与学生欺凌行为的关系:学生欺凌态度的中介作用及其性别的调节作用[J].心理发展与教育,2022(3):348-357.

　　③ 周雅,范方,彭婷,等.NR3C1基因多态性及单倍型、父母教养方式对青少年焦虑障碍的影响[J].心理学报,2017,49(10):1287-1301.

　　④ 万燕.初中女生青春发动时相、父母教养方式与自我同一性的关系研究[D].长沙:湖南师范大学,2017.

　　⑤ 张景焕,李建全,郑雪梅,等.父母教养方式对初中生创造思维的影响:自我概念的中介作用[J].心理与行为研究,2014,12(2):145-150.

　　⑥ FRANCIS A, PAI M S, BADAGABETTU S. Psychological well-being and perceived parenting style among adolescents[J]. Comprehensive child and adolescent nursing, 2021(2):134-143.

　　⑦ RAJENDRAN K, KRUSZEWSKI E, HALPERIN J M. Parenting style influences bullying: a longitudinal study comparing children with and without behavioral problems[J]. J child psychol psychiatry, 2016, 57(2):188-195.

　　⑧ 王丽,傅金芝.国内父母教养方式与儿童发展研究[J].心理科学进展,2005(3):298-304.

补偿,进而卷入校园欺凌①。

(二)学校群组与校园欺凌角色

校园氛围群组差异检验结果表明,校园氛围类型与校园欺凌角色存在显著相关且具有显著预测效应。"高师生同伴支持—低自主性组"校园氛围中参与校园欺凌的学生最少,"消极校园氛围组""低师生同伴支持—高自主性组"和"一般校园氛围组"则存在较多的欺凌者、受害者和欺凌—受害者。虽然消极校园氛围确实容易导致校园欺凌的发生,但"低师生同伴支持—高自主性组"这类"假"积极型的校园氛围形式也滋生了更多校园欺凌。在营造良好校园氛围的过程中,应重点关注校园内人际关系的和谐问题②③,即使是表面看起来积极的校园氛围中,如果学校内的师生关系、生生关系并不和谐,那么也同样容易导致校园欺凌行为的发生④。进一步的发生机制模型检验发现,教师支持显然并非全是校园氛围中的积极因素,反而是校园欺凌的激发因素,教师支持越多会引发越多校园欺凌。因此,校园氛围中的和谐人际关系的建设应客观看待教师支持的作用,在师生关系上坚持客观原则,防止教师对学生差别对待。⑤

差异分析结果也表明,整体欺凌水平高的学校衍生出了更多欺凌水平高的班级,最终导致更多本校学生卷入校园欺凌,成为欺凌者、受害者和欺凌—受害者,而整体欺凌水平较低的学校下设的班级中整体欺凌水平也较低,参与校园欺凌的学生也较少,欺凌者、受害者和欺凌—受害者也较少。这一结果支持了前人的研究发现⑥,同时也为场域理论提供了更多实证研究证据,拓展了场域理论研究范畴⑦,也更加坚定了环境因素对学生行为的递

---

① SALEH A, HAPSAH H, KRISNAWATI W, et al. Parenting style and bullying behavior in adolescents[J]. 2021,31:640-643.

② 孙建华,吉玉萍.构建和谐校园人际关系的对策思考[J].教育与职业,2007(36):51-53.

③ 强晓华,陈栋.论和谐校园人际关系的构建与维持:一种教育社会学的思考[J].当代教育科学,2019(1):85-92.

④ 王蓓颖.谈教育管理视阈下和谐校园的构建[J].教育探索,2012(11):111-113.

⑤ 冯帮,何淑娟.澳大利亚中小学反校园欺凌政策研究:基于《国家安全学校框架》解读[J].外国中小学教育,2017(11):35-43.

⑥ 武亦文,缪绍疆.校园欺凌的群体过程及预防干预[J].中国学校卫生,2017,38(4):629-633.

⑦ LEWIN K. Field theory and learning[J]. Social science paperbacks,1942:60-86.

进式、层级式影响。

同伴群组差异结果表明，友伴数量和越轨同伴群体也与欺凌角色存在显著相关和预测关系。相比于朋友较多组，朋友较少组（1或2个）预测了较多的欺凌—受害者（欺凌角色中的大多数类型），越轨同伴交往较少组预测了较少的欺凌者、受害者和欺凌—受害者，因此，结交较多朋友有助于降低学生实施欺凌或遭受欺凌的风险。但在结交朋友时应注意结交益友，避免与有不良行为倾向的群体交往，这样才能有效降低卷入校园欺凌的可能性。[①] 朋友多表明学生能够积极融入同龄人群体并得到接纳和认同，对其身心发展的意义非同小可。[②] 但同样，同伴对学生发展的影响具有显著的双重性：积极同伴能促进成长，而越轨同伴则可能带来负面影响[③]，避免或减少与越轨同伴的交往，防止越轨同伴群体的形成和壮大，是防治校园欺凌的关键。同时，结合教师支持的研究发现，本书发现也从实证视角证实了"良师益友"对个体发展的重要性以及在校园欺凌防治中不可忽视的重要角色。[④⑤]

二、家庭场域下校园欺凌的发生机制模型

（一）家庭支持预测校园欺凌的直接路径

本书模型检验结果表明，家庭支持作为家庭场域的重要变量，能够显著预测校园欺凌行为的发生，较高水平的家庭支持不仅能够有效降低学生实

① SHARYN L, BURNS P, DONNA L, et al. "That could be me squishing chips on someone's car." how friends can positively influence bullying behaviors[J]. The journal of primary prevention, 2010, 31(4), 209-222.

② TOM T S, BRANDON V D H, LINDSEY L, et al. Too much of a good thing? the relationship between number of friends and interpersonal impressions on facebook [J]. Journal of computer-mediated communication, 2008 (3): 531-549.

③ HITCHMAN S C, FONG G T, ZANNA M P, et al. The relation between number of smoking friends, and quit intentions, attempts, and success: findings from the International Tobacco Control (ITC) four country survey.[J]. Psychology of addictive behaviors, 2014, 28(4):1144-1152.

④ 蔡心心.苏格兰儿童和青少年反欺凌政策研究:基于对《尊重所有人:苏格兰儿童和青少年反欺凌办法》(2017)的解读[J].教育学报,2020,16(3):80-88.

⑤ 薛玲玲,王纬虹,冯啸.校园欺凌重在多元防控:基于对C市中小学校园欺凌现状的调查分析[J].教育科学研究,2018(3):24-29.

施欺凌的可能性,同时也能降低其遭受欺凌的风险。这是因为,家庭支持是个体社会支持系统的重要组成部分①②,以家庭为中心的支持系统的完善能避免个体出现诸如抑郁、社交焦虑等心理健康以及其他情绪、行为等问题③④⑤,是促进个体朝积极方向发展的坚实后盾。同时,同父母忽视或放任不同,家庭支持是良好亲子关系的重要体现⑥⑦,家庭中良好的亲子互动能够推进子女社会化情况朝积极方向发展,使其获得较好的人际交往策略并能够在与家庭系统外的其他群体进行互动时依旧表现良好,减少与他人发生人际冲突的可能,最终避免卷入校园欺凌⑧。此外,家庭支持也是实现家庭积极功能的重要途径,能够有效促进个体,尤其是青少年积极适应社会,合理处理人际冲突,防止校园欺凌的发生。⑨

然而,家庭对个体发展影响的作用是否会随子女学段的提高而依旧存在较强的影响,家庭对个体发展是否存在显著累积效应以及效应变化如何,

①　肖水源.《社会支持评定量表》的理论基础与研究应用[J].临床精神医学杂志,1994(2):98-100.

②　DAHLEM N W, ZIMET G D, WALKER R R. The multidimensional scale of perceived social support: a confirmation study.[J]. Journal of clinical psychology, 1991, 52(6):756-761.

③　李彦丽.初中生社会支持对抑郁影响的 Meta 分析[J].上海教育科研,2021(12):46-49.

④　宋颖,张守臣.领悟社会支持对社交焦虑的影响:反刍思维的中介作用和社会阻抑的调节作用[J].心理科学,2016,39(1):172-177.

⑤　孙仕秀,关影红,覃滟云,等.青少年社会支持与情绪行为问题的关系:心理弹性的中介与调节作用[J].中国临床心理学杂志,2013,21(1):114-118.

⑥　LETOURNEAU, NICOLE, DRUMMOND, et al. Supporting Parents: Can Intervention Improve Parent-Child Relationships? [J]. Journal of Family Nursing, 2001, 7(2):159-159.

⑦　YAN Z. Parental support for autonomy and child depressive symptoms in middle childhood: the mediating role of parent-child attachment[J]. Journal of child and family studies, 2017, 26(7):1970-1978.

⑧　叶子,庞丽娟.论儿童亲子关系、同伴关系和师生关系的相互关系[J].心理发展与教育,1999(4):50-53.

⑨　方晓义,徐洁,孙莉,等.家庭功能:理论、影响因素及其与青少年社会适应的关系[J].心理科学进展,2004(4):544-553.

也是当前家庭研究领域的一个重要议题。①② 对于中学生来说,尤其是寄宿生占大多数的国内中学生来说,在学校和同龄人相处的时间很大程度上多于在家庭和父母相处的时间,在此种情况下,家庭教育能否持续发挥重要作用仍需深入探讨。但是,群体社会化理论和本书结果似乎在一定程度上验证了家庭支持在对校园欺凌的影响中发挥更多的是远端作用,也即主要通过中介变量而间接实现减少或阻断学生发生欺凌和遭受欺凌的作用。

(二)家庭支持预测校园欺凌的间接路径

进一步间接路径检验结果表明,家庭支持也能够通过间接路径预测校园欺凌和受害的减少且该间接作用显著大于家庭支持的直接作用。因此,家庭支持在校园欺凌的发生路径中确实发挥了更多的远端作用,较多的家庭支持加强了父母对子女交友行为的约束,从而减少了结交越轨同伴的可能,并最终遏制或减少校园欺凌的发生以及被他人欺凌的风险。这一结果并不难解释,首先,校园欺凌发生的场域(不单指场所)是学校,是学生与学校同龄人之间冲突或矛盾未能及时化解和合理处理的不良表现结果③,而非家庭场域,一般情况下,父母并不能第一时间或现场阻止校园欺凌的发生;其次,家庭支持等家庭教育对个体发展的影响并非即刻的,而是"润物细无声"式长时期缓慢进行的,校园欺凌的真正导火索应是校园欺凌的矛盾主体——学生的同伴群体④;最后,家庭外的学校系统是学生完成社会化的重要场所,只有当家庭内部系统的文化或人际模式与校园系统的文化或人际模式相匹配时,才能有效作用于学生与同伴之间的人际互动,才能有效防止校园欺凌的发生⑤。

———————————

① 张文宏,蔡思斯.教育公平的累积效应:基于中国教育追踪调查(CEPS)数据的实证分析[J].国家行政学院学报,2018(4):55-62.

② 金灿灿,邹泓,李晓巍.青少年的社会适应:保护性和危险性因素及其累积效应[J].北京师范大学学报(社会科学版),2011(1):12-20.

③ 中华人民共和国教育部.加强中小学生欺凌综合治理方案[EB/OL].[2017-11-23].http://www.moe.gov.cn/srcsite/A11/moe_1789/201712/t20171226_322701.html.

④ 闫平.借鉴我国传统家风家教文化创新培育和践行社会主义核心价值观的实践路径[J].理论学刊,2019(3):90-97.

⑤ 陈会昌,叶子.群体社会化发展理论述评[J].教育理论与实践,1997(4):48-52.

三、学校场域下校园欺凌的发生机制模型

(一)校园氛围预测校园欺凌的直接路径

基于校园场域的校园欺凌发生机制模型检验结果表明,除了校园氛围对受害的预测不显著外,校园氛围对欺凌及分维度对欺凌和受害的预测作用均是显著的,校园氛围整体以及教师支持、自主性能够正向预测校园欺凌,同伴关系则负向预测校园欺凌。教师支持越多和自主性越高的校园氛围,反而增加了校园欺凌,导致学生发生更多欺凌行为或经历更多受害;但同伴支持多的校园氛围,能够显著减少或遏制校园欺凌的发生。校园氛围在校园欺凌发生机制中的"双面角色"以及教师支持、自主性、同伴支持在欺凌中的不同作用是本书的重点发现。

正如马克思主义唯物辩证法所指出的那样,对立统一规律是唯物辩证法的实质和核心,以该规律为基础的矛盾分析法是唯物辩证法中最重要的认识方法和思维方法。而在矛盾分析法中,"两点论"和"重点论"是最重要的体现。两点论表明,在处理某一具体矛盾时,既要看到矛盾的主要方面,也要看到矛盾的次要方面,要两点兼顾;重点论强调,要抓住主要矛盾,解决主要矛盾。因此,在看待校园氛围对校园防治的作用角色时,既要看到其积极的方面,也要看到其消极的方面,同时还应解决重点问题。具体来说,校园氛围在减少和阻断校园欺凌方面存在着一定的积极作用,良好的校园氛围更有助于学生全面发展,但同时高度集中于特定学生群体(如,家庭优渥、学习优异、学生干部等群体)的教师支持和自主性却激发了更多学生同伴间的人际冲突,损害了学生的健康成长,此外,良好的同伴支持氛围是阻断校园欺凌产生的重要方面,学校氛围的建设应以加强校内学生间同伴关系的良好发展为主。

同时,唯物辩证法中的质量互变规律也在一定程度上解释了校园氛围中的教师支持和自主性为何导致更多的校园欺凌。质量互变规律认为,物质的变化是由量的不断累积发展而来的。除了前文所提到的对特定学生群体的偏向外,教师支持和自主性这两种本来同属于积极方面的氛围,由于支持程度的加深和权利范畴的扩大而逐渐显现出其弊端,对学生发展的影响也由积极转向消极。因此,营造师生之间恰当的人际关系氛围,给予学生适当的参与学校事务的权利是避免校园氛围在校园欺凌发生路径中发挥消极作用,促进发挥其积极作用的重要途径。

（二）校园氛围预测校园欺凌的间接路径

基于学校场域的间接路径检验结果表明，与直接路径检验结果相反，校园氛围在间接预测校园欺凌发生路径中的作用却是负向的，校园氛围在间接路径中抑制了校园欺凌和受害的发生，但显然间接路径效应大于直接路径效应，也即，校园氛围对校园欺凌的积极作用大于消极作用。校园氛围分解分析结果表明，教师支持、自主性是校园氛围的消极性所在，同伴支持是校园氛围的积极性所在。如前文所述，校园氛围既能遏制校园欺凌，又能激发校园欺凌，应一分为二，辩证看待校园氛围在校园欺凌发生机制中的作用，客观看待校园氛围在防治校园欺凌中的影响，既要充分发挥校园氛围的积极作用，也应及时防范其消极作用。但重要的是，应认识到校园氛围的积极作用占据主要地位，消极氛围占据次要地位。

此外，阶段—环境匹配理论认为，不同发展阶段的个体对环境的需求也并不相同，只有与个体发展需求相匹配的环境才能真正促进个体的发展。[1][2][3] 在实际防治中，需以重点营造和谐、相互支持的学生同伴关系为首要任务，通过促进学生同伴群体间的相互支持与理解，可有效降低校园整体欺凌发生率。这一措施既能减少学生个体与越轨同伴的接触机会，也能削弱其不良影响，从而显著降低学生卷入校园欺凌的风险；同时，应以客观、适当的师生关系和学生自主性为次要任务，通过减少教师对特定学生的过度支持与袒护等，降低整体校园欺凌水平，减少学生与越轨群体的接触，最终减少或者阻断校园欺凌的再发生。唯有符合学生发展的需求，才能合理、科学地建设良好校园氛围，有效建立校园欺凌的长效防治机制，防止新一轮校园欺凌的上演，保证学生安全、健康成长。

四、校园欺凌发生机制模型的群体异质性表现

跨群组验证结果表明，整体而言，基于家庭和学校场域的校园欺凌发生

① ECCLES J S, MIDGLEY L, et al. Development during adolescence: the impact of stage-environment fit on young adolescents' experiences in schools and in families [J]. The American psychologist, 1993, 48(2):90-101.

② ZIMMER G. Relationships at school and stage-environment fit as resources for adolescent engagement and achievement - sciencedirect[J]. Journal of adolescence, 2006, 29(6): 911-933.

③ 李董平,何丹,陈武,等.校园氛围与青少年问题行为的关系:同伴侵害的中介作用[J].心理科学,2015,38(4): 896-904.

机制模型具有相对稳定性,在性别、独生、寄宿、城乡及民族群组中的并无实质上的差异,但仍需注意细微的变化路径,尤其是家庭支持和校园氛围的直接路径是否在不同群体组中存在显著作用,进一步提高校园欺凌防治的精准性。总之,家校场域下校园欺凌的发生机制是稳定的、可靠的,在不同学生群体间的适用范围相对广泛,能够被推广到不同群组中用于指导校园欺凌防治实践活动。虽然现状描述结果发现校园欺凌在性别群组中存在显著差异,有助于精准识别和预防校园欺凌高危群体,似乎与此处发生机制略有矛盾,但是前者涉及的是特征识别,后者主要考察的是内在机制,也即适用于大多数群体的普遍规律,是普遍性与特殊性相统一的体现,共性中包含特殊性,两者并不相互干扰。①② 因此,在实践防治中,除了关注校园欺凌中的高危学生群体外,还应认识到校园欺凌发生的共通性和一般规律,通过共性与个性的结合实现校园欺凌防治科学性、有效性,健全校园欺凌防治长效防治机制,彻底根治校园欺凌问题,保障每一个学生的受教育权益,促进学生身心健康、全面发展,推动我国教育发展向高质量方向前进。

五、校园欺凌发生机制与家校防治实践的整合

通过对比分析量化与质性研究结果,本书发现校园欺凌防治与发生机制存在着较为突出的整合性问题,主要表现为发生机制揭示了家庭和学校在校园欺凌协同防治中的不可或缺性,而校园欺凌的防治实践中家庭父母角色和学校领导层、教师层角色均存在一定的缺失性。③ 这一问题的根结在于角色分工问题。④⑤ 家庭和学校并未明确自身在校园欺凌防治中的分工,也即,父母、学校领导和教师等在实际中应具体在哪些方面做出努力以及如何开展针对性行动并未有一个详细、可操作的指导和方案。在质性研究中最显著的家庭教育缺失问题、教师惩戒问题、学生心理健康教育等问题都应

---

① 陈新夏."真正的共同体"的基础及其当代启示[J].教学与研究,2020(8):5-12.

② 刘敬东.普遍性与特殊性相统一:马克思主义中国化的一个基本经验[J].思想理论教育导刊,2009(2):23-28.

③ 周福盛,靳泽宇.校园欺凌中教师角色失当的思维逻辑[J].当代教育与文化,2017,9(6):20-25.

④ 张丹丹.教师和家长之间的角色分工研究:角色期望与感知的视角[D].长春:东北师范大学,2019.

⑤ 王亚群,张秋姿,孙佳欣.家校协同视角下农村留守儿童校园欺凌角色归因与对策研究:以菏泽市单县S乡中小学为例[J].青少年研究与实践,2021,36(2):100-108.

有明确的指向性,方能运用到具体的防治实践活动中,才能从根本上解决校园欺凌问题。因此,在基于家校场域校园欺凌发生机制的前提下,构建以家庭支持为核心的家庭教育系统、营造以同伴支持为基础的良好校园氛围、合理增进师生关系和学生自主性合理运用教师惩戒权以及加强学生心理健康教育等是实现校园欺凌防治中加强家校协同育人、充分发挥自身角色作用、实现家校协同防治的有效实践途径。

六、小结

通过综合主要研究发现与讨论方向,本书主要得出以下结论:(1)欺凌无小事,应时刻重视和加强对学生言行、德行等的德育工作;(2)精准识别并关注高风险特征学生是预防校园欺凌的前提所在;(3)家庭支持和家庭父母行为控制在减少和阻断校园欺凌发生路径中发挥着积极作用;(4)辩证看待校园氛围在校园欺凌发生机制中的双重作用,在防治实践中做到趋利避害;(5)同伴群体也同样在校园欺凌的发生与防治中起着双重作用,同伴支持是扼杀校园欺凌的杀手锏,而越轨同伴群体是滋生校园欺凌的温床,是重点打压对象;(6)充分推动家庭父母和学校领导层、教师层合理完成在校园欺凌中各自的角色任务是家校协同防治的关键。

第三节　家校场域中校园欺凌的防治措施

一、关注高风险特征学生群体

关注高风险特征学生群体能提高校园欺凌预防精准性。校园欺凌防治工作皆在"防"和"治"两字之中,既要预防,也要治理,因此,在明确校园欺凌发生机制的基础上,准确识别具有高风险特征的学生群体,并针对性地预防其出现欺凌行为,是校园欺凌防治的首要任务。在具体实践中,重视学生之间的异质性,及时发现、关注和引导存在高风险特征的学生群体,是预防校园欺凌发生的重要前提。除男生群体、初一与初二学生群体和重组家庭学生群体外,存在超重、残疾、父母关系差、父母离异、重组家庭、家庭经济拮据以及乡村寄宿制学校情况等弱势状况的学生群体均应是校园欺凌预防的重点学生群体。但同时,对于那些在校期间备受老师关注、具有"光环效应"的学生群体,也应尽早关注其思想、心理和行为等变化状态,一旦发现有欺凌他人的倾向或被同伴排挤的现象应立即进行干预和阻止,将校园欺凌扼杀在萌芽状态。

二、构建以家庭支持系统为核心的家庭教育

家庭肩负起养育子女的应尽责任和义务,发挥其自身实际功能,为学生提供充分的家庭支持和关爱,培养学生的健康思想、健全人格、良好行为习惯是家校协同防治校园欺凌的关键,是家校共育的实现途径。家校协同防治强调的便是家庭在促进学生全面发展中不可替代和推卸的义务与责任,而非父母或监护人将孩子完全托付给学校,完全由学校进行教育,却在孩子欺凌他人或被欺凌时又将责任推卸给学校,不仅严重阻碍了学校正常的防治程序,还极有可能因不理智举动加重校园欺凌现象。家校协同防治也并非父母及监护人在形式上简单配合学校的工作,如参加家长会、接受家访等,家庭实质上是一个特殊的教育场域,父母承担着教育者的角色,而子女则是受教育者,父母有法定义务为子女提供充满温暖、支持的家庭氛围并引导和教育子女成为身心健康的学生。而学校也并非问题学生的"救治站",教师并非完全是帮助学生疗伤的"医生",与其治疗学生,不如从家庭系统着手,增强学生体质和心理素质,防止其出现思想、行为、心理等问题,从早期阶段阻断校园欺凌发生势头。然而,需要注意的是,家庭支持是构建良好亲子关系的基础,是父母为子女提供积极情感回应的途径,但支持并不等于纵容或偏袒,而应是基于理性判断的条件性支持,是父母理性处理子女自身问题、科学养育子女的行为。

三、营造以同伴支持为基础的良好校园氛围

家庭教育早于学校教育且贯穿学生发展的全过程。就现阶段校园欺凌防治而言,学校作为主要教育场域,正是校园欺凌事件最常发生的场所。学校场域内学生同伴人际和谐状况与校园欺凌有着直接关系,而学校依然是承担防治校园欺凌的主要责任主体。便利的条件产生便利的行为,正如"武器效应"所揭示的那样,暴力事件的发生与刺激暴力的"武器"(包括但不限

于枪支、管制刀具等)的存在有着必然联系。① 同样,校园欺凌的发生是因为校园内存在刺激校园欺凌的"武器",这个"武器"既可以是导致恶性欺凌甚至暴力事件的管制刀具、棍棒等,也可以是产生常见校园欺凌事件的消极校园氛围、以反校园文化为标志的越轨同伴群体以及学校松弛的欺凌管理制度等。但是,无论是身体欺凌,还是语言、人际、财物和网络等形式的欺凌,均是同伴关系恶化以及无法合理处理同伴人际冲突的最终结果和不良表现,而刺激不良同伴关系形成的无形武器便是校园氛围中同伴支持文化的匮乏。源于同伴关系恶化又发生于同伴群体中的校园欺凌,只有从营造良好的同伴支持氛围,从改善学生群体自身入手,才能真正意义上实现校园欺凌的精准防治,才能从根本上防止校园欺凌发生和持续、反复发生,实现校园欺凌治本目标。

四、合理运用教师惩戒与支持

教师既是学生成长道路的带领者,也是其行为偏差的矫正者。在校园欺凌防治工作中,应当充分发挥教师这一双重角色的教育价值。教师合理行使教师惩戒并为学生提供情感等支持是学校教育促进学生身心健康、全面发展的基本权利和应尽义务。然而,惩戒不等于对立,支持不等于偏袒。由早期的"滥用"到如今的"弃用"②,教师惩戒权的边界似乎依旧模糊不清。教师似乎是站在学生的对立面,作为高高在上的主审官对学生过错的惩罚进行自我决断,又可能站在学生的另一对立面,作为胆战心惊的服务者无条件纵容学生的违纪、欺凌等行为。教师如何在与学生的互动中,摆正自身位置,及时捍卫教师的惩戒权力③④,合理处理违纪学生,以维持学校和班级正常教学秩序,维护多数学生在校学习、生活利益,创建安全校园,是发挥教师在校园欺凌防治中角色价值的关键环节。同时,在教师与学生的互动中,"支持"并不等于"纵容","支持"也非"偏袒",但此处的纵容和偏袒更侧重支

---

① 杨治良,郝兴昌.心理学辞典[M].上海:上海辞书出版社,2016:897.

② 张忠涛.教师惩戒权:让"滥用"与"不用"回归"正常用"[J].中国教育学刊,2015(7):48-51.

③ 任海涛."教育惩戒"的性质及其法律体系构建:以《教育法》《教师法》为核心[J].湖南师范大学教育科学学报,2019,18(5):21-29.

④ 施丽红,吴成国.论教师惩戒权存在的必要性及实施[J].当代教育科学,2006(4):34-36.

持对象的客观性。教师,尤其是主要负责学生日常事务的班主任教师,应尽量关照到自身所管理班级的每个学生,做到不偏不倚,客观公正,避免区别化对待,以预防学生群体内部矛盾的产生。

五、严防越轨同伴群体形成与壮大

同伴群体在校园欺凌的发生机制和防治中的作用不言而喻,但同伴群体同样具有两面性,积极的同伴支持能够有效减少校园欺凌行为的发生[1][2],而越轨同伴交往则激发了更多校园欺凌现象[3][4]。因此,在营造以同伴支持为基础的良好校园氛围的同时,应严防越轨同伴群体的形成,避免更多学生与越轨同伴交往而壮大越轨同伴群体,阻断校园欺凌发生链,成为有效遏制校园欺凌发生的关键所在。一般来说,在校生的越轨同伴群体主要以校园不良小团伙为主,但也不排除与校外越轨同龄人团伙,或者校内外联合存在的越轨同伴群体。在具体防治实践中,对内,学校可以发挥自身的教育、管理职责整治校内越轨同伴群体,减少或防止越轨学生私下结交团伙,铲除滋生反校园文化的温床;对外,学校既可以通过加强校门口巡查、加强学生思想教育等方式防止校内学生与他校或社会等校外越轨学生团体的接触,也可以通过寻求公安机关或上级教育管理部门的协助,共同铲除校外越轨群体对本校学生造成的威胁或影响。

六、加强学生心理健康教育

近年来,国家教育主管部门越来越重视对学生的心理健康教育,心理健康状况不仅深刻影响学生发展的方方面面,同时也与其各方面的行为表现密切相关。正如研究发现所揭示的那样,学生心理健康问题既是校园欺凌

---

① DAN B. Peer support central to bring bullying to an end[J]. Canada's occupational health & safety magazine,2011,27(1):22-22.

② COWIE H, OLAFSSON R. The role of peer support in helping the victims of bullying in a school with high levels of aggression[J]. School psychology international,2000,21(1):79-95.

③ 邓小平,徐晨,程懋伟,等.青少年偏差行为的同伴选择和影响效应:基于纵向社会网络的元分析[J].心理科学进展,2017,25(11):1898-1909.

④ 张玮玮,朱莉琪.同伴对青少年冒险行为的影响及其作用机制[J].心理科学进展,2021,29(8):1462-1471.

发生的前因①，也是校园欺凌导致的不良后果②③，卷入校园欺凌的学生均面临着心理健康问题④⑤⑥。此外，即使是未卷入校园欺凌的学生，如旁观者或协助者⑦⑧，也会受到异常状况引起的焦虑、恐惧等心理健康问题的困扰，也会因观察学习和社会学习等现象的作用而认同校园欺凌存在的合理性甚至习得该行为⑨⑩，导致校园欺凌在学生群体中的泛化，增加校园欺凌防治难度。然而，在实践防治中，学生的心理健康问题依旧形势严峻，学校心理健康教育面临缺乏专业心理老师、学校领导层对心理健康教育重视不够、学校心理健康建设不完善、家长忽视学生心理成长等多重现实困境。因此，加强

①　KUMPULAINEN K，RÄSÄNEN E，PUURA K. Psychiatric disorders and the use of mental health services among children involved in bullying［J］. Aggressive behavior，2001，27(2):102-110.

②　KUMPULAINEN K，RÄSÄNEN E，PUURA K. Psychiatric disorders and the use of mental health services among children involved in bullying［J］. Aggressive behavior，2001，27(2):102-110.

③　LEREYA S T，COPELAND W E，COSTELLO E J，et al. Adult mental health consequences of peer bullying and maltreatment in childhood: two cohorts in two countries［J］. The lancet psychiatry，2015，2(6):1-20.

④　ALBALADEJO-BLÁZQUEZ N，FERRER-CASCALES R，RUIZ-ROBLEDILLO N，et al. Health-related quality of life and mental health of adolescents involved in school bullying and homophobic verbal content bullying［J］. International journal of environmental research and public health，2019，16(14):2622-2641.

⑤　ARSLAN G，ALLEN K A，TANHAN A. School bullying，mental health，and wellbeing in adolescents: mediating impact of positive psychological orientations［J］. Child indicators research，2021，14(3):1007-1026.

⑥　TURNER M G，EXUM M L，BRAME R，et al. Bullying victimization and adolescent mental health: general and typological effects across sex［J］. Journal of criminal justice，2013，41(1):53-59.

⑦　NG K，NIVEN K，NOTELAERS G. Does bystander behavior make a difference? how passive and active bystanders in the group moderate the effects of bullying exposure［J］. Journal of occupational health psychology，2021,27(1):119-135.

⑧　OH I，HAZLER，R J. Contributions of personal and situational factors to bystanders' reactions to school bullying［J］. School psychology international，2009，30(3):291-310.

⑨　ROSENSTOCK I M，STRECHER V J，BECKER M H. Social learning theory and the health belief model［J］. Health education quarterly，1988，15(2):175-183.

⑩　杨彩霞.班图拉的社会学习理论对儿童社会行为教育的启示［J］.湖南师范大学社会科学学报,2001(S2): 142-144.

心理健康教育仍需深入落实,不仅引导教师正确看待校园欺凌,也引导学生正确认识校园欺凌,掌握合理处理同学间人际矛盾与冲突的人际交往策略,防止"以暴制暴"现象在校园欺凌防治中重复上演,[1][2]使学生由受害者转变为欺凌者,陷入校园欺凌的恶性循环,防止轻微的校园欺凌事件上升为校园暴力等情节严重的恶性事件乃至刑事案件。同时此举也可及时将校园欺凌对受害者的影响降到最低,防止其出现严重心理问题和心理危机,危及其自身或他人生命安全。[3][4]

第四节 研究局限与未来研究展望

一、研究局限

本书以工具开发、模型构建与检验、防治问题找寻等方面为突破口,为全面、深入了解家校场域下我国校园欺凌的发生机制,建立长效校园欺凌防治机制,建设安全校园,促进教育高质量发展,全面实现教育公平提供了实证依据和实践指导。然而,同任何一项研究一样,本书也不可避免地存在一定的局限性。首先,本书修订了包含五种欺凌类型的较全面的校园欺凌量表,既可测量学生欺凌他人的情况,也可测量学生被欺凌的情况,但该量表

① 刘艳丽,陆桂芝.校园欺凌行为中受欺凌者的心理适应与问题行为及干预策略[J].教育科学研究,2017(5):60-66.

② 王占魁."报应""报复"抑或"修复"?:社会欺凌的教育哲学省思[J].南京社会科学,2019(6):137-144.

③ 高岫,闵文斌,常芳,等.农村初中生校园欺凌与心理健康的相关性研究[J].华东师范大学学报(教育科学版),2018,36(2):60-67.

④ 周娟,郭玉丹,闫云帆,等.青少年校园欺凌与自杀意念的关系:父母关爱和情绪应对方式的中介作用[C]//中国心理学会.第二十三届全国心理学学术会议摘要集(下),2021:214-215.

仅适用于中学生群体,而校园欺凌的发生学段下可至学前儿童[1][2],上可至大学生群体以及学术领域的研究生群体[3][4],因此,本书修订的测量工具在施测对象的范围上仍存在一定的局限性。其次,本书主要通过量化研究对已构建的校园欺凌发生机制模型进行检验、验证,又通过访谈、开放式问卷等方法对家校协同防治中存在的关键问题以及前文研究中发生机制模型的契合性进行了探讨,但缺乏相应的教育干预研究、教育实验研究结果作为校园欺凌发生机制稳定性的实践验证。最后,本书中所搜集和使用的数据、访谈资料等均为横断研究信息,缺少纵向追踪调查数据以揭示学生校园欺凌现象随时间变化而可能表现出的动态变化趋势。这些局限都可留待后续研究进一步解决。

二、研究展望

未来研究中,根据学前儿童、小学儿童以及大学生等的心理发展特点和日常生活特点修订或开发适用于更广受测群体的中文版校园欺凌与受害量表是丰富校园欺凌研究的首要任务。同时,在现有家校领域下校园欺凌发生机制研究发现的基础上,开展追踪研究以揭示校园欺凌的动态发展趋势、深入了解我国学生校园欺凌的发展特征是后续研究的重中之重。此外,基于现有校园欺凌发生机制的干预研究也是未来研究的重要趋势,故可采用加强家庭场域中的家庭支持与优化父母行为控制的方式。

①　DOUVLOS C. Bullying in preschool children[J]. Psychological thought,2019,12(1):131-142.

②　CAMODECA M, COPPOLA G. Bullying, empathic concern, and internalization of rules among preschool children:The role of emotion understanding[J]. International journal of behavioral development,2015,21:1-7.

③　FRANCISCO S M, SIMAO A M V, FERREIRA P C, et al. Cyberbullying:the hidden side of college students[J]. Computers in human behavior,2015,43:167-182.

④　王祈然.美国高校反学术欺凌实践研究:以弗吉尼亚理工大学为例[J].比较教育研究,2021,43(11):55-62.

参考文献

[1]戴维·迈尔斯.社会心理学(第11版)[M].侯玉波,乐国安,张智勇,等译.北京:人民邮电出版社,2016.

[2]芭芭拉·科卢梭.如何应对校园欺凌[M].肖飒,译.上海:华东师范大学出版社,2017.

[3]温忠麟.教育研究方法基础[M].2版.北京:高等教育出版社,2015.

[4]杨治良,郝兴昌.心理学辞典[M].上海:上海辞书出版社,2016.

[5]张厚粲,徐建平.现代心理与教育统计学[M].5版.北京:北京师范大学出版社,2021.

[6]白雅娟,李峰.教师惩戒权的流失与救赎[J].教育探索,2016(4):144-148.

[7]蔡心心.苏格兰儿童和青少年反欺凌政策研究:基于对《尊重所有人:苏格兰儿童和青少年反欺凌办法》(2017)的解读[J].教育学报,2020,16(3):80-88.

[8]曾欣然,汪玥,丁俊浩,等.班级欺凌规范与欺凌行为:群体害怕与同辈压力的中介作用[J].心理学报,2019,51(8):935-944.

[9]陈光辉,杨晓霞,张文新.芬兰反校园欺凌项目KiVa及其实践启示[J].中国特殊教育,2018(9):80-85.

[10]陈会昌,叶子.群体社会化发展理论述评[J].教育理论与实践,1997(4):48-52.

[11]陈婷,范奕,张子华,等.江西省中学生校园受欺凌行为与抑郁的相关性[J].中国学校卫生,2020,41(4):600-603.

[12]程乐华,曾细花.青少年学生自我意识发展的研究[J].心理发展与教育,2000(1):12-18.

[13]代娟.构建政府购买教育服务的校园欺凌社会化防治体系[J].当代青年研究,2020(1):91-96.

[14]杜芳芳,李梦.社会情绪学习:校园欺凌预防的一种可能路径[J].济南大学学报(社会科学版),2019,29(5):149-156.

[15]方晓义,徐洁,孙莉,等.家庭功能:理论、影响因素及其与青少年社会适应的关系[J].心理科学进展,2004(4):544-553.

[16]冯帮,何淑娟.澳大利亚中小学反校园欺凌政策研究:基于《国家安全学校框架》解读[J].外国中小学教育,2017(11):35-43.

[17]冯帮.地方政府推进校园欺凌治理的政策与反思:基于17个地区校园欺凌政策文本的分析[J].教育理论与实践,2019,39(28):27-31.

[18]高平安,郭钊.人口流动背景下的校园欺凌问题分析[J].教育导刊,2019(8):27-32.

[19]高岫,闵文斌,常芳,等.农村初中生校园欺凌与心理健康的相关性研究[J].华东师范大学学报(教育科学版),2018,36(2):60-67.

[20]高维俭.美国少年审判机构现状概览:兼谈我国当前少年审判机构改革及其相关问题[J].青少年犯罪问题,2010(2):59-68.

[21]管素叶,袁秋红.学生干部微腐败现象的特点、成因与预防研究:基于青少年廉洁教育视角[J].中国青年研究,2019(6):108-112.

[22]韩雪,张野,张珊珊.初中女生反社会行为特质自我控制与校园欺凌关系分析[J].中国学校卫生,2018,39(3):372-375.

[23]侯珂,张云运,骆方,等.邻里环境、父母监控和不良同伴交往对青少年问题行为的影响[J].心理发展与教育,2017,33(1):85-94.

[24]胡咏梅,李佳哲.谁在受欺凌?:中学生校园欺凌影响因素研究[J].首都师范大学学报(社会科学版),2018(6):171 185.

[25]黄亮.我国15岁在校学生遭受校园欺凌的情况及影响因素:基于PISA2015我国四省市数据的分析[J].教育科学研究,2017(11):36-42.

[26]黄明涛.国外校园欺凌立法治理体系:现状、特点与借鉴:基于七个发达国家的比较分析[J].宁夏社会科学,2017(6):55-63.

[27]纪沅坤.校园欺凌防治项目的成效及其原因分析:以OBPP项目为例[J].外国教育研究,2019,46(5):118-128.

[28]教育部青少年法治教育协同创新中心,华东师范大学法学院.校园欺凌治理的跨学科对话[J].华东师范大学学报(教育科学版),2017,35(2):

12-23.

[29]兰婷.我国中小学校园欺凌问题研究及薄弱环节——基于CNKI文献关键词的共词分析[J].教师教育学报,2019,6(2):92-99.

[30]雷雳,王燕,郭伯良,等.班级行为范式对个体行为与受欺负关系影响的多层分析[J].心理学报,2004(5):563-567.

[31]李蓓蕾,高婷,张莉莉,等.学生感知的教师欺凌态度与学生欺凌行为的关系:学生欺凌态度的中介作用及其性别的调节作用[J].心理发展与教育,2022(3):348-357.

[32]李董平,何丹,陈武,等.校园氛围与青少年问题行为的关系:同伴侵害的中介作用[J].心理科学,2015,38(4):896-904.

[33]李锋,史东芳.校园欺凌产生成因之阐释:基于文化社会学的理论视角[J].教育科学研究,2021(1):73-78.

[34]李佳哲,胡咏梅.如何精准防治校园欺凌:不同性别小学生校园欺凌的影响机制研究[J].教育学报,2020,16(3):55-69.

[35]李莎,谢宗树,苏沛,等.特拉华欺凌受害量表(家长卷)中文版修订[J].中国临床心理学杂志,2021,29(4):712-716.

[36]李思奕,金灿灿.中学生父母监控与网络欺凌:自我控制与人际适应的链式中介作用[J].中国临床心理学杂志,2020,28(6):1221-1225.

[37]李彦丽.初中生社会支持对抑郁影响的Meta分析[J].上海教育科研,2021(12):46-49.

[38]李泳汉,常俊杰,袁梦园,等.青少年网络欺凌研究进展[J].中国学校卫生,2021,42(11):1751-1756.

[39]李玉华,霍珍珍,王雪珂,等.小学生学业拖延量表的编制[J].中国临床心理学杂志,2021,29(5):931-936.

[40]李长伟.德育的古今之变:从强健到柔弱:兼论校园欺凌现象[J].教育理论与实践,2017,37(31):45-48.

[41]林杰.学校的责任:美国校园欺凌的诉讼与判例[J].比较教育研究,2017,39(6):35-42.

[42]凌辉,李光程,张建人,等.小学生亲子关系与校园欺凌:自立行为的中介作用[J].中国临床心理学杂志,2018,26(6):1178-1181.

[43]凌磊.国际视野下校园欺凌治理机制构建[J].比较教育研究,2020,42(12):93-99.

[44]刘珂,杨启光.校园欺凌的道德教育影响因素与环境重构:关怀伦理的视角[J].教育科学研究,2018(3):12-17.

[45]刘晓薇,潘斌,陈亮,等.受欺负与青少年外化问题关系的"健康环境悖论":敌意性归因的中介作用[J].心理学报,2021,53(2):170-181.

[46]刘晓薇,潘斌,李腾飞,等.班级环境如何影响受欺负者的适应?健康环境悖论及其发生机制[J].心理发展与教育,2021,37(2):298-304.

[47]刘艳丽,陆桂芝.校园欺凌行为中受欺凌者的心理适应与问题行为及干预策略[J].教育科学研究,2017(5):60-66.

[48]刘羽,杨洋,王晨旭,等.校园氛围和负性情绪对青少年自杀意念的影响:一项交叉滞后研究[J].心理与行为研究,2020,18(6):784-790.

[49]刘雨.学校欺负及其干预研究[J].中国教育学刊,2016(12):40-43+91.

[50]陆森召.长三角地区高校有留守经历大学生校园欺凌现况及影响因素[J].中国学校卫生,2020,41(12):1835-1839.

[51]路海东,闫艳,王雪莹,等.青少年同伴关系:欺凌者与被欺凌者量表修订及应用[J].中国健康心理学杂志,2021,29(3):460-467.

[52]莫林桂,曾玲娟,陈阳,等.父母教养方式对被欺凌初中生学校适应的影响机制[J].中国特殊教育,2021(4):65-71.

[53]乔东平,文娜.国内外校园欺凌研究综述:概念、成因与干预[J].社会建设,2018,5(3):5-15+64.

[54]邱霈恩.校园欺凌治理存在的问题及机制探讨[J].行政管理改革,2017(8):43-47.

[55]师海玲,范燕宁.社会生态系统理论阐释下的人类行为与社会环境:2004年查尔斯·扎斯特罗关于人类行为与社会环境的新探讨[J].首都师范大学学报(社会科学版),2005(4):94-97.

[56]施丽红,吴成国.论教师惩戒权存在的必要性及实施[J].当代教育科学,2006(4):34-36.

[57]石艳.基于身份认同的校园欺凌的表现形态与发生机制研究[J].教育科学研究,2017(10):24-30.

[58]宋静静,李董平,谷传华,等.父母控制与青少年问题性网络使用:越轨同伴交往的中介效应[J].心理发展与教育,2014,30(3):303-311.

[59]宋颖,张守臣.领悟社会支持对社交焦虑的影响:反刍思维的中介作

用和社会阻抑的调节作用[J].心理科学,2016,39(1):172-177.

[60]苏春景,徐淑慧,杨虎民.家庭教育视角下中小学校园欺凌成因及对策分析[J].中国教育学刊,2016(11):18-23.

[61]苏萍,张卫,喻承甫,等.父母婚姻冲突、不良同伴交往对初中生攻击行为的影响:一个有调节的中介模型[J].心理科学,2017,40(6):1392-1398.

[62]孙畅,胡怡涵.我国校园欺凌研究现状与展望:基于CiteSpace的知识图谱分析[J].理论观察,2019(4):109-113.

[63]孙时进,施泽艺.校园欺凌的心理因素和治理方法:心理学的视角[J].华东师范大学学报(教育科学版),2017,35(2):51-56.

[64]陶建国,王冰.挪威中小学校园欺凌预防项目研究[J].比较教育研究,2016,38(11):9-14.

[65]陶舒曼,万宇辉,伍晓艳,等.《青少年心理健康评定简明问卷》的心理学评价及应用[J].中国学校卫生,2020,41(9):1331-1334.

[66]王蓓颖.谈教育管理视阈下和谐校园的构建[J].教育探索,2012(11):111-113.

[67]王丽,傅金芝.国内父母教养方式与儿童发展研究[J].心理科学进展,2005(3):298-304.

[68]王美芳,冯琳琳,张朋云.父母控制与青少年问题行为的关系:完美主义的中介作用[J].中国临床心理学杂志,2013,21(5):811-814.

[69]王美萍,张文新.COMT基因rs6267多态性与青少年攻击行为的关系:性别与负性生活事件的调节作用[J].心理学报,2010,42(11):1073-1081.

[70]王祈然.美国高校反学术欺凌实践研究:以弗吉尼亚理工大学为例[J].比较教育研究,2021,43(11):55-62.

[71]王亚群,张秋娈,孙佳欣.家校协同视角下农村留守儿童校园欺凌角色归因与对策研究:以菏泽市单县S乡中小学为例[J].青少年研究与实践,2021,36(2):100-108.

[72]王艳辉,李董平,孙文强,等.亲子依恋与初中生亲社会行为:有调节的中介效应[J].心理学报,2017,49(5):663-679.

[73]王占魁."报应""报复"抑或"修复"?:社会欺凌的教育哲学省思[J].南京社会科学,2019(6):137-144.

[74]魏叶美,范国睿.社会学理论视域下的校园欺凌现象分析[J].教育科学研究,2016(2):20-23.

[75]吴会会.文本与实践的落差:探解校园欺凌治理之难:基于政策执行的视角[J].教育发展研究,2020,40(22):77-84.

[76]吴梦雪,刘晓.职业学校校园欺凌的性别特征及其差异分析[J].职教论坛,2019(4):122-129.

[77]武亦文,缪绍疆.校园欺凌的群体过程及预防干预[J].中国学校卫生,2017,38(4):629-633.

[78]谢家树,魏宇民,BEAR G.特拉华欺凌受害量表(学生卷)中文版再修订及初步应用[J].中国临床心理学杂志,2018,26(2):259-263.

[79]谢翌,王晓爱.中国语境下校园欺凌的现实表征与结构样态:现象学的视角[J].全球教育展望,2020,49(9):25-41.

[80]许慧,王婷婷.青少年亲子关系对网络欺凌中旁观者行为的影响:共情的中介作用[J].中国健康心理学志,2022,90(7):1033-1036.

[81]薛玲玲,王纬虹,冯啸.校园欺凌重在多元防控:基于对C市中小学校园欺凌现状的调查分析[J].教育科学研究,2018(3):24-29.

[82]杨邦林,黄瑾.同伴欺凌与留守儿童自杀意念:核心自我评价的中介作用和意向性自我调节的调节作用[J].中国特殊教育,2021(8):49-57.

[83]杨梨,王曦影.同伴群体中力量不对等机制的形成与运作:基于高中校园欺凌的案例研究[J].中国研究,2020(1):121-136+256-257.

[84]杨雪,王艳辉,李董平,等.校园氛围与青少年的自杀意念/企图:自尊的中介作用[J].心理发展与教育,2013,29(5):541-551.

[85]弋英,曹睿昕.关于校园欺凌中旁观者群体的研究[J].基础教育课程,2019(14):28-32.

[86]尹力.我国校园欺凌治理的制度缺失与完善[J].清华大学教育研究,2017,38(4):101-107.

[87]余雅风,王祈然.科学界定校园欺凌行为:对校园欺凌定义的再反思[J].教育科学研究,2020(2):78-84.

[88]张景焕,李建全,郑雪梅,等.父母教养方式对初中生创造思维的影响:自我概念的中介作用[J].心理与行为研究,2014,12(2):145-150.

[89]张丽丽.亲子关系对高职生危险行为的影响:有调节的中介模型[J].中国特殊教育,2020(7):90-96.

[90]张爽.日本校园欺凌现象治理及其启示[J].教学与管理,2019(32):56-58.

[91]张玮玮,朱莉琪.同伴对青少年冒险行为的影响及其作用机制[J].心理科学进展,2021,29(8):1462-1471.

[92]张文宏,蔡思斯.教育公平的累积效应:基于中国教育追踪调查(CEPS)数据的实证分析[J].国家行政学院学报,2018(4):55-62.

[93]张文新.中小学生欺负/受欺负的普遍性与基本特点[J].心理学报,2002(4):387-394.

[94]张云运,牛丽丽,任萍,等.同伴地位对青少年早期不同类型攻击行为发展的影响:性别与班级规范的调节作用[J].心理发展与教育,2018,34(1):38-48.

[95]张忠涛.教师惩戒权:让"滥用"与"不用"回归"正常用"[J].中国教育学刊,2015(7):48-51.

[96]章平,刘启超.如何通过内生惩罚解决异质性群体的集体行动困境?博弈模型与案例分析[J].财经研究,2020,46(5):4-16.

[97]赵卫国,王奕丁,姜雯宁,等.越轨同伴交往与男性犯罪青少年攻击行为的关系:一个有调节的中介模型[J].中国特殊教育,2020(11):62-69.

[98]赵占锋,张大均,张丽华.毕节试验区初中生欺凌受害心理素质与自杀意念的关系[J].中国学校卫生,2021,42(1):83-86.

[99]周福盛,靳泽宇.校园欺凌中教师角色失当的思维逻辑[J].当代教育与文化,2017,9(6):20-25.

[100]周小均,胡忠于,张磊.混龄帮扶:防治校园欺凌的新途径[J].当代教育科学,2019(10):22-25.

[101]周宗奎,蔡春凤,赵冬梅.不同攻击/受欺负类别儿童的同伴交往自我知觉[J].心理发展与教育,2006(2):23-28.

[102]朱桂琴,陈娜,宣海宁.农村寄宿制初中生同伴关系与校园欺凌实证研究:以河南省4乡5校为例[J].教育研究与实验,2019(2):68-76.

[103]朱烨.校园氛围研究述评[J].上海教育科研,2018(3):36-41.

[104]朱哲,魏璐璐.习近平新时代中国特色社会主义思想的哲学意蕴[J].理论探讨,2018(3):12-17.

[105]祝玉红,杨晶晶.流动儿童校园欺凌伤害的发生率及影响因素研究:以北京A打工子弟学校为例[J].社会建设,2019,6(2):48-59.

[106]邹红军,柳海民,王运豪.概念·成因·治策:我国校园欺凌研究的三维构景:基于相关文献的述评[J].教育科学研究,2019(7):40-47.

[107]陈科宇.父母教养方式对青少年校园欺凌的影响:有调节的中介效应[D].曲阜:曲阜师范大学,2020.

[108]付道领.初中生体育锻炼行为的影响因素及作用机制研究[D].重庆:西南大学,2012.

[109]郝心怡.亲子关系、同伴关系与寄宿制高中生心理韧性的关系[D].兰州:西北师范大学,2020.

[110]黄宸.初中生教育期望的关键影响因素及其群体异质性研究[D].重庆:西南大学,2020.

[111]焦莹莹.家庭支持、家庭控制与初中生健康危险行为的关系研究:以重庆市沙坪坝区初中生为例[D].重庆:重庆大学,2009.

[112]沈泉宏.基于社会支持理论的流动青少年同伴欺凌者现象及社会工作介入策略研究[D].济南:山东大学,2021.

[113]孙艳芳.初中生问题行为的家庭干预[D].天津:天津师范大学,2018.

[114]田园园.学前儿童同伴交往能力对受欺负的影响:情绪调节策略的中介效应[D].西安:陕西师范大学,2017.

[115]王烁.初中校园欺凌行为的个案研究:以陕西省西安市 X 中学 A 学生为例[D].西宁:青海师范大学,2020.

[116]徐雅男.初中教师惩戒权认识现状调查研究[D].武汉:华中师范大学,2020.

[117]张丹丹.教师和家长之间的角色分工研究:角色期望与感知的视角[D].长春:东北师范大学,2019.

[118]钟磊.校园欺凌的影像呈现及教育反思:基于我国三十部青春题材电影的分析[D].长春:东北师范大学,2021.

[119]朱思施.社会支持对初中生校园受欺凌现象的影响:积极心理资本的中介作用[D].南充:西华师范大学,2019.

[120]储怡佳,王帆,柳希希,等.校园欺凌中的"袖手旁观":校园氛围、学校联结和道德推脱的作用[C]//中国心理学会.第二十三届全国心理学学术会议摘要集(下),2021:33-34.

[121]冯春莹,韩雪,张野,等.中学生冷酷无情特质对欺凌的影响:社会支持与自我控制的中介作用[C]//中国心理学会.第二十届全国心理学学术会议:心理学与国民心理健康摘要集,2017:751-752.

[122]汪倩倩,夏雨欣,范翠英.父母冲突、越轨同伴交往与青少年网络欺负的关系[C]//中国心理学会.第二十一届全国心理学学术会议摘要集,2018:939-940.

[123]袁振龙.现代中国的社会风险与化解思路[C]//严励,岳平.犯罪学论坛(第三卷),2016:41-52.

[124]周娟,郭玉丹,闫云帆,等.青少年校园欺凌与自杀意念的关系:父母关爱和情绪应对方式的中介作用[C]//中国心理学会.第二十三届全国心理学学术会议摘要集(下),2021:214-215.

[125]CLINARD M B, MEIER R F. Sociology of deviant behavior [M]. Boston: Cengage Learning, 2015.

[126]COUNCIL S. Culture conflict and crime[M]. New York: Social Science Research Council, 1938.

[127]EMMONS C L, HAYNES N M, COMER J P. The school climate survey revised edition: elementary and middle school version [M]. New Haven: Yale University Child Study Center, 2002.

[128]ALEXA B, GUY N, KIRSTY C, et al. Comparisons between adolescent bullies, victims, and bully-victims on perceived popularity, social impact, and social preference.[J]. Frontiers in psychiatry, 2019, 10:868.

[129]ARSLAN G, ALLEN K A, TANHAN A. School bullying, mental health, and wellbeing in adolescents: mediating impact of positive psychological orientations[J]. Child indicators research, 2021, 14(3): 1007-1026.

[130]BAEG S, LEE B, PARK H J, et al. The effect of supervisory neglect on adolescent peer victimization: mediating role of self-esteem and internalizing problems[J]. Children and youth services review, 2020, 111: 501-521.

[131]BANDEIRA C, HUTZ C S. Bullying: prevalence, implications and gender differences[J]. Psicologia escolar e educacional, 2012, 16(1): 35-44.

[132]BAO Z, LI D, ZHANG W, et al. School climate and delinquency among Chinese adolescents: analyses of effortful control as a moderator and deviant peer affiliation as a mediator[J]. Journal of

abnormal child psychology，2015，43(1)：81-93.

[133]BETTS L R，HOUSTON J E，STEER O L. Development of the multidimensional peer victimization scale-revised （MPVS-R） and the multidimensional peer bullying scale （MPVS-RB）[J]. Journal of genetic psychology，2015，176(2)：93-109.

[134]BOUCHARD T J，LYKKEN D T，MCGUE M，et al. Sources of human psychological differences：the Minnesota study of twins reared apart[J]. Science，1990，250：223-228.

[135]BRUYN E H，CILLESSEN A H N，WISSINK I B. Associations of peer acceptance and perceived popularity with bullying and victimization in early adolescence[J]. The journal of early adolescence，2010，30（4），543-566.

[136]CAMODECA M，COPPOLA G. Bullying，empathic concern，and internalization of rules among preschool children：the role of emotion understanding[J]. International journal of behavioral development，2015，21：1-7.

[137]CHANG C，YANG H. The effects of parental neglect on middle school students' mobile phone dependency：mediating roles of self-esteem and social withdrawal[J]. 2015，113：331-340.

[138]CHO S J，HONG J S，STERZING P R，et al. Parental attachment and bullying in South Korean adolescents：mediating effects of low self-control，deviant peer associations，and delinquency [J]. Crime & delinquency，2017，63(9)：1168-1188.

[139] CHOI J，DULISSE B. Exploring the mechanisms of bullying perpetration：an integrated test of general strain and social bond theories [J]. Journal of child and family studies，2021，30(1)：620-632.

[140]CHU X W，FAN C Y，LIAN S L，et al. Does bullying victimization really influence adolescents' psychosocial problems? A three-wave longitudinal study in China[J]. Journal of affective disorders，2019，246：603-610.

[141] OH I，HAZLER R J. Contributions of personal and situational factors to bystanders' reactions to school bullying[J]. School psychology

international，2009，30(3)：291-310.

[142]COWIE H，OLAFSSON R. The role of peer support in helping the victims of bullying in a school with high levels of aggression[J]. School psychology international，2000，21(1)：79-95.

[143]DAN B. Peer support central to bring bullying to an end[J]. Canada's occupational health & safety magazine，2011，27(1)：22-22.

[144]DOUMAS D M，MIDGETT A，JOHNSTON A D. Substance use and bullying victimization among middle and high school students：is positive school climate a protective factor? [J]. Journal of addictions & offender counseling，2017，38(1)：2-15.

[145]DUKES R L，STEIN J A，ZANE J I. Effect of relational bullying on attitudes，behavior and injury among adolescent bullies，victims and bully-victims[J]. Social science journal，2009，46(4)：671-688.

[146]ELGAR F J，CRAIG W，BOYCE W，et al. Income inequality and school bullying：multilevel study of adolescents in 37 countries[J]. Journal of adolescent health，2009，45(4)：351-359.

[147]FARMER T W，ESTELL D B，BISHOP J L，et al. Rejected bullies or popular leaders? the social relations of aggressive subtypes of rural african american early adolescents.[J]. Developmental psychology，2003，39(6)：992-1004.

[148]FIXELLE C. Skin conductance reactivity moderates the association between parental behavioral control and adolescent externalizing behavior [J]. Developmental psychology，2018，32：111-124.

[149]FRANCISCO S M，SIMAO A M V，FERREIRA P C，et al. Cyberbullying：the hidden side of college students[J]. Computers in human behavior，2015，43：167-182.

[150]FRIDH M，MARIE K，BIRGIT M，et al. Subjective health complaints and exposure to peer victimization among disabled and non-disabled adolescents：a population-based study in Sweden[J]. Scandinavian journal of public health，2018，46(2)：262-271.

[151]GILDERSLEEVE M，CROWDEN A. Genetic determinism and place [J]. Nova prisutnost，2019，17(1)，139-162.

[152]HARRIS J R. Where is the child's environment? a group socialization theory of development[J]. Psychological review, 1995,102(3):458-489.

[153]HO H Y, CHEN Y L, YEN C F. Moderating effects of friendship and family support on the association between bullying victimization and perpetration in adolescents[J].Journal of interpersonal violence, 2022,37 (7):4640-4659.

[154]HONG J S, KIM D H, PIQUERO A R. Assessing the links between punitive parenting, peer deviance, social isolation and bullying perpetration and victimization in South Korean adolescents[J]. Child abuse & neglect, 2017, 73:63-70.

[155] HOPREKSTAD O L, HETLAND J, BAKKER A B, et al. How long does it last? prior victimization from workplace bullying moderates the relationship between daily exposure to negative acts and subsequent depressed mood [J]. European journal of work and organizational psychology, 2019,28(2):1-15.

[156]YAN Z et al. Parental support for autonomy and child depressive symptoms in middle childhood: the mediating role of parent-child attachment [J]. Journal of child and family studies, 2017, 26 (7): 1970-1978.

[157]JIA Y M, WAY N, LING G M, et al. The influence of student perceptions of school climate on socioemotional and academic adjustment: a comparison of Chinese and American adolescents[J]. Child development, 2009,80(5):1514-1530.

[158]KIM J Y, SUNG S M, KIM J B. Bully-victims and their depression, aggression: self-control and experience of domestic violence[J]. Journal of school social work, 2015, 31: 83-109.

[159] KIM S J, YUN I. Bullying among South Korean adolescents: prevalence and association with psychological adjustment[J]. Violence and victims, 2016, 31:167-184.

[160] KUMPULAINEN K, RÄSÄNEN E, PUURA K. Psychiatric disorders and the use of mental health services among children involved in bullying[J]. Aggressive behavior, 2001, 27(2):102-110.

[161]LEE Y A, JIN A C. The mediating effect of self-esteem in the relation between parental abuse, neglect and school life adjustment in adolescent[J]. Human ecology research,2015,3(1):1-20.

[162]LEREYA S T, COPELAND W E, COSTELLO E J, et al. Adult mental health consequences of peer bullying and maltreatment in childhood: two cohorts in two countries[J]. The lancet psychiatry, 2015, 2(6):1-20.

[163]LEWIN K. Field theory and learning[J]. Teachers college record:the voice of scholarship in education, 1942,43:215-292.

[164]LING L, ZHANG B, HAN W, et al. Study on the causes and prevention of junior high school bullying from the perspective of social control theory[J]. China educational technology, 2018, 379:6-13.

[165]MAREES N V, PETERMANN F. Bullying in German primary schools gender differences, age trends and influence of parents' migration and educational backgrounds[J]. School psychology international, 2010, 31(2):178-198.

[166]MARTÍNEZ-MONTEAGUDO M C, DELGADO B, DÍAZ-HERRERO N, et al. Relationship between suicidal thinking, anxiety, depression and stress in university students who are victims of cyberbullying [J]. Psychiatry research, 2020, 286:1-11.

[167]MERTON R K. Social structure and anomie[J]. American sociological review, 1938, 3(5):672-682.

[168]MORALES D X, GRINESKI S E, COLLINS T W. School bullying, body size, and gender: an intersectionality approach to understanding US children's bullying victimization [J]. British journal of sociology of education, 2019, 40(2):1-17.

[169]MYNARD H, JOSEPH S. Bully/victim problems and their associations with Eysenck's personality dimensions in 8 to 13 year-olds. British journal of educational psychology, 1997,67:51-54.

[170] NEWTON B, NICOLA C, SLADE L, et al. Suicidality, internalizing problems and externalizing problems among adolescent bullies, victims and bully-victims[J]. Preventive medicine: an international journal devoted to practice and theory, 2015,73:100-105.

［171］NSIBANDZE B S，DOWNING C，POGGENPOEL M，et al. "I have been rejected so many times" experiences of female adolescents living with HIV in rural Manzini，Eswatini：a case study［J］. International journal of Africa nursing sciences，2021(197)：100-109.

［172］OH I，HAZLER，R J. Contributions of personal and situational factors to bystanders' reactions to school bullying［J］. School psychology international，2009，30(3)：291-310.

［173］OLWEUS D. Bully/victim problems among school children：basic facts and effects of a school based intervention［J］. Development & treatment of childhood aggression，1991.

［174］PERREN S，HORNUNG R. Bullying and delinquency in adolescence：victims' and perpetrators' family and peer relations［J］. Swiss journal of psychology，2005，64(1)：51-64.

［175］RAJENDRAN K，KRUSZEWSKI E，HALPERIN J M. Parenting style influences bullying：a longitudinal study comparing children with and without behavioral problems［J］. J child psychol psychiatry，2016，57(2)：188-195.

［176］ROSENSTOCK I M，STRECHER V，BECKER M H. Social learning theory and the health belief model［J］. Health education quarterly，1988，15(2)：175-183.

［177］SALEH A，HAPSAH H，KRISNAWATI W，et al. Parenting style and bullying behavior in adolescents［J］. Enfermería clínica，2021,31：640-643.

［178］SEUNG K，CHOOL L，LEE K. Research on the relationship between teenagers' exposure to domestic violence and exercising school violence ［J］. Forum for youth culture，2012，29：116-135.

［179］SHARYN L，BURNS P，DONNA L，et al. "That could be me squishing chips on someone's car." how friends can positively influence bullying behaviors［J］. The journal of primary prevention，2010，31(4)，209-222.

［180］SMITH P K，TALAMELLI L，COWIE H，et al. Profiles of non-victims，escaped victims，continuing victims and new victims of school

bullying[J]. British journal of educational psychology, 2011, 74 (4):
565-581.

[181] STATTIN H, KERR M. Parental monitoring: a reinterpretation
[J]. Child development, 2010, 71(4):1072-1085.

[182] STUART W, TWEMLOW, et al. The role of the bystander in
the social architecture of bullying and violence in schools and communities
[J]. Annals of the New York academy of sciences, 2004,1036:215-232.

[183] THOMPSON J. General strain theory and bullying victimization: do
parental support and control alleviate the negative effects of bullying?
[J]. Dissertations & theses-gradworks, 2015,27:124-139.

[184] TWEMLOW S W, SACCO F C. How & why does bystanding have
such a startling impact on the architecture of school bullying and violence?
[J]. International journal of applied psychoanalytic studies, 2013, 10(3):
289-306.

[185] WANG C X, BERRYD, SWEARER S M. The critical role of school
climate in effective bullying prevention[J]. Theory into practice, 2013, 52
(4):296-302.

[186] WU Y. Rupture between moral knowledge and action: why school
bullies have moral knowledge but not act morally:on school bullying from
the viewpoint of students' weakness of the will[J]. Research in educational
development, 2018,21:101-109.

[187] ZHANG H, ZHOU H, CAO R. Bullying victimization among
left-behind children in rural China: prevalence and associated risk factors
[J]. Journal of interpersonal violence, 2021,36:15-16.

[188] ZHANG S, MULHALL P F, FLOWERS N, et al. Bullying
reporting concerns as a mediator between school climate and bullying
victimization/aggression[J]. Journal of interpersonal violence, 2019, 36:
21-22.

[189] BROFENBRENNER U, MORRIS P A. The bioecological model
of human development[M]//DAMON W, LERNER R M. Handbook of
child psychology. New York: John Wiley & Sons Inc, 2007:793-828.

[190] RUCK M D, TENENBAUM H R, AZNAR A. Bullying of religious

minorities and asylum seekers［M］//COWIE H，MEYERS C. School bullying and mental health：risks，intervention and prevention. London：Routledge，2017：67-78.

［191］U.S. DEPARTMENT OF EDUCATION. Defining bullying［EB/OL］.［2024-09-20］. https：//www. ed. gov/news/press-releases/new-data-show-decline-school-based-bullying.

［192］UNESCO. Behind the numbers：ending school violence and bullying［EB/OL］.［2019-01-22］. https：//www. unicef. org/media/66496/file/Behind-the-Numbers.pdf.

附　录

附录1　人口学信息

指导语：

亲爱的同学，你好！我们真诚邀请你参加本次调查，希望得到你的支持与合作！本调查旨在了解你在校期间日常生活、学习的一些情况。请仔细阅读每一部分前面的提示，根据你自己的实际情况认真作答。我们会对你的作答严格保密，不会让研究者以外的任何人看到（包括你的老师、同学等），你的回答无对错之分，请根据你的实际情况作答。请你首先填好一些基本资料，这非常重要！（请在相应的选项上划"√"或在"＿＿＿"上填写相应的内容。）

人口学信息（样题）：

1.姓名：＿＿＿＿＿＿＿

2.性别：①男　②女

3.学校（全称）：＿＿＿＿＿＿＿

4.年级：＿＿＿＿＿班级：＿＿＿＿＿

5.你是否住在学校宿舍里：①是　②否

6.你的民族是：①汉族　②壮族　③其他少数民族

7.你的户口是：①农业户口　②非农业户口

8.身体是否残疾：①是　②否

9.你是独生子女吗：①是　②否

10.你父母的月收入总共有多少:①2000 元以下　②2000～8000 元③8000 元以上

11.你同意下面的说法吗?

我父母关系很好:

①非常不同意　②不同意　③没有感觉　④同意　⑤非常同意

······

附录 2 　问卷调查量表

问卷 1 　校园欺凌相关量表(样题)

A1.以下是描述一些同学之间有时会经历的事,请你根据自身实际情况对每个事件发生的频率进行作答。在过去的一学期里,以下事件发生过多少次:

题项	在过去的一个学期之中,其他同学……	从不	一次	两次	三次	三次以上
1	拳打我	0	1	2	3	4
2	踢我	0	1	2	3	4
3	用其他方法使我受伤	0	1	2	3	4
4	用其他方法打我	0	1	2	3	4
5	令我跟我的朋友不和	0	1	2	3	4
6	尝试使我的朋友反对我	0	1	2	3	4
7	拒绝和我说话	0	1	2	3	4
8	令其他人不跟我说话	0	1	2	3	4
9	叫我的外号	0	1	2	3	4
10	因我的外表而取笑我	0	1	2	3	4
11	因其他原因而取笑我	0	1	2	3	4
12	用粗口咒骂我	0	1	2	3	4
13	没经我的准许拿我的东西	0	1	2	3	4
14	尝试打破我的东西	0	1	2	3	4
15	偷我的东西	0	1	2	3	4
16	故意破坏我的财物	0	1	2	3	4
……	……	0	1	2	3	4

A2.你是否同意下列说法：

题项	非常不同意	不同意	一般	同意	非常同意
1)对你做出上述行为的人比你更受欢迎	1	2	3	4	5
2)对你做出上述行为的人比你更聪明	1	2	3	4	5
3)对你做出上述行为的人比你身体更强壮	1	2	3	4	5

A3.上述情况一般都发生在什么地方？（可多选）

1.教室　　　　2.卫生间　　　　3.运动场　　　　　4.走廊

5.食堂　　　　6.寝室　　　　7.校园中其他地方　　8.校园外

A4.上述情况一般都发生在什么时间？（可多选）

1.课堂上　　　2.课间休息　　　3.放学后

A5.你曾与谁谈起过上述经历？（可多选）

1.没有对任何人提起　2.父亲　3.母亲　4.老师　5.同学　6.朋友

A6.以下的句子是描述一些和同学之间有时会经历的事,请给每句句子选出适当的答案去指出那情形在过去的一个学期发生过多少次：

题项	在过去的一个学期之中,我……	从不	一次	两次	三次	三次以上
1	拳打某个同学	0	1	2	3	4
2	踢某个同学	0	1	2	3	4
3	用其他方法使某个同学受伤	0	1	2	3	4
4	用其他方法打某个同学	0	1	2	3	4
5	令某个同学跟他/她的朋友不和	0	1	2	3	4
6	尝试使某个同学的朋友反对他/她	0	1	2	3	4
7	拒绝和某个同学说话	0	1	2	3	4
8	令其他人不跟某个同学说话	0	1	2	3	4
9	叫某个同学的外号	0	1	2	3	4
10	因某个同学的外表取笑他/她	0	1	2	3	4
11	因其他原因取笑某个同学	0	1	2	3	4
12	用粗口咒骂某个同学	0	1	2	3	4

续表

题项	在过去的一个学期之中,我……	从不	一次	两次	三次	三次以上
13	没经某个同学的准许拿他/她的东西	0	1	2	3	4
14	尝试打破某个同学的东西	0	1	2	3	4
15	偷某个同学的东西	0	1	2	3	4
16	故意破坏某个同学的财物	0	1	2	3	4
……	……	0	1	2	3	4

问卷2 家庭变量相关量表(样题)

B1.下列表述与你的状况是否相同?请在相应的框内打"√"。

	极不同意	很不同意	稍不同意	中立	稍同意	很同意	极同意
1)我的家庭能够切实具体地给我帮助	1	2	3	4	5	6	7
2)在需要时候,我能够从家庭获得情感上的支持和帮助	1	2	3	4	5	6	7
3)我能与自己的家庭谈论我的难题	1	2	3	4	5	6	7
4)我的家庭能心甘情愿协助我做出任何决定	1	2	3	4	5	6	7

B2.父母会明确告诉我,哪些朋友能够交往,哪些朋友不能够交往:

1.从不　2.有时　3.经常　4.总是

问卷3 学校变量相关量表(样题)

C1.下面是对学校生活及学校环境的描述。请在符合你实际感受的相应选项上打"√"。答案无对错之分,请根据你所感受的学校实际情况如实回答。

题项	从不	偶尔	经常	总是
1)我可以和老师谈谈我的问题	1	2	3	4
2)我的老师关心我	1	2	3	4

续表

题项	从不	偶尔	经常	总是
3）老师帮助学生解决问题	1	2	3	4
4）老师帮助学生解决学校问题	1	2	3	4
5）老师相信我能做好	1	2	3	4
6）教师努力帮助我在考试中取得好成绩	1	2	3	4
7）我的老师让我自我感觉良好	1	2	3	4
8）学生协助老师制定一些规则	1	2	3	4
9）学生协助教师决定课堂时间分配	1	2	3	4
10）学生有机会协助老师做出决定	1	2	3	4
11）老师询问学生想要学习什么内容	1	2	3	4
12）学生对班级日常事务有发言权	1	2	3	4
13）学生互相叫绰号	1	2	3	4
14）学生相互之间很刻薄、小气	1	2	3	4
15）学生互相尊重	1	2	3	4
……	1	2	3	4

C2.你所在的学校有同学欺负其他同学？

1.完全不同意　　2.不太同意　　3.比较同意　　4.完全同意

C3.你是否受到过其他同学的欺负？

1.从没有　　　　2.偶尔　　　　3.经常　　　　4.总是

C4.你有_____最好的朋友？

1.没有　　2.1～2个　　3.2～5个　　4.5～10个　　5.10个以上

C5.你的好朋友有没有以下情况？

	1 没有这样的	2 一两个这样的	3 很多这样的
1）学习成绩优良	1	2	3
2）学习努力刻苦	1	2	3
3）想上大学	1	2	3
4）逃课、旷课、逃学	1	2	3
5）违反校纪被批评、处分	1	2	3

续表

	1 没有这样的	2 一两个这样的	3 很多这样的
6)打架	1	2	3
7)抽烟、喝酒	1	2	3
8)经常上网吧、游戏厅等	1	2	3
……	1	2	3

问卷 4　心理健康量表(样题)

D1.以下是关于日常生活感受或状态的一些描述,请根据你的实际情况对这些感受或状态持续的时间进行作答并在最合适的数字上打"√"。1＝持续 3 个月以上;2＝持续 2 个月以上;3＝持续 1 个月以上;4＝持续 2 个星期以上;5＝持续 1 个星期以上;6＝没有或持续不到 1 个星期。

	题项	持续3个月以上	持续2个月以上	持续1个月以上	持续2个星期以上	持续1个星期以上	没有或持续不到1个星期
1	对事物不感兴趣	1	2	3	4	5	6
2	常常感到紧张	1	2	3	4	5	6
3	常常责怪自己	1	2	3	4	5	6.
4	常常感到坐立不安、心神不定	1	2	3	4	5	6
5	做事经常犹豫不决	1	2	3	4	5	6
6	常常感到心里烦躁	1	2	3	4	5	6
7	常常害怕空旷的场所	1	2	3	4	5	6
8	经常会无缘无故地感到害怕	1	2	3	4	5	6
9	总是感到前途没有希望	1	2	3	4	5	6
10	注意力无法集中	1	2	3	4	5	6
11	常常感到有人在谈论我	1	2	3	4	5	6
12	总是感到旁人能知道我的私下想法	1	2	3	4	5	6
13	常常感到苦闷	1	2	3	4	5	6

续表

题项		持续3个月以上	持续2个月以上	持续1个月以上	持续2个星期以上	持续1个星期以上	没有或持续不到1个星期
14	头脑中总是有不必要的想法	1	2	3	4	5	6
15	反复想到死	1	2	3	4	5	6
16	总是很讨厌上学	1	2	3	4	5	6
……	……	1	2	3	4	5	6

附录3 开放式问卷

指导语：

亲爱的老师，您好！这是一份关于中学教师心理健康发展状况和教师培训情况的问卷调查，旨在了解当前我国教师发展现状。本次调查为匿名调查，您的所有作答信息都将会被严格保密，请您放心作答。衷心感谢您的配合。

人口学信息（样题）：

1.您的性别：①男　②女

2.您的年龄：_____岁

3.您的教龄：_____年

4.您的学历：_____

5.您所在学校为：①乡镇中学　②城区中学

6.您目前所教年级为：_____年级

7.您目前所教科目为：_____

8.您当前的校内职务为：_____

9.您现在的职称为：_____

……

校园欺凌开放式问卷（教师版样题）

以下是关于学生管理的一些开放性问题，请您根据您的实际情况进行回答。

1.您认为如何看待学生之间的欺凌现象？

2.您认为欺凌包含哪些行为或现象？

3.您所在学校是否为教师举办过关于防治校园欺凌的培训，培训的方式有哪些？

4.您是否参加过上述培训？如何评价这些培训活动？

5.您是如何处理学生欺凌事件的？

6.您觉得应该如何评价经常欺凌他人的学生？

7.您认为应该如何看待经常受欺负的学生？

8.在您看来,那些既欺负他人又被他人欺负的学生都具有哪些特点?

9.您觉得校园欺凌的发生,谁应该负主要责任? 原因是?

10.为有效防治校园欺凌的发生,您觉得还应该在哪些方面进行完善?